유니티 NGUI 게임 프로젝트

유니티 NGUI 게임 프로젝트

2D & 3D 게임 UI 제작을 위한

찰스 피어슨 지음 | 김세중 옮김

지은이 소개

찰스 피어슨 Charles Pearson

프랑스 파리에 위치한 비디오게임 학교인 ISART 디지털ISART Digital에서 게임 디자인과 레벨 디자인 학사 학위를 취득했다.

이 책은 NGUI 플러그인에 대해 쓴 첫 번째 책인 『유니티 NGUI 게임 개발』(에이콘, 2014)의 개정증보판이다.

사이어나이드 스튜디오Cyanide Studio, 플레이소프트Playsoft, 에어버스Airbus에서 4년간 게임 디자이너, 레벨 디자이너, 유니티 개발자로 활동하면서, 〈블러드 볼Blood Bowl〉, 〈던전볼Dungeonbowl〉, 〈컨프론테이션Confrontation〉 등 PC 버전 게임을 개발했다. 또한 〈스페이스 런 3DSpace Run 3D〉, 〈오기Oggy〉, 〈사이코 놈즈Psycho Gnomes〉와 같은 모바일 게임을 개발했으며, 현재는 프리랜서 유니티 3D 개발자와 게임 디자이너로서 플레이스테이션 4와 엑스박스 원Xbox one 프로젝트에서 일하고 있다.

이 책을 집필하는 동안 친구들과 가족의 소중한 지원에 감사한다.

이 책의 마지막 장을 집필하는 데 큰 도움을 준 에어버스의 사용자 경험 전문가인 아멜리 뷰드로이트에게 특히 감사한다.

마지막으로 편집팀인 애런과 수보를 비롯해 이 책의 기술 감수를 맡아준 패리스, 니키, 레이, 필립에게 감사한다. 그들의 효과적이고 정확한 피드백은 이 책의 전체적인 퀄리티를 최고로 향상시키는 데 큰 도움이 되었다.

기술 감수자 소개

패리스 칼리크 안사리 Faris Khalique Ansari

파키스탄의 소프트웨어 엔지니어로, 게임 개발에 사용되는 유니티 3D, 코코스 2D, 알레그로 라이브러리Allegro Library, 오픈지엘OpenGL과 관련된 기술과 흥미를 갖고 있다. 게임 개발자로서 커리어를 시작했고 커다란 수익을 낸 성공적인 게임을 개발했다. 또한 오픈소스 기술을 사랑하고 관련 기술을 보유하고 있다. 취미는 게임을 플레이하고, 새로운 것을 익히고, 영화를 보는 것이다. 가장 좋아하는 명언은 "모든 전문가도 한때는 초보자였다."이다.

https://www.linkedin.com/in/farisansari에서 링크드인LinkedIn으로 자유롭게 연락하고 이야기할 수 있다.

니키 토마스 한센 Nicki Thomas Hansen

31세의 소프트웨어 엔지니어로, 덴마크 오르후스의 킬루Kiloo에서 일하고 있다. 킬루가 〈불릿타임Bullet-Time HD〉를 출시할 때, 게임의 메뉴를 개발한 이래로 UI 필드에서 일하는 중이다. 성공적인 게임인 〈서브웨이 서퍼Subway Surfer〉 개발 과정에서 3년 동안 NGUI를 폭넓게 사용해왔다. 또한 공식 NGUI 포럼의 운영자다.

여가 시간에는 〈하스스톤Hearthstone〉과 〈스타크래프트 2Starcraft 2〉 같은 온라인 게임 플레이를 즐기며, 몇 년 전에 부모님이 코모도어Commodore 64를 사준 이래로 비디오 게임을 플레이해왔다. 또한 어쿠스틱과 일렉트릭 기타를 모두 연주한다. 〈사우스 파크South Park〉와 〈퓨처라마Futurama〉 같은 애니메이션의 팬이고, 현재는 사랑스런 아내와 〈아바타: 더 라스트 에어벤더Avatar: The Last Airbender〉를 열렬히 시청하고 있다.

http://nickithansen.dk/에서 더 자세한 정보를 얻을 수 있다. 이야기하고 싶으면 자유롭게 편지를 쓰면 된다.

필립 피어스 Philip Pierce

모바일, 웹, 데스크탑, 서버 개발, 데이터베이스 디자인과 관리, 게임 개발에 경험이 있는 20세의 소프트웨어 개발자다. 게임 AI와 비즈니스 스프트웨어를 만들고, AAA 게임들을 다양한 플랫폼으로 전환하고, 멀티스레딩 애플리케이션을 개발하고, 직접 클라이언트 서버 커뮤니케이션 기술을 만들었다.

'Best Mobile App at the AT&T Developer Summit 2013'과 'a Runner-up award for Best Windows 8 App at PayPal's Battlethon Miami' 등의 여러 해커톤에서 우승했다. 현재는 〈레일러쉬Rail Rush〉와 〈템플런 2Temple Run 2〉를 안드로이드 플랫폼에서 아케이드 플랫폼으로 전환하는 프로젝트를 진행하고 있다.

소프트웨어 개발 도서인 『Multithreading in C# 5.0 Cookbook』, 『유니티 NGUI 게임 개발』(에이콘, 2014), 『Visual Studio 2012 Multithreading』의 리뷰어를 맡았다.

http://www.rocketgamesmobile.com과 http://www.philippiercedeveloper.com에서 포트폴리오를 찾을 수 있다.

옮긴이 소개

김세중(powring@gmail.com)

연세대학교 컴퓨터과학과를 졸업했다. 컴퍼니원헌드레드에서 유니티 3D를 이용해 3D 모바일 MORPG 〈메탈 브레이커〉를 개발했고 Kong Studios, Inc.에서 2D 퍼즐 게임 〈던전 링크〉를 개발했다. 개인이 개발한 퍼즐 게임 〈No2g: 노노그램〉을 운영 중이며, 현재 산호세에 있는 Kong Studios, Inc.에서 모바일 RPG를 개발 중이다.

옮긴이의 말

최근 대부분의 모바일 게임은 유니티 3D 엔진으로 개발되고 있다. 그리고 모든 게임에는 사용자 인터페이스UI가 들어가고, 그 인터페이스를 만드는 데 가장 많이 쓰이는 라이브러리가 NGUI다. 따라서 NGUI를 공부하는 것은 모바일 게임을 만들기 위해서는 필수라고 볼 수 있다.

유니티 3D에 기본으로 탑재된 GUI 시스템은 매우 후진적이고 납득할 수 없을 정도로 효율이 낮았다. 물론 유니티 테크놀로지스 사도 이 문제를 인지했기 때문에 최근에 유니티 GUI를 새로 정비하면서 많이 업데이트한 것이 사실이다. 하지만 기본으로 제공되는 GUI 시스템은 개선을 위해서 엔진 업데이트를 기다려야 하고, 실제 게임 라이브 서비스 중에는 고작 GUI 기능 개선 때문에 엔진을 쉽게 업데이트할 수 없는 상황이 많다. 유니티 기본 GUI 시스템이 지속적인 업데이트를 하는데도 여전히 NGUI가 인기를 끄는 이유라고 볼 수 있다.

UI 분야는 사람들이 흔히 기피하는 분야로, 신입 프로그래머와 아티스트에게 업무가 주어지게 된다. 하지만 UI는 게임에서 엄청난 부분을 차지하는 영역으로서 그저 하기 귀찮다거나 쉬운 작업이라고 하찮게 여기면 좋은 게임을 만들 수 없다. 따라서 UI 프로그래머와 아티스트는 스스로의 일에 자긍심을 갖고 조금이라도 더 나은 UI를 만들기 위해 노력해야 한다. 무엇보다도 라이브러리에 대한 지식을 습득하고 많은 게임을 해보는 것이 중요하다.

이 책은 NGUI를 처음 배우는 사람부터 실제 프로젝트에 NGUI를 사용하는 실무자까지 다양한 문제를 해결할 수 있도록 도움을 준다. 이 책은 따라하기 형태로 구성되어 있기 때문에 초심자가 아니라면 한번 훑어보고 문제가 생겼을 때 목차에서 해당 컴포넌트를 설명하는 페이지를 찾아서 읽는 식으로 이용하면 될 것이다.

이 책이 NGUI를 배우거나 더 잘 이용하고 싶어 하는 독자들에게 도움이 되기를 바란다. 마지막으로 번역에 도움을 준 최용훈 씨와 좋은 책을 번역할 기회를 준 에이콘출판사에도 감사 인사를 드린다.

김세중

차례

6장 인게임 UI 231

7장 3D UI 269

8장 모바일 플랫폼 303

들어가며

이 책은 NGUINext-Gen UI 킷을 사용하는 초보자를 위한 안내서다. 쉬운 사용법과 효율적인 위지윅WYSWYG, What You See Is What You Get 작업 흐름으로 개발자들 사이에서 인기를 끈 유니티 3D 플러그인에 대해 이미 들어봤을 것이다.

NGUI는 프로젝트에서 사용할 멋진 2D와 3D UI를 만들 수 있는 컴포넌트와 스크립트를 내장하고 있다. 따라서 대부분의 작업은 에디터 안에서 이루어진다.

이 책에서는 기능적인 UI를 만들기 위한 필수적인 지식을 얻을 수 있다. 실용적인 내용으로 구성된 10개 장에서는 메인 메뉴와 PC 및 모바일 플랫폼 모두에서 호환되는 간단한 3D 게임을 만들 수 있도록 안내할 것이다.

이 책의 구성

1장, NGUI 시작 NGUI 기능과 작업 흐름을 설명한다. 플러그인을 가져오고, 첫 번째 UI 시스템을 만들고, 구조를 알아본다.

2장, NGUI 위젯 생성 첫 번째 위젯을 소개하고 설정하는 방법을 설명한다. 그리고 메인 메뉴를 만드는 방법까지 살펴본다.

3장, UI 개선 드래그 가능한 윈도우와 스크롤되는 텍스트를 만들고 앵커를 지혜롭게 사용하는 방법을 설명한다. 또한 애니메이션과 NGUI 로컬라이제이션에 대해서도 살펴본다.

4장, NGUI와 C# 툴팁, 트윈 등을 코딩으로 만드는 데 사용되는 C# 이벤트 메소드를 소개한다. 서로 다른 다양한 씬에서 유지되는 UI도 만들어 본다.

5장. 아틀라스와 폰트 커스터마이제이션 스프라이트와 폰트를 사용해서 UI를 커스터마이즈하는 방법을 설명하고, 메인 메뉴의 전체적인 모습을 변경해 본다.

6장. 인게임 UI 상호작용하는 버튼, 라이프 게이지, 캐릭터 위에 표시되는 플레이어 이름과 같은 인게임 2D 인터페이스 요소들을 소개한다.

7장. 3D UI 지면에 그려져 조명 효과를 받는 정지 메뉴 등의 3D 위젯을 게임 환경에 추가하는 방법을 다룬다.

8장. 모바일 플랫폼 게임이 안드로이드 기기에서 정상적으로 동작하도록 프로젝트를 준비하고 모바일 기기에서 발생하는 문제들을 해결하는 방법을 살펴본다.

9장. 스크린 사이즈와 종횡비 다양한 스크린 사이즈를 갖는 모든 모바일 기기에서 멋진 UI를 만드는 방법을 설명한다.

10장. 사용자 경험과 모범 실무 UI 디자인 가이드라인, 사용자 경험, 시스템 효율성을 향상시키는 데 도움이 되는 테스트 방법에 대해 다룬다.

준비사항

이 책의 예제를 따라하기 위해서는 유니티 3D 소프트웨어가 필요하다. 유니티 3D는 http://unity3d.com/unity/download에서 다운로드할 수 있다.

이미 다른 버전의 유니티를 사용하고 있을 수도 있지만, Add Component 버튼과 컴포넌트를 복사, 붙여넣기 하는 기능이 있고, 코드를 이용한 쉬운 인스펙터 툴팁 디스플레이를 지원하는 4.5 버전을 추천한다.

독자는 기본적으로 유니티 작업 흐름에 친숙하며 게임 오브젝트, 레이어, 컴포넌트와 같은 단어가 생소하지 않을 것이라고 가정한다.

코딩 스킬과 관련해서는 모든 코드가 제공되고 각 라인마다 주석을 사용해 설명한다. 따라서 코드에 익숙하지 않더라도 이해하는 데 어려움이 없을 것이다.

이 책의 예제를 실습하는 과정에서 스프라이트를 만들 수도 있을 것이다. 이러한 애셋을 스스로 만드는 것을 원하지 않거나 할 수 없다면, 이미 만들어진 애셋을 예제 다운로드 링크에서 다운로드할 수 있다.

또한 타샤렌 엔터테인먼트Tasharen Entertainment의 유니티 NGUI 플러그인이 필요하다. 이 책에서 사용된 버전은 NGUI v3.7.6이다. 이 플러그인은 유니티 애셋 스토어에서 바로 구입하거나, http://www.tasharen.com/?page_id=140 웹페이지 아래에 있는 Buy 버튼을 눌러서 구입할 수 있다.

9장에서는 안드로이드 기기가 필요하지만, 필수적인 것은 아니다.

이 책의 대상 독자

이 책은 유니티 3D를 처음 사용하는 초보자, 중급 개발자, 효과적인 UI 솔루션을 찾는 전문 개발자 모두에게 적합하다.

PC, 콘솔, 모바일 플랫폼을 위한 게임 또는 앱을 개발하는 과정에서, 게임 인터페이스와 메뉴를 만들기 위해 유니티 내장 UI 시스템과 씨름한 경험이 있다면, 이 책을 읽어야 한다.

이 책을 통해서 UI를 쉽고, 빠르고, 재미있게 만들 수 있을 것이다.

편집 규약

정보의 종류를 구분하기 위해 여러 가지 편집 규약을 사용했다. 각 사용 예와 의미는 다음과 같다.

본문에서 코드 단어는 다음과 같이 표시한다.

"기본적인 `Start()` 메소드를 다음과 같이 변경한다."

코드 블록은 다음과 같이 표시한다.

```
// 이동 요청을 취소하는 메소드
public void CancelMovementRequest()
{
// 이동 요청을 취소한다.
validMoveRequest = false;
}
```

코드 블록에서 특정 부분을 강조하고 싶을 때는 관련된 행이나 항목을 굵게 표시한다.

```
// 필드 스프라이트의 채워진 양을 0으로 설정한다.
holdFeedback.fillAmount = 0;

// 대기 피드백 스프라이트를 표시한다.
holdFeedback.enabled = true;
```

명령행 입력이나 출력은 다음과 같이 표시한다.

```
adb logcat -s Unity
```

메뉴 혹은 대화 상자에 표시되는 단어는 다음과 같이 표시한다.

"Edit ➤ Project Settings ➤ Input으로 이동해서 유니티 입력 축을 언제든지 변경할 수 있다."

경고나 중요한 노트는 박스 안에 이와 같이 표시한다.

팁과 트릭은 박스 안에 이와 같이 표시한다.

독자 의견

독자로부터의 피드백은 항상 환영이다. 이 책에 대해 무엇이 좋았는지 또는 좋지 않았는지 소감을 알려주기 바란다. 독자 피드백은 독자에게 필요한 주제를 개발하는 데 매우 중요하다.

일반적인 피드백을 우리에게 보낼 때는 간단하게 feedback@packtpub.com으로 이메일을 보내면 되고, 메시지의 제목에 책 이름을 적으면 된다. 여러분이 전문 지식을 가진 주제가 있고, 책을 내거나 책을 만드는 데 기여하고 싶으면 www.packtpub.com/authors에서 저자 가이드를 참조하기 바란다.

고객 지원

팩트출판사의 구매자가 된 독자에게 도움이 되는 몇 가지를 제공하고자 한다.

예제 코드 다운로드

이 책에 사용된 예제 코드는 http://www.packtpub.com의 계정을 통해 다운로드할 수 있다. 다른 곳에서 구매한 경우에는 http://www.packtpub.com/support를 방문해 등록하면 파일을 이메일로 직접 받을 수 있다. 또한 에이콘출판사의 도서정보 페이지인 http://www.acornpub.co.kr/book/ngui-unity에서도 예제 코드를 다운로드할 수 있다.

컬러 이미지 다운로드

이 책에서 사용된 스크린샷/도표의 컬러 이미지를 PDF 파일로 제공한다. 컬러 이미지는 출력 결과의 변화를 더 잘 이해하도록 도와줄 것이다. http://www.packtpub.com/sites/default/files/downloads/1453OT_ColorImages.pdf에서 다운로드할 수 있다. 또한 에이콘출판사의 도서정보 페이지인 http://www.acornpub.co.kr/book/ngui-unity에서도 컬러 이미지를 다운로드할 수 있다.

오탈자

내용을 정확하게 전달하기 위해 최선을 다했지만, 실수가 있을 수 있다. 팩트출판사의 책에서 코드나 텍스트상의 문제를 발견해서 알려준다면 매우 감사하게 생각할 것이다. 그런 참여를 통해 다른 독자에게 도움을 주고, 다음 버전에서 책을 더 완성도 있게 만들 수 있다. 오자를 발견한다면 http://www.packtpub.com/support를 방문해 이 책을 선택하고, 정오표 제출 양식을 통해 오류 정보를 알려주기 바란다. 보내준 내용이 확인되면 웹사이트에 그 내용이 올라가거나, 해당 서적의 정오표 섹션에 그 내용이 추가될 것이다. http://www.packtpub.com/support에서 해당 다이틀을 선택하면 지금까지의 정오표를 확인할 수 있다. 한국어판은 에이콘출판사 도서정보 페이지 http://www.acornpub.co.kr/book/ngui-unity에서 찾아볼 수 있다.

저작권 침해

저작권 침해는 모든 인터넷 매체에서 벌어지고 있는 심각한 문제다. 팩트출판사에서는 저작권과 라이선스 문제를 아주 심각하게 인식하고 있다. 어떤 형태로든 팩트출판사 서적의 불법 복제물을 인터넷에서 발견했다면 적절한 조치를 취할 수 있게 해당 주소나 사이트 명을 즉시 알려주길 부탁한다. 의심되는 불법 복제물의 링크를 copyright@packtpub.com으로 보내주기 바란다. 저자와 더 좋은 책을 위한 팩트출판사의 노력을 배려하는 마음에 깊은 감사의 뜻을 전한다.

질문

이 책에 관련된 질문이 있다면 questions@packtpub.com을 통해 문의하기 바란다. 최선을 다해 질문에 답해 드리겠다. 한국어판에 관한 질문은 이 책의 옮긴이나 에이콘출판사 편집팀(editor@acornpub.co.kr)으로 문의해주길 바란다.

1 NGUI 시작

NGUINext-Gen UI 킷은 유니티 3D 플러그인 중에 하나다. 유니티에 기본적으로 제공되는 UnityGUI에 비해 엄청나게 편리하고 강력하며, 더 효율적이다.

이 플러그인을 이용하여 메인 메뉴에서 게임 내의 UI까지 구현할 수 있다. 일반적으로 사용하는 기능과 아주 유용한 이벤트 시스템을 제공한다.

1장에서 빈 프로젝트에 플러그인을 추가하고 첫 UI를 만들어 볼 것이다. 텍스트와 스프라이트가 표시되는 것을 본 후에, NGUI의 전체 구조 내부와 중요한 매개변수를 살펴볼 것이다.

개요

본격적으로 플러그인을 이용한 작업을 하기 전에 먼저 간단히 이 플러그인의 중요한 기능 등을 빠르게 살펴볼 것이다.

라이선스

NGUI는 세 가지 라이선스를 제공한다.

- **미화 95불의 NGUI 기본 라이선스**: 여기에는 유용한 예제 씬이 포함되어 있다. 쉽게 시작하려면 이 라이선스를 추천한다. 무료 평가 버전도 있지만 제한적이고 최신이 아니기 때문에 추천하지 않는다.
- **NGUI 전문가 라이선스**: 200불로 NGUI의 깃git 저장소에 접근하여 최신 베타 기능을 이용할 수 있는 권한을 갖는다.
- **2000불의 사이트 라이선스**: 같은 스튜디오 내에서 무제한의 인원이 사용할 수 있다.

라이선스를 살펴보았으니 이제 간단히 NGUI와 유니티 기본 UI 시스템을 비교해 보자.

UnityGUI 대 NGUI

UnityGUI는 레이블, 텍스처 등 어떠한 UI 요소를 표시하기 위해서든 코드를 작성해야만 한다. 이 코드는 매 프레임 호출되는 특별한 함수인 `OnGUI()`에서 작성된다. NGUI에서 UI 요소는 간단한 게임 오브젝트일 뿐이기 때문에 이는 더 이상 필요하지 않다.

NGUI에서 레이블과 스프라이트, 입력 필드 등은 위젯이라고 하는데, 위젯을 움직이고 회전하고 바꾸는 일은 인스펙터에서 이루어진다. 복사와 붙여넣기, 프리팹으로 만들기 등 모든 유니티의 유용한 기본 기능을 작업에 똑같이 사용할 수 있다.

이 위젯은 카메라를 통해서 표시되고 직접 지정할 수 있는 레이어에 렌더링된다.

대부분의 매개변수는 인스펙터에서 접근할 수 있고 어떻게 UI가 표시될지를 게임 윈도우를 통해서 바로 확인할 수 있다. 더 이상 유니티의 플레이 버튼을 누를 필요가 없다.

아틀라스

스프라이트와 글꼴은 모두 아틀라스라고 불리는 큰 텍스처에 포함된다. 몇 번의 클릭으로 간단하게 아틀라스를 생성하고 수정할 수 있다. UI를 만들 이미지를 아직 가지고 있지 않다면 플러그인에 포함된 기본 아틀라스를 사용할 수 있다.

이 시스템은 서로 다른 텍스처로 구성된 복잡한 UI 윈도우와 글꼴을 하나의 재질과 텍스처로 묶어서 렌더링할 수 있게 해준다.

이를 통해 단 한 번의 드로우 콜로 모든 윈도우를 그릴 수 있다. 이는 어떤 다른 최적화보다 NGUI가 모바일 플랫폼을 위한 완벽한 도구임을 보여준다.

이벤트

NGUI에는 C#으로 작성된 사용하기 쉬운 이벤트 프레임워크가 있다. 어떠한 게임 오브젝트에도 붙일 수 있는 많은 수의 추가 컴포넌트가 플러그인에 포함되어 있다. 이 컴포넌트는 특정 이벤트 발생에 따라 복잡한 작업을 수행할 수 있다. 이벤트에는 호버hover, 클릭, 입력 등이 있다. 이를 통해 간단한 조정으로 UI 경험을 끌어올릴 수 있다. "코드는 적게, 효과는 크게."

지역화

NGUI는 간단히 버튼 하나만 눌러서 언어를 바꿀 수 있는 지역화 시스템을 갖추고 있다. 모든 문자열은 텍스트 파일에 위치한다.

셰이더

아름다운 결과를 위한 라이팅과 노멀 매핑, 굴절 셰이더shader가 지원된다. 클리핑 또한 NGUI 셰이더를 통해 지원되는데, 특정 영역에서 UI를 표시하거나 숨기는 것을 가능하게 한다.

지금까지 NGUI의 주요 기능을 살펴보았다. 이제 이 책을 통해 만들게 될 것을 보도록 하자.

마지막 빌드

이 책을 통해 만들게 될 유니티 프로젝트의 최종 빌드를 다음 주소에서 다운로드할 수 있다. 최종 결과가 어떻게 나타날지 감을 잡을 수 있을 것이다.

- **윈도우**: http://goo.gl/dj9Lps
- **맥**: http://goo.gl/4FnBC2

다운로드한 zip 파일에 들어 있는 LearnNGUI.exe 혹은 .app을 실행해보자. 여러 개의 옵션으로 구성된 지역화된 메인 메뉴와 드래그 가능한 윈도우, 체크박스 등을 확인할 수 있다.

메인 메뉴의 Play 버튼을 누르면 게임 내의 2D UI 요소인 플레이어 같은 것과 3D 스코어 카운터, Pause 버튼을 볼 수 있다. 이 UI 위젯은 커스터마이징이 가능하다. 위젯을 길게 클릭하고 있으면 다른 곳으로 끌어다 놓을 수 있게 된다.

왼쪽 클릭을 통해 캐릭터를 움직일 수 있다. 색칠된 큐브는 힘의 원천이고 길게 클릭하여 드래그할 수 있다. 오른쪽 클릭을 하면 엘리멘탈 스위치 UI가 나타난다. 불과 얼음, 전기, 물 엘리멘탈을 고를 수 있다.

게임 내에는 메인 메뉴로 돌아가거나 다시 게임을 재개할 수 있는 3D 일시 정지 메뉴가 존재한다. 이 게임은 모바일 기기에도 완벽히 호환된다.

이 빌드를 한 번 실행해보고, 다음 절에서 어떻게 NGUI 플러그인을 추가하고 이런 것을 만들 수 있을지를 보자.

NGUI 추가

먼저 LeanNGUI라는 새로운 유니티 프로젝트를 만든다.

새 프로젝트에 NGUI를 추가하는 두 가지 방법이 있다. 애셋 스토어에서 플러그인을 구입했다면 '애셋 스토어에서 추가' 절을 살펴보면 된다.

이미 디스크에 패키지가 있다면 '디스크에서 추가' 절로 넘어간다.

이 책을 쓰는 지금 NGUI 최신 버전은 V3.7.7이고 유니티는 4.6.1이다. 버전에 따라 작업이 약간 바뀔 수 있다.[1]

애셋 스토어에서 추가

애셋 스토어에서 플러그인을 구입하고, 다운로드와 추가는 다음 단계를 통해 할 수 있다.

1. Window > AssetStore로 들어간다.
2. Downloads library를 선택한다. 창이 열리면 패키지 목록에서 플러그인을 찾을 수 있다. 다음 스크린샷과 같은 모습으로 나타날 것이다.

3. NGUI: Next-Gen UI 옆에 있는 Download 버튼(1)을 누른다.
4. Import 버튼(2)을 누르고 기다리면 팝업 윈도우가 나타난다.

일단 Improting package 팝업이 뜨면 다음 절은 건너뛰고(디스크에 있는 NGUI 패키지를 추가하려는 독자를 위한 절임) '패키지 추가' 절로 넘어가면 된다.

1 유니티 최신 버전인 5.X에서도 그대로 작업하면 된다. – 옮긴이

디스크에서 추가

디스크에 이미 NGUI 유니티 패키지가 있다면 다음 단계를 따른다.

1. Assets ➤ Improt Package ➤ Custom Package...로 들어간다.
2. NGUI .unitypackage 파일이 있는 위치로 찾아간다.
3. .unitypackage 파일을 더블클릭하여 추가한다.

Importing package 창이 뜨면 다음 절로 넘어간다.

패키지 추가

Importing package 창에서 NGUI 패키지에서 추가할 것을 선택할 수 있다. 다음 단계를 통해서 최종적으로 추가가 완료된다.

1. 다음과 같은 스크린샷에서 모든 항목이 체크되도록 하고 Import 버튼(3)을 누른다.

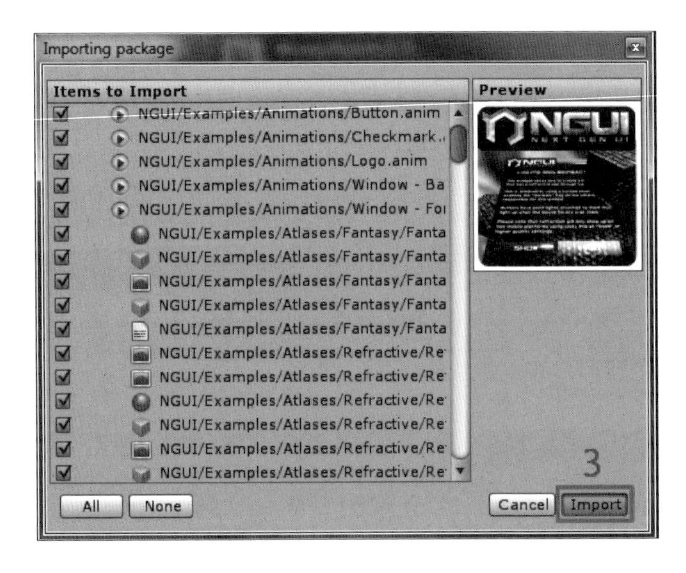

2. 툴바(4)의 아무 영역이나 클릭해서 화면을 업데이트하면 NGUI 메뉴가 다음 스크린샷처럼 나타나게 된다.

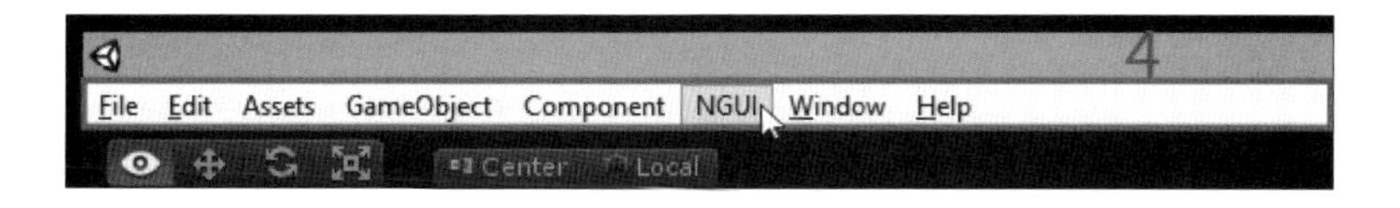

툴바를 클릭해도 NGUI 메뉴가 나타나지 않는다면 유니티를 재시작하면 나타날 것이다.

프로젝트에 플러그인 추가가 성공했다. 이제 우리의 첫 UI를 만들어보자!

UI 루트 생성

UI 요소를 표시하기 위해서는 UI 루트라고 불리는 2D UI 시스템을 씬에 추가해야 한다.

진행하기 전에 먼저 빈 씬을 Menu.unity라는 이름으로 저장하자.

새 씬에는 기본으로 들어 있는 Main Camera밖에 없다. 다음 스크린샷처럼 NGUI ➤ Create ➤ 2D UI를 누른다.

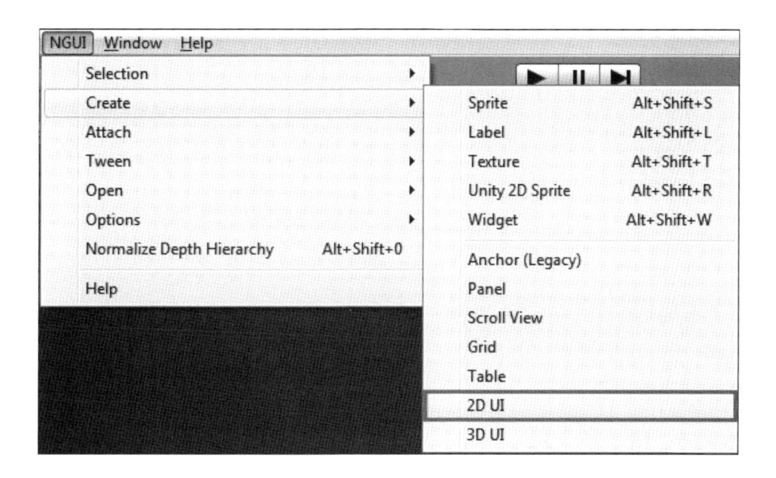

이 작업을 하면 NGUI는 UI 요소를 화면에 표시하기 위해 필요한 컴포넌트를 만든다. 이제 계층 뷰를 보면 두 개의 새로운 게임 오브젝트가 다음 스크린샷처럼 표시될 것이다.

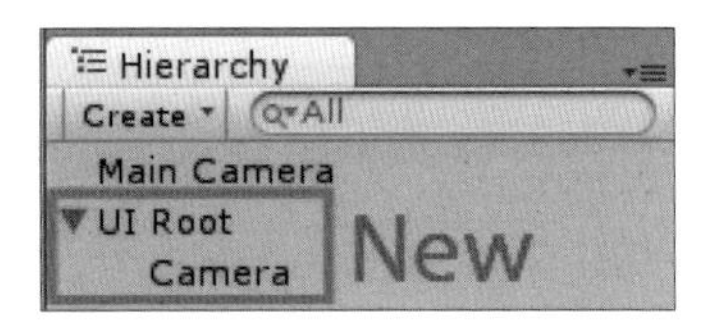

이 컴포넌트의 역할을 간단히 살펴보자.

- UI Root: 씬 뷰 사이즈에 맞추어 모든 자식 위젯을 스케일링한다. UI가 어떤 방식으로 스케일될지를 조정할 수 있다.
- Camera: UI 엘리먼트를 볼 카메라로서 3D 씬 위에 UI를 표시한다. 붙어 있는 `UICamera` 컴포넌트를 통해 위젯의 인터랙션을 조정할 수 있다.

자세한 내용은 나중에 살펴볼 것이다. 먼저 텍스트를 화면에 표시해보자.

텍스트 표시

화면에 텍스트를 표시하기 위해 레이블label을 사용한다. 먼저 하나 만들고 매개변수를 살펴보자.

레이블 위젯 생성

레이블을 만들기 위해서 다음 스크린샷과 같이 NGUI ➤ Create ➤ Label을 누른다.

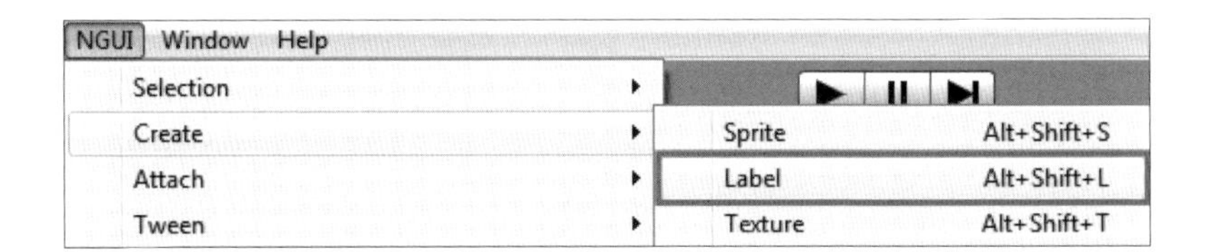

 새 레이블을 만들기 위해서 Alt+Shift+L 단축키를 이용할 수도 있다.

계층 뷰를 보면 새로운 Label이란 게임 오브젝트가 다음 스크린샷처럼 나타날 것이다.

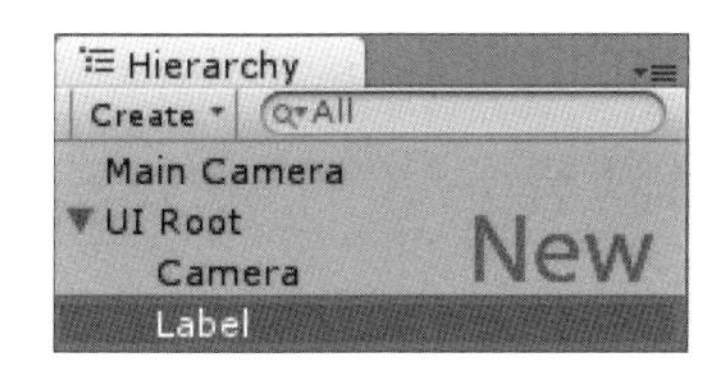

씬에 레이블이 추가되었다. 하지만 아무것도 표시되지 않을 것이다. 아직 텍스트가 어떤 글꼴로 표시될지를 고르지 않았기 때문이다. 글꼴을 골라보자.

글꼴 선택

새로 만든 레이블 게임 오브젝트를 선택한다. 이제 인스펙터 뷰에서 `UILabel` 컴포넌트가 다음 스크린샷처럼 붙어 있음을 확인할 수 있다.

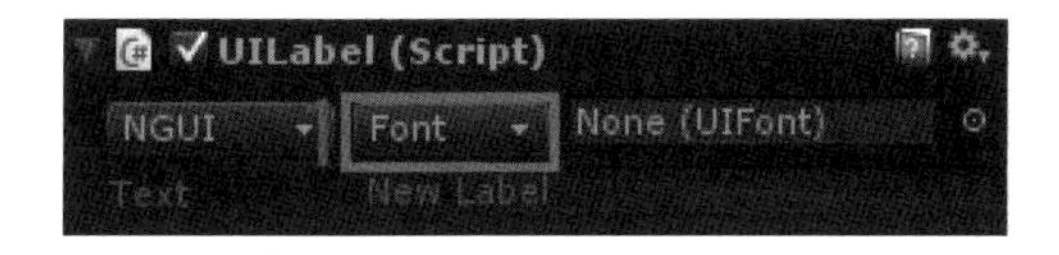

현재 Font 필드는 None (UIFont)로 되어 있다. 이는 이 레이블에 아무런 글꼴이 선택되지 않았음을 의미한다. 그래서 그 아래 대부분의 매개변수가 회색으로 처리되어 있다.

글꼴을 선택하기 위해서 위 스크린샷을 보고 Font 버튼(1)을 누른다. 새 팝업이 뜨면 다음 스크린샷의 Select 버튼(1)을 눌러서 글꼴을 고른다. 지금은 Arimo20 글꼴을 사용할 것이다.

 아무런 글꼴이 표시되지 않거나 기본 글꼴을 사용하고 싶다면 Show All 버튼(2)을 누른다. 그럼 글꼴을 Assets 폴더에서 찾을 수 있다.

글꼴이 일단 선택되면 게임 씬으로 돌아온다. 그럼 다음과 같이 텍스트를 볼 수 있다.

New Label

우리의 첫 NGUI 텍스트 레이블이다. 이제 어떻게 조정할 수 있는지 살펴보자.

UILabel 매개변수

새 레이블 게임 오브젝트에 붙어 있는 `UILabel` 컴포넌트는 몇 개의 매개변수를 가지고 있다. 뭐가 뭔지 알아보자. 매개변수는 다음 스크린샷처럼 보일 것이다.

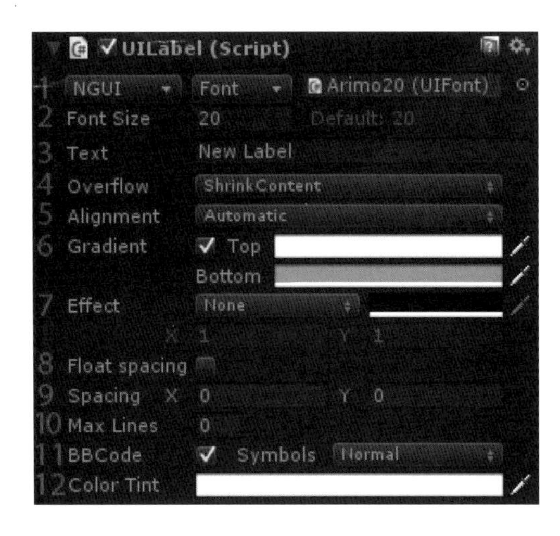

1. 두 가지 글꼴 타입을 고를 수 있다.

    ○ NGUI(비트맵): 최고의 성능을 보여준다. 이 글꼴은 아틀라스에 포함되며, 따라서 드로우 콜을 절약할 수 있다. 픽셀이 튀는 것을 막기 위해 크기별로 따로 만들어야 한다.

    ○ Unity(동적): 최고의 품질을 보여준다. 이는 그냥 그대로의 글꼴이다. 어떠한 크기에서도 픽셀이 튀지 않고 예쁘게 표시된다. 하지만 다른 글꼴이 화면에 표시될 때마다 드로우 콜이 늘어난다.

2. Font Size: 글꼴 크기를 선택할 수 있다.

현재 Overflow(4) 매개변수를 ShrinkContent로 설정하면 글꼴 크기를 키울 수 없다. 글꼴 크기를 키우고 싶다면 Overflow를 ResizeFreely로 선택한다.

3. Text: 표시될 텍스트를 입력한다.

4. Overflow: 텍스트가 영역을 넘어갈 때 다음 네 가지 방식 중에 하나를 선택할 수 있다.

    ○ ShrinkContent: 레이블 크기에 맞추어 텍스트 크기가 줄어든다.

    ○ ClampContent: 레이블 영역을 넘어간 부분의 텍스트가 보이지 않게 된다.

    ○ ResizeFreely: 레이블의 크기가 텍스트에 맞춰진다.

    ○ ResizeHeight: 텍스트가 넘어갈 때에만 레이블의 높이가 조정된다.

5. Alignment: 텍스트 정렬 방식을 선택한다.

    ○ Left, Center, Right, Justified

    ○ Automatic: 피벗에 맞춰진다.

6. Gradient: 레이블에 그라디언트 효과를 준다. Top과 Bottom 매개변수를 통해 그라디언트 색을 선택할 수 있다.

7. Effect: 텍스트 레이블에 다음 효과를 추가한다.
    - None: 이펙트 없음. 성능이 가장 좋다.
    - Shadow: 그림자 효과를 준다. 삼각형이 두 배로 들어서 약간의 성능 손실이 발생한다.
    - Outline: 외곽선 효과를 준다. 다섯 배의 삼각형이 필요하여 성능에 꽤 영향을 준다. 주의해서 사용해야 한다.
    - Color: 선택한 효과에 적용할 색을 고른다.
    - X, Y: 선택한 효과가 텍스트에서 얼마나 떨어질지를 결정한다. 이 값은 좌상단 모서리를 기준으로 상대적인 좌표이다. 양수의 X와 Y 값은 효과를 레이블의 우측 하단으로 보내고, 음수는 좌측 상단으로 보낸다.
    - Outline 8: 작은 글자에서 더 보기 좋은 외곽선을 만들 수 있다. 여덟 배의 삼각형이 필요해서 성능에 영향을 준다. 오직 기본 외곽선 효과가 보기에 좋지 않을 때만 사용한다.
8. Float Spacing: 기본적으로 글자가 픽셀에 딱 맞게 나오게 하기 위해서 레이블의 간격은 정수 단위로 정의된다. 이 옵션은 실수 단위로 세밀하게 움직이는 것을 가능하게 한다. X 간격이 -10에서 0으로 변하는 애니메이션을 만들 때 이 옵션을 켜면 더 부드럽게 표시되도록 할 수 있다.
9. Spacing: 각 글자의 X와 Y 방향의 간격을 정의한다.
10. MaxLines: 최대 줄 수를 정의한다. 이 값이 0이면 제한하지 않는다.
11. BBCode: 레이블에 BBCode를 사용할지 정의한다. 예를 들면 다음과 같다.

```
[FF0000]Red [-]Back to previous color
[b]Bold[/b], [s]Strikethrough[/s], [u]Underline[/u] [url=http://
google.fr/][u]Link[/u][/url]
```

심볼(smileys) 또한 설정할 수 있다. 색상 값도 BBCode의 색을 따른다.

12. Color Tint: 레이블 문자 전체에 적용할 틴트 컬러를 정의한다.

그라디언트와 함께 사용할 때 보기 좋은 결과를 위해서 그라디언트는 그레이스케일 컬러로 지정하고, 틴트 컬러로 전반적인 색을 조정하는 것을 추천한다. 정의된 틴트 컬러를 무시하는 글자를 레이블 내에서 표시하기 위해 간단히 [c]keyword[/c] 형태의 BBCode를 사용할 수 있다.

레이블의 매개변수를 살펴보았다. 보기 좋게 조정해보자.

레이블 설정

다른 매개변수를 알아보기 전에 먼저 이 레이블이 올바르게 보이도록 설정할 것이다. 다음 스크린샷과 같이 세팅하면 된다(바뀐 부분은 강조 표시가 되어 있음).

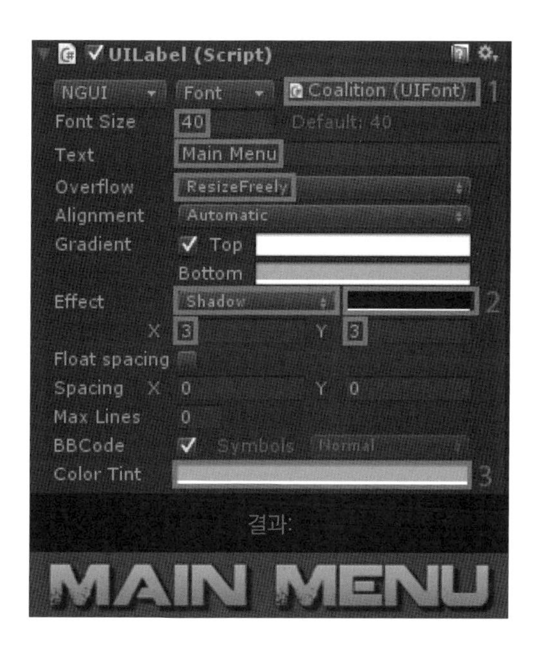

1. Coalition 글꼴을 찾기 위해, 먼저 Font 버튼을 누르고 글꼴에서 Show All 버튼을 누르면 고를 수 있는 창이 나타난다.

2. Effect: Shadow 효과의 X와 Y 값을 3으로 한다. 그림자 색상은 검정색인 그대로 둔다.

3. Color Tint 값을 (R: 255, G: 170, B: 70, A: 255)로 맞춘다.

레이블 설정이 완료되었다. 이 매개변수 아래에는 위젯 매개변수가 나타난다. 어떤 것이 있는지 살펴보자.

위젯 매개변수

Color Tint 필드 아래에 더 많은 매개변수가 있는 것을 볼 수 있다. 이 매개변수는 `UIWidget` 클래스에서 온 전역 위젯 매개변수이다. 이 매개변수는 `UIWidget` 클래스를 상속받은 대부분의 NGUI 위젯인 `UILabel`과 `UISprite`, `UIScrollbar` 등의 컴포넌트에 공동으로 사용된다.

1. Pivot: 위젯의 피벗 포인트이다. 위젯이 확대될 때의 기준점이다.
   - **왼쪽의 설정 버튼**: 수평 피벗 포인트
   - **오른쪽의 설정 버튼**: 수직 피벗 포인트

피벗 포인트를 바꾸면 게임 오브젝트의 월드 위치에 맞추어 Transform 값이 변경된다.

2. Depth: 어떤 위젯이 다른 위젯 위에서 그려질지 설정한다. 가장 높은 값을 갖는 위젯이 제일 위에 렌더링된다. Back 혹은 Forward 버튼을 이용하거나 간단하게 숫자를 직접 입력할 수 있다. 음수도 허용된다.

어떤 위젯이 다른 위젯 위에 올라오도록 하고 싶다면 같은 깊이 값을 갖지 않도록 해야 한다. 어떤 것이 위로 올라올지 모른다.

3. Size: 픽셀 값으로 위젯의 크기를 나타낸다. 여기서는 회색으로 처리가 되어 있는데 이는 오버플로우 매개변수가 자동 크기로 되어 있어서 자동으로 조정되기 때문이다.

크기를 바꿀 때에는 크기 매개변수를 이용하고 스케일 값은 (1, 1, 1)로 내버려 두어야 픽셀 퍼펙션을 유지할 수 있다.

4. Aspect: 다음 행동 중 하나로 제한할 수 있다.
   - Free: 종횡비에 영향을 받지 않고 자유롭게 크기를 설정한다.
   - BasedOnWidth: 너비만 자유롭게 조절할 수 있다. 높이는 현재 종횡비에 따라 자동으로 바뀐다.
   - BasedOnHeight: 높이만 자유롭게 조절할 수 있다. 너비는 종횡비에 따라 자동으로 바뀐다.

이 아래에도 Anchor 매개변수가 있다. 이에 대해서는 다른 위젯의 작동을 먼저 알아보고 살펴보게 될 것이다.

스프라이트 표시

텍스트를 띄워보았으니 이제 스프라이트를 표시해 볼 차례다.

스프라이트 위젯 생성

아무것도 선택하지 않은 채로 메뉴에서 다음 스크린샷과 같이 NGUI > Create > Sprite를 누른다.

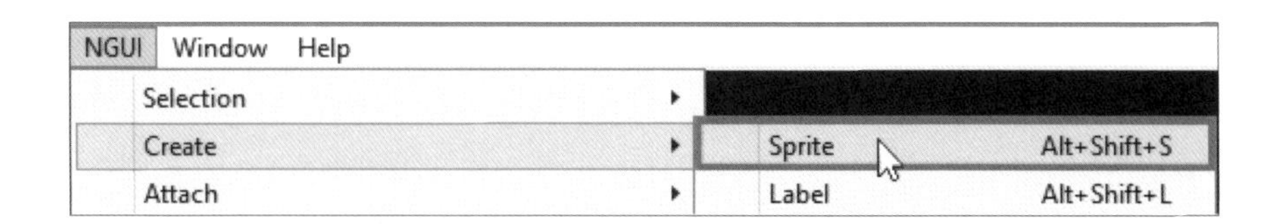

새로 만드는 위젯은 현재 선택한 위젯의 자식으로 들어간다. 방금 만들었던 레이블 아래에 스프라이트가 생기지 않게 하기 위해 아무것도 선택하지 않은 상태에서 생성하였다. 아무것도 선택하지 않는다면 기본적으로 UI 루트가 부모가 된다.

Alt + Shift + S 단축키를 이용해서 새 스프라이트를 만들 수도 있다.

다음 계층 뷰를 보면 Sprite라고 되어 있는 새 게임 오브젝트를 확인할 수 있다.

이제 씬에 스프라이트가 생겼다. 인스펙터 매개변수를 확인해 보자.

UISprite 매개변수

`UISprite`의 매개변수를 살펴볼 것이다.

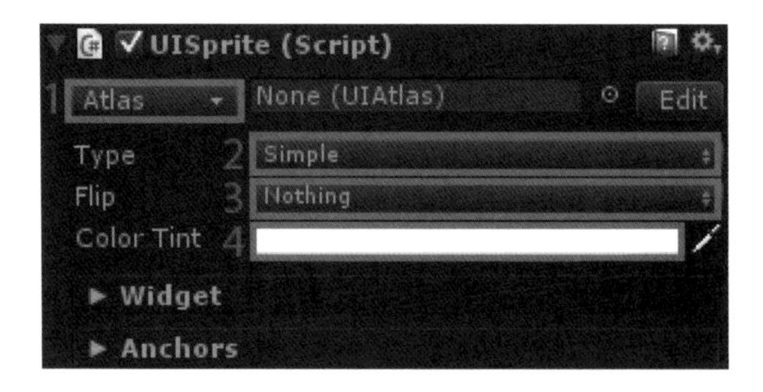

1. Atlas: 스프라이트나 비트맵 글꼴을 포함하고 있는 아틀라스 이미지이다. NGUI는 스프라이트를 하나의 큰 텍스처로 합쳐서 한 번의 드로우 콜로 그리는 것이 가능하다. 이 값은 스프라이트를 표시하는 데 쓰일 아틀라스를 고르면 된다.
2. Sprite Type: 다음 다섯 가지 중에 하나를 고른다.
   - Simple: 간단한 이미지를 띄운다.
   - Sliced: 아홉 조각으로 잘린nine-slice 스프라이트다. 가장자리가 늘어지는 것을 방지해준다. 바로 뒤에 예제를 살펴볼 것이다.
   - Tiled: 반복해서 나타나는 패턴을 만들 수 있는 타일 스프라이트이다.
   - Filled: 진행 바를 그릴 때 사용한다. 현재 값과 방향에 다라 일부분을 숨길 수 있다.
   - Advanced: 각 테두리와 가운데 영역을 모두 다른 스프라이트로 선택할 수 있다.
3. Flip: 다음 방향으로 스프라이트를 뒤집을 수 있다.
   - Nothing 혹은 Horizontally, Vertically, Both
4. Color Tint: 스프라이트의 컬러 틴트를 설정한다.

지금 당장은 아무 아틀라스와 스프라이트를 선택하지 않았기 때문에 화면에 아무것도 표시되지 않는다.

스프라이트 설정

`UISprite` 매개변수를 살펴볼 것이다. 스프라이트가 보일 수 있도록 설정해 보자.

아틀라스 고르기

먼저 아틀라스를 골라야 한다. NGUI에 예제로 들어 있는 아틀라스를 사용해 볼 것이다.

방금 만든 스프라이트를 선택하고 이전 스크린샷에 있던 Atlas(1) 버튼을 누른다.

그럼 다음 윈도우가 나타날 것이다.

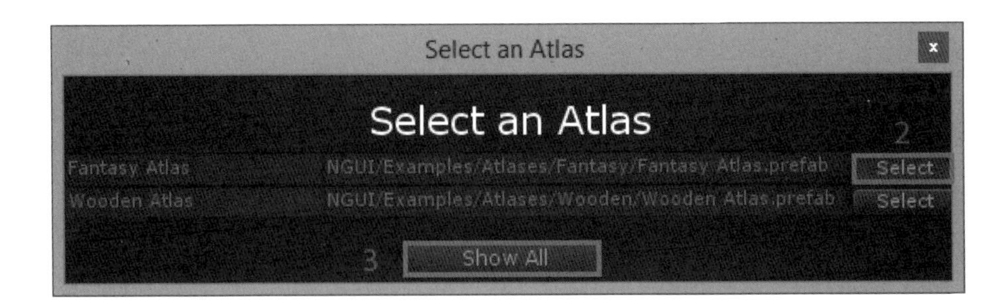

Fantasy Atlas(2)를 선택한다. 아틀라스가 목록에 표시되지 않는다면 Show All(3) 버튼을 누르면 아틀라스 선택 윈도우가 열리고 거기서 예제 아틀라스를 선택하면 된다.

스프라이트 고르기

아틀라스를 선택했으니 이제 화면에 표시할 스프라이트를 고르면 된다. 다음 스크린샷을 보자.

다음 단계를 따라하면 된다.

1. Sprite(1) 버튼을 누른다. 선택 윈도우에서 Dark 스프라이트를 더블 클릭해서 선택한다.
2. Type(2)을 Sliced로 바꾼다.
3. Color Tint(3)를 눌러서 {R: 255, G: 180, B: 0, A: 255}로 선택한다.

게임 뷰에 다음과 같이 나타날 것이다.

사각형 스프라이트를 얻었다. 하나 문제가 있는데 스프라이트가 텍스트 레이블 위에 렌더링되고 있는 것이다. 스프라이트의 깊이가 레이블의 깊이보다 높기 때문이다.

새로 만든 스프라이트의 깊이 값은 레이블보다 높은 값을 가진다. 새로운 위젯을 이전에 만든 위젯 위에 표시하도록 하기 위해서 NGUI가 자동으로 더 높은 깊이 값을 할당하기 때문이다.

다음과 같은 결과를 얻기 위해 다음 스크린샷에 있는 값으로 매개변수를 설정한다.

1. Depth: 레이블의 깊이는 0이다. -1로 설정해서 아래에 표시되도록 하자.
2. Size: Main Menu 레이블을 감싸기 위해 400×80으로 설정한다.

우리의 첫 번째 스프라이트가 올바르게 설정되었다! 다음으로 넘어가기 전에 다른 스프라이트 타입에 대해 알아보도록 하자.

스프라이트 타입

NGUI에는 다음 네 가지 타입의 스프라이트가 있다.

- 슬라이스
- 심플
- 타일
- 필

화면 위에 스프라이트가 있으니 하나씩 시도해보고 매개변수를 보도록 하자.

슬라이스

먼저 슬라이스 타입의 스프라이트를 살펴보자. 방금 만들었던 스프라이트는 이미 이 타입으로 설정되어 있다.

계층 뷰에서 UI Root ➤ Sprite 게임 오브젝트를 선택한다. 인스펙터 하단의 미리보기Preview 윈도우에 다음과 같이 나타날 것이다.

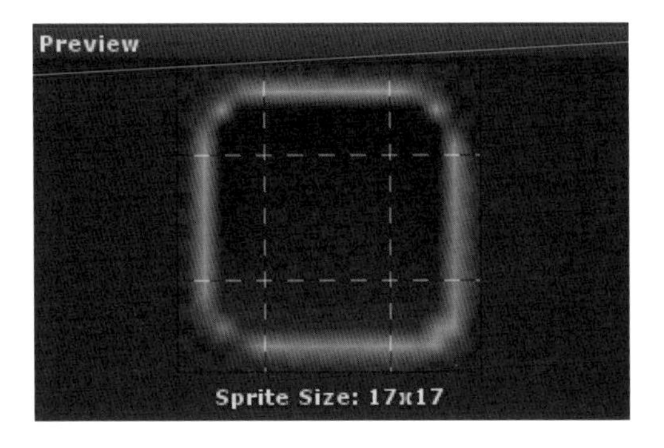

고작 17×17픽셀 크기의 검은 스프라이트가 보일 것이다. 이렇게 작은 스프라이트를 400×80 크기로 늘렸지만 픽셀이 튀거나 모서리가 뭉개지지 않고 보기 좋게 나온다!

이 스프라이트가 아홉 조각으로 잘린 스프라이트이기 때문이다. 앞의 스크린샷에 점선 네 개가 있는데 자르는 선을 의미한다. 모서리는 항상 원래의 크기를 유지하고, 각 나머지 부분은 영역을 채우도록 늘어나게 된다. 슬라이스 스프라이트는 윈도우와 테두리, 타이틀 바 등에 아주 유용하게 사용된다.

심플

심플 스프라이트는 아이콘이나 자르기가 필요 없는 이미지에 사용된다. 픽셀이 튀는 것을 막기 위해서는 원래 크기보다 너무 크게 확대하지 말아야 한다.

스프라이트 Type을 Sliced에서 Simple로 바꾸면 슬라이스의 매개변수는 무시되고, 17×17 크기의 이미지가 그대로 늘어나서 다음과 같이 끔찍한 결과를 보여준다.

이제 타일 스프라이트를 살펴보자.

타일

타일 스프라이트는 패턴으로 반복된다. 이를 효과적으로 보기 위해서 방금 만든 스프라이트 게임 오브젝트를 선택하고 다음 단계를 따른다.

1. Atlas를 Wooden Atlas로 바꾼다.
2. `UISprite`의 Type 매개변수를 Tiled로 설정한다.
3. Sprite를 Stripes 1로 바꾼다.

게임 뷰에서 주황색 대각선 배경을 확인할 수 있을 것이다. 단순히 심플 스프라이트처럼 늘어나는 것보다 패턴이 반복되는 것이 보기에 더 좋다.

다음 비교 그림을 보자.

위 그림은 같은 이미지를 이용한 것이다. 왼쪽은 심플 타입이고 스프라이트가 단순히 늘어나서 픽셀이 튀는 것을 확인할 수 있다. 오른쪽은 타일 타입이고 늘어나지 않고 패턴으로 반복되는 것을 확인할 수 있다.

타일 스프라이트가 어떻게 동작하는지 봤으므로 이제 필 스프라이트에 대해 알아보자.

필

필 스프라이트는 0에서 1 사이의 값을 가지는 FillAmount에 따라 일부분만 표시된다. `UISprite`의 Type 매개변수를 Filled로 설정하자. 이제 다음 세 매개변수를 살펴본다.

다음 세 매개변수는 필 스프라이트를 설정한다.

1. FillDir: 채울 방향을 선택한다.
   - Horizontal: 스프라이트가 수평 방향으로 차오른다. 일반적으로 진행 바나 체력 게이지에 사용된다.

- Vertical: 수직 방향으로 차오른다.
- Radial90: 90도의 각만큼 차오른다.
- Radial180: 180도의 각만큼 차오른다. 차량의 전면 유리 와이퍼 모양이다.
- Radial360: 360도의 각만큼 차오른다. 시계나 타이머 효과에 사용된다.

2. FillAmount: 0과 1 사이의 값을 가지는 스프라이트를 얼마나 보일지 결정하는 값이다. 채워지는 모양은 FillDir(1)에 의해 결정된다.
3. InvertFill: 채우는 방향을 거꾸로 뒤집는다.

FillAmount(2) 값을 바꿔보면서 어떻게 나타나는지 볼 수 있다. FillDir이 Radial360이고 FillAmount가 0.55 정도라면 다음 그림처럼 나타날 것이다.

UICamera와 UIPanel에 대해 설명하기 전에 이 값들을 먼저 실험해보면 좋다.

다음으로 넘어가기 전에 먼저 스프라이트를 Fantasy Atlas의 Dark 스프라이트로 선택하고 타입을 슬라이스로 되돌려 놓자.

자세히 살펴보기

1장을 시작할 때 UI 루트를 추가했고 이로 인해 UIRoot와 Camera 게임 오브젝트가 생성되었다.

이제 씬에 스프라이트와 레이블을 가지고 있으니, 이 두 개의 오묘한 게임 오브젝트가 어떤 것인지 적절하게 이해할 수 있다.

계층 뷰에서 UIRoot 게임 오브젝트를 선택한다. UIRoot와 UIPanel 컴포넌트가 붙어 있는 것을 확인할 수 있다. UIRoot가 무엇을 의미하는지 살펴보자.

UIRoot 컴포넌트

UIRoot 컴포넌트는 위젯들이 씬 뷰 사이즈 안에 보일 수 있도록 스케일링scaling 한다. 또한 스케일링 스타일을 선택할 수 있다.

게임 뷰의 종횡비는 아마도 Free Aspect이거나 어떤 값일 것이다. 같은 결과를 보기 위해서 종횡비를 다음 스크린샷처럼 16:9로 설정한다.

1. 게임 뷰를 본다.
2. 현재 Free Aspect로 설정되어 있는 종횡비(1)를 클릭한다.

16:9(2)를 선택한다. 이제 게임 뷰가 16:9의 종횡비를 갖게 되었다.

스케일링 스타일

계층 뷰에서 UI Root 게임 오브젝트를 선택한다. 붙어 있는 UIRoot 컴포넌트의 첫 번째 매개변수가 Scaling Style이다. 이는 화면 해상도가 바뀌었을 때 UI가 어떻게 반응할지 결정한다. 세 가지 방식이 있다.

1. Flexible: UI 픽셀 그대로 픽셀 퍼펙션을 유지한다. 300×300픽셀 이미지는 항상 화면에서 300×300픽셀을 차지하며 확대되거나 축소되지 않는다.
2. Constrained: UI의 픽셀 퍼펙션이 깨진다. 화면의 30퍼센트를 차지하는 이미지는 해상도가 바뀌어도 항상 화면의 30퍼센트를 차지한다. 선택할 수 있는 기준인 화면의 높이나 너비 혹은 양쪽에 대하여 확대되거나 축소된다.

3. ConstrainedOnMobiles: 데스크탑에서만 유동적 모드이고 나머지 기기에서는 강제적 모드가 된다.

`UIRoot` 컴포넌트는 선택한 스케일링 스타일에 따라 다른 매개변수가 나타난다. 일단 유동적인 스케일링 스타일을 살펴보자.

유동적

이 모드는 UI가 화면 해상도나 인치 당 도트(DPI)에 관계없이 항상 그 크기 그대로 남아 픽셀 퍼펙션을 보장한다. 다음 그림이 이를 설명한다.

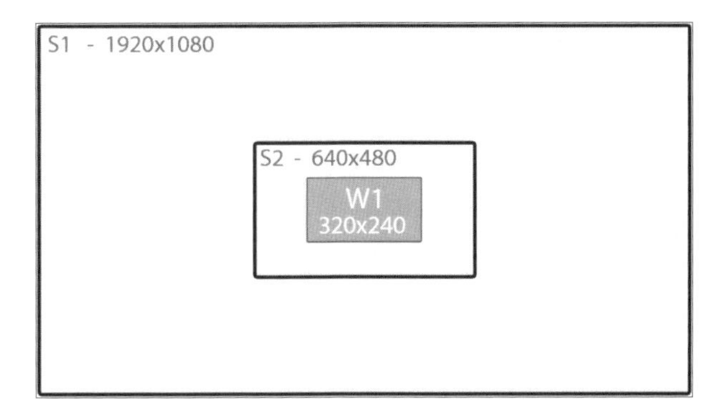

W1로 표시된 320×240 크기의 위젯은 1920×1080 크기의 화면(S1)에서는 조그맣게 나타나고, 640×480 크기의 화면(S2)에서는 크게 보인다.

유동적 모드에서는 화면이 320×240보다 작다면 위젯이 전부 보이지도 않게 된다. 이를 방지하기 위해 다음 스크린샷의 매개변수가 존재한다.

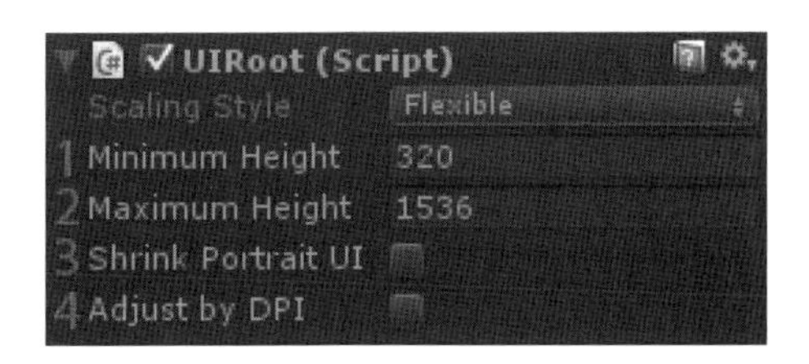

앞의 매개변수를 살펴보자.

1. Minimum Height: UI가 작은 화면에서 잘리지 않게 하는 중요한 매개변수이다. 화면 높이가 이 값보다 작아지면 UI가 축소된다. 강제적 스케일링 스타일에서 내용 높이Content Height를 화면 높이로 설정한 것과 같은 효과가 나타난다.
2. Maximum Height: 화면의 최대 높이를 제한하는 것이지만 최소 높이와 비슷하게 동작한다. 화면 높이가 이 값보다 커지면 UI는 화면에 맞게 확대된다.
3. Shrink Portrait UI: 게임이나 앱이 가로나 세로 방향으로 오리엔테이션이 바뀔 수 있다면 이 옵션을 체크한다. UI는 화면에 맞게 축소될 것이다.
4. Adjust by DPI: 이 옵션을 켜면 UI가 DPI에 맞게 조절된다. 예를 들어 NGUI는 다음 두 해상도를 완전히 같다고 인식한다.
   - **해상도**: 1280×720 - 200 DPI
   - **해상도**: 1920×1080 - 400 DPI

픽셀 퍼펙션과 유동적 모드가 같이 작동하는 상황을 보자.

1. Sprite 게임 오브젝트를 선택한다.
   - Size를 425×240으로 바꾼다.
2. UI Root 게임 오브젝트를 선택한다.
   - `UIRoot`의 Minimum Height에서 매개변수를 240으로 설정한다.

이제 게임 뷰 크기를 조절한다. 높이가 240픽셀보다 크면 320×240픽셀 크기로 나타나고 픽셀이 알맞게 나타난다.

게임 뷰 높이를 240픽셀보다 작게 만들면 UI가 축소되어 잘리지 않는 것을 볼 수 있다. 이것이 바로 최소 높이 매개변수가 하는 일이다.

최대 높이도 이와 마찬가지라고 볼 수 있다.

강제적 모드

강제적인 스케일링 스타일은 픽셀 퍼펙션의 반대 편에 있다. 가상의 화면 크기인 Content Width와 Content Height를 설정하면 UI가 여기에 맞게 확대되거나 축소된다.

즉, 100퍼센트를 차지하는 위젯은 화면의 실제 해상도와 상관없이 항상 100퍼센트로 표시된다. 다음 강제적 스케일링 스타일 스크린샷을 보자.

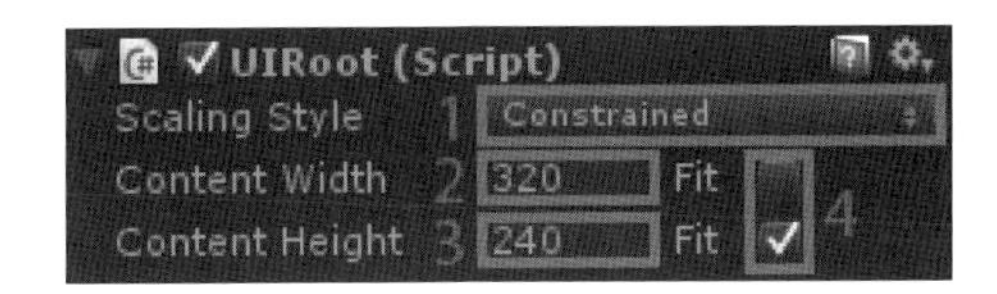

계층 뷰에서 UI Root 게임 오브젝트를 선택하고 다음의 작업을 한다.

1. 스케일링 스타일(1)을 Constrained 모드로 선택한다.
2. Content Width(2)를 320으로 설정한다.
3. Content Height(3)를 240으로 설정한다.
4. 내용 높이에 Fit을 체크한다.

이제 화면은 높이가 240인 경우만 신경 쓰면 된다. 모든 화면에서 이대로 보이게 될 것이다.

게임 뷰를 크게 키워보자. 어떠한 크기에서도 스프라이트가 화면 높이의 100퍼센트를 차지하는 것을 볼 수 있을 것이다(화면비가 16:9이면 너비에도 맞음). 이것이 바로 강제적 모드이다. UI는 내용 높이를 기초로 스케일된다.

모바일에서만 강제적

ConstrainedOnMobiles 모드를 선택하면 데스크탑에서는 유동적(픽셀 퍼펙션) 모드로 동작하고 그 외에서는 강제적 모드로 동작한다.

설정

모든 화면에서 같은 결과를 보기 위해 간단한 설정을 할 것이다. 스케일링 스타일을 Constrained 모드로 설정하고 Content Height를 1080으로 한다.

이 설정은 1920×1080 화면에서 아름답게 보임을 보장하고, 다른 크기의 해상도에서도 확대 축소되어 여전히 보기에 좋을 것이다.

계층 뷰에서 UI Root 게임 오브젝트를 선택하자. `UIRoot` 컴포넌트에서 다음의 작업을 실행한다.

1. Scaling Sytle을 Constrained 모드로 설정한다.
2. Content Width를 1920으로 한다.
3. Content Height를 1080으로 한다.
4. 내용 높이에 Fit에 체크한다.

1920×1080 해상도는 16:9의 종횡비를 갖는다. 이 종횡비만을 허용하고, 다른 경우에 화면 가장자리가 잘리는 것을 방지하기 위해 다음 단계를 따른다.

1. Edit ➤ Project Settings ➤ Player를 누른다.
2. Player Settings(인스펙터 뷰에 나타남)에서 Resolution and Presentaion을 클릭한다.
3. 아래쪽 마지막에 있는 Supported Aspect Ratios를 클릭한다.
4. 16:9를 제외한 모든 종횡비를 체크 해제한다.

이제 `UIRoot` 설정에 대한 이해가 끝났다. 그럼 `UIPanel` 대해 살펴보자.

UIPanel 컴포넌트

UI Root 게임 오브젝트를 선택하면 `UIRoot` 컴포넌트 아래에 `UIPanel`이 있다.

`UIPanel`은 위젯 컨테이너처럼 동작하고 지오메트리를 생성한다. 여기에 달린 모든 자식 위젯은 하나의 아틀라스에 존재만 한다면 한 번의 드로우 콜로 그려진다.

분리된 UI를 위해서 여러 개의 패널을 사용해야 될 수도 있다. 이때에 항상 추가적인 드로우 콜이 발생한다는 것을 염두에 두어야 한다.

어디든지 UIPanel이 추가되면 항상 RigidBody 컴포넌트도 같이 추가된다. NGUI에서 최적화를 위해 추가하는 것이므로 신경 쓰지 않아도 된다.

`UIPanel` 컴포넌트는 세 개의 기본 매개변수를 가지고 있다.

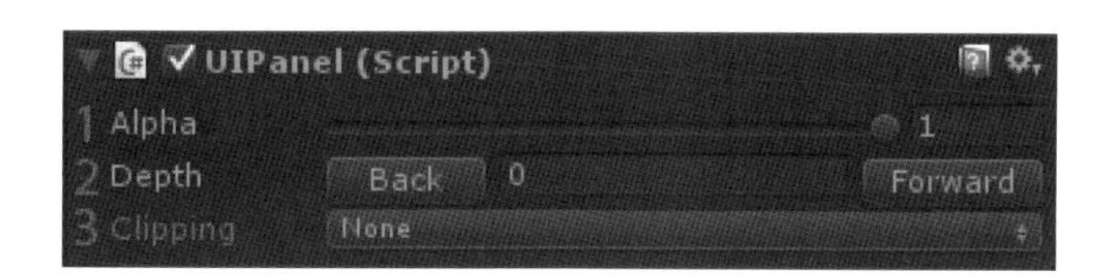

각 매개변수는 다음과 같다.

1. **Alpha**: 패널의 전역 알파 값을 설정한다. 이 값은 모든 자식 위젯과 패널에도 적용된다.
2. **Depth**: 이 패널 전체(자식 위젯 포함)가 다른 패널의 앞 혹은 뒤에 오는지를 설정한다. 다른 위젯의 깊이 매개변수와 마찬가지로 동작한다.

패널의 깊이가 위젯의 깊이보다 우선시 된다는 것을 잊지 말아야 한다. 명확한 이해를 위해 다음 상황을 보자.

PanelA는 깊이가 0이고, 깊이 10의 WidgetA를 자식으로 가지고 있다.

PanelB는 깊이가 1이고, 깊이 0의 WidgetB를 자식으로 가지고 있다.

이 상황에서는 WidgetA가 더 높은 깊이 값을 가지지만 WidgetB의 뒤에 그려진다. 이는 PanelB의 깊이가 PanelA의 깊이보다 더 높은 값이기 때문이다.

3. **Clipping**: 자르기는 패널이 사각형 혹은 텍스처 마스크를 이용해서 일부분만 표시될 수 있게 한다. 네 개의 자르는 방식이 있다.

- None: 자르지 않는다. 패널 전체가 나타난다.
- Texture Mask: 패널을 자를 때 사용할 텍스처를 선택할 수 있다. 텍스처 마스크의 위치를 조절할 수 있는 `Offset` 및 `Center` 매개변수와, 크기를 조절할 수 있는 `Size` 매개변수를 가지고 있다.
- SoftClip: 네 개의 추가 매개변수를 설정할 수 있다. 패널이 잘리는 사각형과 얼마나 부드럽게 페이드 되면서 사라질지를 선택하는 `Softness` 매개변수가 있다.
- ConstrainButDon'tClip: 패널이 잘리는 사각형을 선택할 수 있지만 실제로 잘리지는 않는다. 패널을 숨기지 않으면서도 그 영역을 지정할 때에 유용하게 쓰인다.

Clipping을 None으로 설정하고 나머지 값들도 그냥 둔다. 더 자세한 내용은 실제로 필요할 때 다시 알아볼 것이다. 그럼 카메라에 대해 이야기해보자.

카메라 시스템

UI Root ➤ Camera 게임 오브젝트를 선택하자. 유니티 `Camera` 카메라와 `UICamera` 컴포넌트 두 개를 볼 수 있다.

직교투영 카메라

직교투영(2D) 카메라는 위젯이, 실제 씬을 그리는 메인 카메라(3D) 위에 그려질 수 있도록 한다.

이는 메인 카메라의 rendering depth를 -1로 설정하고 NGUI 카메라는 0으로, 또한 Clear Flags를 Depth Only로 설정하는 것으로 가능하다.

이 모든 단계는 2D UI를 생성할 때 자동으로 진행된다. 이로 인해 모든 위젯이 메인 카메라 위에 그려질 수 있었던 것이다.

여기서 말하는 깊이는 카메라의 렌더링 깊이이지 NGUI 위젯 깊이가 아님을 유의하라. 카메라의 깊이는 렌더링 순서를 결정한다. 더 높은 값의 깊이를 갖는 카메라가 다른 것의 위에 그려지게 된다.

직교투영 카메라의 culling mask는 오직 2D UI 레이어뿐이어야 한다. 레이어를 하나 만들어보자.

다음 스크린샷처럼 Layer(1)를 클릭하고 Add Layer…(2)를 선택한다.

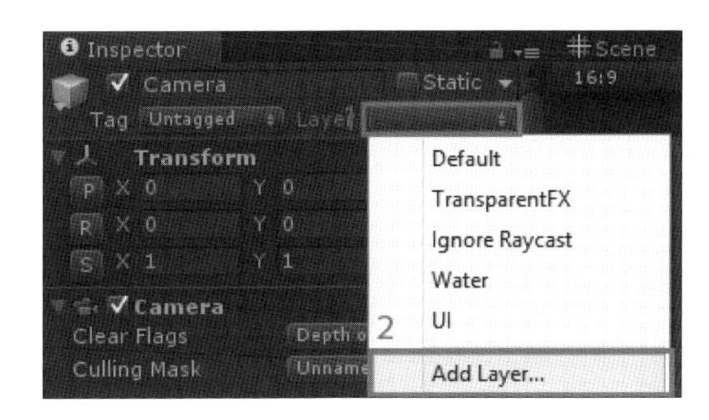

인스펙터 뷰는 이제 레이어 메뉴를 보여준다. User Layer 8 다음에 새 레이어를 만들고 이름을 2DUI로 한다.

이제 다시 계층 뷰에서 UI Root 게임 오브젝트를 선택한다. 인스펙터 뷰에서 `UIRoot` 컴포넌트와 모든 자식이 2DUI 레이어인 것을 볼 수 있다. 그리고 카메라의 선택 마스크 매개변수가 오직 2DUI만 선택된 것도 확인할 수 있다.

따로 나뉘어진 2DUI 레이어를 갖게 되었다. 이제 `UICamera`가 무엇인지 살펴보자.

UICamera 컴포넌트

`UICamera`가 무엇인지와 어떤 매개변수가 있는지를 살펴보고 어떻게 설정하는지 알아보자.

목적

이 컴포넌트는 카메라에 달린 위젯에게 특정 이벤트 메시지를 전송한다. 예를 들어 버튼을 클릭했을 때 `OnClick()` 이벤트를, 마우스 포인터를 위에 올렸을 때 `OnHover()` 이벤트를 발생시킨다.

여러 개의 카메라가 필요할 수도 있다. 다음 세 개의 카메라를 사용하는 상황을 보자.

1. 실제 게임을 그리는 3D 원근 메인 카메라(레이어: Default).
2. 2D UI 요소를 그리는 직교투영 카메라(레이어: 2DUI).
3. 3D 메뉴를 그리는 분리된 3D 원근 카메라(레이어: 3DUI).

UI를 그리는 2, 3번 카메라는 UI 요소와 상호작용을 위해 `UICamera` 컴포넌트가 필요하다. 실제 게임을 그리는 메인 카메라(1번)도 NGUI 이벤트를 쓰고 싶다면 `UICamera` 컴포넌트를 추가할 수 있다. 단, NGUI 이벤트를 받고 싶은 게임 오브젝트에는 `Collider` 컴포넌트가 달려 있어야 한다.

NGUI 이벤트를 받고 싶은 게임 오브젝트는 Collider 컴포넌트를 필요로 하는데, 이는 이벤트가 레이캐스트를 통해 발생되기 때문이다. 따라서 Collider가 붙어 있지 않은 오브젝트는 레이캐스트에서 그냥 지나가버린다.

이제 `UICamera`의 목적을 알았으니 어떤 매개변수가 있는지 살펴보자.

매개변수

`UICamera`에는 11개의 매개변수가 있다.

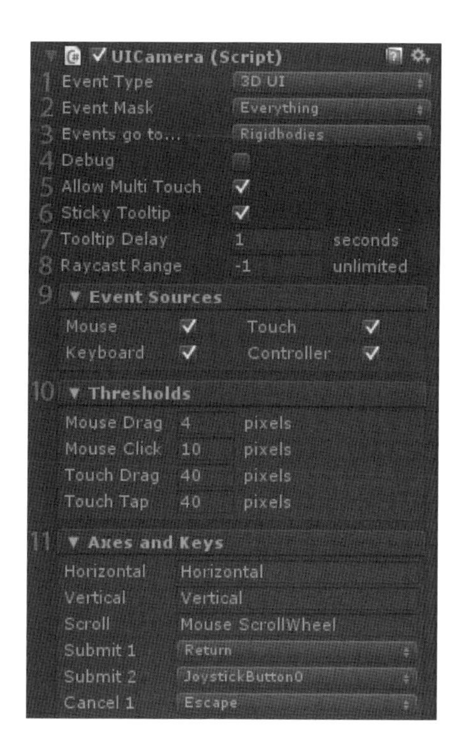

각 매개변수가 무엇인지 살펴보자.

1. **Event Type**: 어떤 타입의 이벤트를 카메라가 보낼지 선택한다. 위젯의 깊이를 바탕으로 선택하여 보내는 타입과 실제 카메라와의 거리를 통해 선택하여 보내는 타입이 있다.
    - **3D World**: 3D 공간의 게임 오브젝트와 상호작용한다. 3D 게임 메인 카메라에서 선택한다.
    - **3D UI**: 3D UI에 사용한다.
    - **2D World**: 2D 게임 메인 카메라에서 사용한다.
    - **2D UI**: 2D UI에서 사용한다.
2. **Event Mask**: 어떤 레이어의 오브젝트에 레이캐스트를 할지 선택한다. Everything으로 설정하면 모든 Collider 컴포넌트에서 이벤트를 받게 된다.

3. Events go to…: 이벤트를 `Collider`에서 받을지 `RigidBody`에서 받을지 선택한다.
4. Debug: 디버그 모드를 켜고 끈다. 이는 원하지 않는 행동이 일어날 때 유용하다. 현재 마우스 포인터가 가리키고 있는 오브젝트를 화면 좌상단에 표시해준다.
5. Allow Multi Touch: 동시에 터치를 허용할지 선택한다. 핀치 투 줌 같은 모바일 제스처를 위해서는 꼭 필요하다.
6. Sticky Tooltip: 스틱키 툴팁을 켜고 끈다.
   - Enabled: 툴팁이 위젯의 충돌 영역을 벗어날 때 사라진다.
   - Disabled: 툴팁이 마우스가 움직이는 순간에 사라진다.
7. Tooltip Delay: 마우스 포인터가 얼마나 멈춰 있을 때 툴팁이 표시될지 설정한다.
8. Raycast Range: 레이캐스트는 특정 포인트에서 특정 방향으로 만나는 오브젝트가 있을 때까지 진행한다. 마우스나 터치 포인트에 어떤 오브젝트가 눌렸는지를 알아내서 이벤트를 전달한다. 이 거리를 특정 값으로 제한하고 싶을 때 이 값을 이용한다. 기본으로 -1을 갖는데 이는 `Far Clipping Plane` 매개변수로 설정된 카메라에 보이는 끝까지이다.
9. Event Sources: 카메라가 반응할 이벤트를 설정할 수 있다.
   - Mouse: 마우스 이동에 대응한다. 왼쪽, 오른쪽, 가운데 클릭 및 스크롤 휠이 있다.
   - Touch: 터치가 가능한 기기에서 이용된다.
   - Keyboard: 키보드 입력을 사용한다. `OnKey()` 이벤트를 발생시킨다.
   - Controller: 조이스틱이나 게임 컨트롤러를 사용한다.
10. Threadholds: 각 이벤트가 발생할 때 필요한 최소 값을 지정한다.
    - Mouse Drag: 마우스 버튼이 눌리고서(`OnPress()` 이벤트가 발생) 몇 픽셀을 끌었을 때 `OnDrag()` 이벤트를 발생시킬지 결정한다.

- Mouse Click: 마우스 버튼이 눌리고서(`OnPress()` 이벤트가 발생) 몇 픽셀 이동해서 버튼을 놓아도 클릭으로 인정할지를 결정한다(이 값이 넘어가면 `OnClick()` 이벤트가 발생하지 않음).
- Touch Drag: 터치 기기에서 마우스 드래그와 같은 역할을 한다.
- Touch Tap: 터치 기기에서 마우스 클릭과 같은 역할을 한다.

11. Axes and Keys: 유니티 입력 시스템의 축과 키를 NGUI 입력 시스템에 할당한다.
    - Horizontal: 수평 축에서 이동(왼쪽 및 오른쪽 키 이벤트)
    - Vertical: 수직 추게서 이동(위와 아래 키 이벤트)
    - Scroll: 스크롤 입력
    - Submit 1: 첫 번째 확인 키
    - Submit 2: 두 번째 확인 키
    - Cancel 1: 첫 번째 취소 키
    - Cancel 2: 두 번째 취소 키

언제든지 Edit > Project Settings > Input에서 유니티 입력 축을 수정할 수 있다.

`UICamera`의 매개변수를 살펴보았으므로 우리 프로젝트를 위한 설정을 할 수 있다.

설정

우리가 만들 프로젝트에 맞는 `UICamera` 컴포넌트 설정을 하도록 하자. UI Root > Camera 게임 오브젝트를 선택하고 다음 내용을 진행한다.

1. Event Type 매개변수를 3D UI로 설정한다. 2D와 3D UI 상호작용을 모두 처리할 것이기 때문이다.

2. Event Mask를 2DUI 레이어로 선택한다. 모든 UI가 이 레이어 안에 있기 때문이다.

3. Events go to…를 `Colliders`로 설정한다. 위젯은 Collider 컴포넌트를 갖기 때문이다.

이제 UI에 상호작용을 할 준비가 되었다.

요약

1장에서 우리는 NGUI의 기본에 대해 살펴보았다. NGUI 플러그인을 추가했고 첫 번째 레이블과 스프라이트를 표시하고, 그 매개변수를 살펴보았다. 또한 UI를 넣는데 사용할 2DUI 레이어를 생성했다.

마지막으로 NGUI에서 자동으로 생성해주는 요소에 대해서도 분석했다. 이 요소의 역할을 다음과 같이 요약해 볼 수 있다.

- UI Root: 스케일링 스타일을 설정할 수 있다. 유동적(픽셀 퍼펙션) 모드와 강제적(UI 늘이기) 모드가 있다.
- UIPanel: 위젯이 그려지는 실제 지오메트리이다. 자를 수 있는 옵션이 있다.
- Camera: 위젯이 메인 카메라 위에 그려지도록 한다. 여기에 달려 있는 `UICamera`는 레이캐스트를 이용하여 위젯에 이벤트 메시지를 전송한다.

이제 2장을 살펴볼 준비가 되었다. 2장에서는 버튼과 팝업 리스트, 입력 필드, 체크박스 등을 만들어 볼 것이다.

2
NGUI 위젯 생성

2장에서는 중요한 NGUI 위젯들을 만들고 각 위젯들의 매개변수들을 살펴볼 것이다. 또한 아래의 위젯들을 사용하는 새로운 옵션 페이지를 차근차근 만들어 볼 것이다.

- 페이지들을 이동하고, 확인하고, 윈도우를 닫는 버튼
- 게임의 소리를 켜고 끄는 체크박스
- 게임과 자막의 언어를 선택하는 팝업 리스트
- 닉네임을 입력하는 입력 필드
- 볼륨을 조절하는 슬라이더

또한 우리가 미리 설정된 위젯들을 빠르고 쉽게 생성하도록 도와주는 도구인 컨트롤 프리팹Control prefab과 프리팹 툴바Prefab toolbar에 대하여 알아볼 것이다.

컨트롤 프리팹

NGUI 플러그인은 우리가 드래그 앤 드롭으로 추가할 수 있는 다양한 기본 위젯 프리팹들을 포함하고 있다. 예를 들면 버튼, 스크롤바, 체크박스 등이 있다. 이러한 프리팹들을 컨트롤 프리팹Control prefabs이라고 부른다.

이러한 컨트롤 프리팹들은 어디에 있을까? 간단하게는 프로젝트 뷰의 Search 바(1)에 control을 입력해서 찾을 수 있다. 다음 그림을 참조하자.

검색 결과(2)는 사용 가능한 컨트롤 프리팹들의 목록이다. 검색된 컨트롤 프리팹 중 우리가 원하는 것을 계층 또는 씬 뷰에 추가하기 위해서는, 단지 그것을 드래그 앤 드롭하기만 하면 된다.

Background

UI Root 안에 있는 Control – Background 프리팹을 계층 뷰 안으로 드래그하자. 추가된 Background 프리팹은 (0, 0, 0)에 위치하게 되고 계층 뷰에 다음 그림과 같이 두 개의 새로운 요소가 추가된다.

이제 두 개의 오버랩된 스프라이트들로 구성된 새로운 Background 위젯을 가지고 있다.

- Control – Background: dark gradient
- BG – Stripes: 작은 줄무늬를 나타내는 타일 스프라이트tiled sprite이다.

새롭게 추가된 Control – Background 게임 오브젝트를 선택하자.

1. Background로 이름을 바꾼다.
2. `UISprite`의 Size를 1700×900로 설정한다.

이제 Background ➤ BG – Stripes 게임 오브젝트를 선택하자.

1. Stripes로 이름을 바꾼다.
2. 위젯의 Depth를 -4로 설정한다.

이제 계층 뷰를 약간 정리해야 한다. 메인 메뉴 윈도우의 각기 다른 부분들을 놓기 위해 빈 게임 오브젝트를 만들어보자. 우리의 UI Root 게임 오브젝트를 선택하자.

1. Alt + Shift + N 단축키로 새로운 빈 자식 오브젝트를 만든다.
   - 생성된 자식 오브젝트의 이름을 Main으로 바꾼다.
   - UI Root ➤ Background 게임 오브젝트를 Main 오브젝트 안으로 드래그한다.
2. Main 게임 오브젝트가 선택된 상태에서 Alt + Shift + N 단축키를 한 번 더 누른다.
   - 생성된 자식 오브젝트의 이름을 Title로 바꾼다.
   - Label과 Sprite 게임 오브젝트를 Title 오브젝트의 안으로 드래그한다.

그러면 계층 뷰와 게임 뷰들이 다음 그림과 같을 것이다.

이제 우리의 윈도우에는 Main 게임 오브젝트가 놓여 있다. 이 오브젝트의 안에서 앞에서 생성한 Background와 Title 게임 오브젝트를 찾을 수 있다. 그리고 각 오브젝트들은 그들 자신의 위젯들을 가지고 있다.

윈도우의 타이틀을 윈도우 가장 위쪽에 옮기고 적절히 크기를 조절해보자.

1. Title 게임 오브젝트를 선택한다.
   - Transform 위치를 {0, 400, 0}으로 설정한다.
2. Title 게임 오브젝트의 자식 오브젝트인 Sprite 오브젝트를 선택한다.
   - `UISprite`의 Size를 1700×100으로 설정한다.

이제 윈도우에 멋진 오렌지색 테두리를 추가해보자.

1. Background > Stripes 게임 오브젝트를 선택한 후, Ctrl + D 단축키로 복사한다.

복제된 오브젝트는 1.00008 또는 비슷한 스케일 값을 갖는다. 이것은 내부 실수 변환으로 인해 일어나는 정상적인 현상이다. 이 현상은 위젯의 실제 크기에는 영향을 주지 않으며 원한다면 이 스케일 값을 1로 재설정할 수 있다.

2. 복제된 새 오브젝트의 이름을 Border로 바꾸고 다음을 한다.
   - Type을 Sliced로 바꾼다.
   - Sprite를 Highlight - Thin으로 바꾼다.

- Color Tint를 {R:220, G:140, B:0, A:255}로 바꾼다.
- Fill Center 체크박스를 해제해서 스프라이트의 테두리만을 유지한다.

좋다. 이제 다음 그림과 똑같은 윈도우를 만드는 데 성공했다.

다음으로 우리의 씬에 버튼을 추가하기 전에, 프리팹 툴바가 무엇인지 알아보자.

프리팹 툴바

앞에서 우리는 프로젝트 뷰에서 계층 뷰로 Control – Background 프리팹을 드래그해서 첫 번째 Background 컨트롤 프리팹을 만들었다. NGUI의 프리팹 툴바 기능은 우리가 이러한 오브젝트들을 구성하는 것을 도와준다.

프리팹 툴바The Prefab Toolbar를 나타나게 하려면 NGUI > Open > Prefab Toolbar로 이동하자.

새로 나타난 윈도우는 다음 그림과 같다.

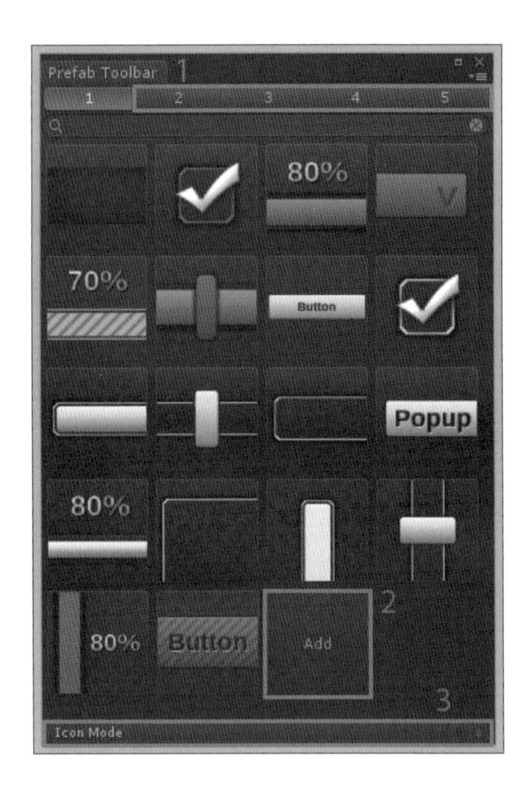

이 윈도우 안의 프리팹들을 씬 또는 계층 뷰 안으로 바로 드래그할 수 있다.

최대 5개까지 탭을 만들 수 있으며, 각 탭들은 다양한 프리팹들로 구성될 수 있다. 윈도우의 가장 위쪽에 있는 버튼(1)을 이용하여 다른 탭으로 전환해보자.

새로운 프리팹을 현재 탭에 추가하려면, 프로젝트 또는 계층 뷰에서 추가하려는 프리팹을 끌어다가 프리팹 툴바 안으로 놓기만 하면 된다. 또는 Add(2) 버튼을 눌러서 추가할 수도 있다.

프리팹 툴바 안의 프리팹들은 세 가지 디스플레이 모드(3)로 표시할 수 있다.

- Compact Mode: 작은 아이콘들로 표시된다.
- Icon Mode: 큰 아이콘들로 표시되며, 기본적으로 이렇게 표시된다.
- Detailed Mode: 프리팹의 이름과 큰 아이콘이 함께 표시된다.

디스플레이 모드를 Detailed Mode로 바꾸면 더 편할 것이다.

Unity Free license를 이용 중이라면, render texture는 지원되지 않을 것이다. 즉, 모든 아이콘들이 하얗게 표시된다. 그러나 이런 현상이 발생하더라도 프리팹 툴바는 여전히 유용하다.

어떻게 프리팹 툴바가 작동하는지 알았으니, 이제 버튼을 만들어보자.

버튼

앞서 만든 메인 메뉴에 Play, Options, Exit 이렇게 3개의 버튼들을 추가해보자. 먼저, 이 3개의 버튼들을 놓을 빈 게임 오브젝트를 생성하자.

1. 계층 뷰에서 Main 게임 오브젝트를 선택한다.
2. Alt + Shift + N 단축키로 새로운 빈 자식 오브젝트를 생성한다.
3. 생성된 자식 오브젝트의 이름을 Buttons로 바꾼다.

이제 첫 번째 버튼을 만들어보자.

버튼 생성

프리팹 툴바 안을 보면 다음 스크린샷처럼 생긴 Simple Button(1)을 찾을 수 있다. 이것을 드래그해서 계층 뷰에 있는 방금 만든 Buttons 게임 오브젝트 안에 놓는다.

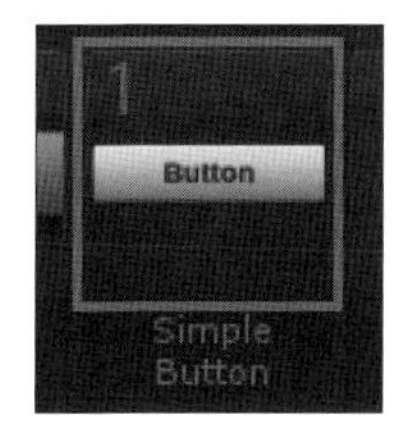

게임 뷰 안의 새로운 버튼은 다음 그림과 같이 생겼다.

UI Root > Buttons > Control - Simple Button을 선택한다. 그러면 계층 뷰가 아래와 같이 보인다.

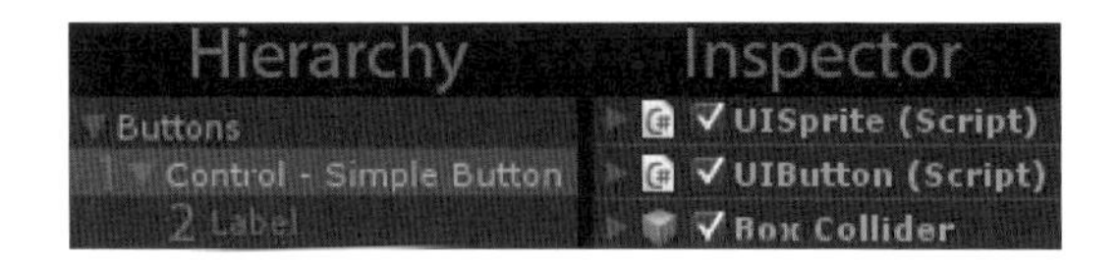

스크린샷에서와 같이 새로운 버튼은 두 개의 게임 오브젝트들로 이루어져 있다.

- Control - Simple Button(1): 아래의 컴포넌트들을 갖는 메인 오브젝트이다.
  - UISprite: 버튼의 스프라이트를 렌더링한다. Button 스프라이트로 설정된다.
  - UIButton: 버튼의 상태, 색상, 이벤트들을 처리한다.
  - Box Collider: 마우스와 터치의 상호작용을 감지하기 위해 필요하다.
- Label(2): 버튼의 텍스트를 표시하는 컴포넌트인 `UILabel`을 갖는 게임 오브젝트이다.

NGUI 위젯들은 하나 또는 그 이상의 게임 오브젝트들로 이루어져 있고, 또한 각 게임 오브젝트들은 서로 다른 컴포넌트들을 갖는다. 원한다면 동일한 컴포넌트들을 사용해서 비어 있는 게임 오브젝트로부터 버튼을 만들어낼 수도 있다. 버튼 위젯이란 것은 없고, 그것은 단지 기본 요소들의 집합일 뿐이다.

유니티의 play 버튼을 눌러보자. hover와 press 상태가 동작하는 것을 확인할 수 있다.

상호작용하는 위젯들은 이 버튼처럼 `Box Collider` 컴포넌트를 가지며 이 collider는 커서와의 충돌을 감지하는 데 사용된다. 그리고 이러한 위젯들은 카메라의 바운딩 박스bounding box와 클리핑 영역far and near limit 내에 있어야 한다.

이제 우리는 첫 번째 버튼을 만들었고, 이것의 매개변수들이 무엇인지 볼 수 있다.

버튼이 Box Collider 컴포넌트를 포함하기 때문에 UISprite 컴포넌트는 Collider auto-adjust to match라는 새로운 체크박스 매개변수를 갖는다. 이 매개변수는 collider가 스프라이트의 Size 매개변수에 따라서 자동으로 리사이즈 되는지 여부를 선택할 수 있게 한다. 지금은 이 옵션을 활성화하자.

UIButton 매개변수

버튼은 서로 다른 4가지 상태를 갖는다.

- Normal: 버튼의 기본적인 상태이다.
- Hover: 마우스가 버튼 위에 있을 때의 상태이다.
- Pressed: 버튼이 눌려 있는 동안의 상태이다.
- Disabled: 버튼이 상호작용하지 않는 상태이다.

UIButton 컴포넌트는 6개의 매개변수들을 이용하여 각 상태에서 버튼의 색상과 상태들 사이의 전환을 설정할 수 있다. 다음 스크린샷에 표시된 것이 이 매개변수들이다.

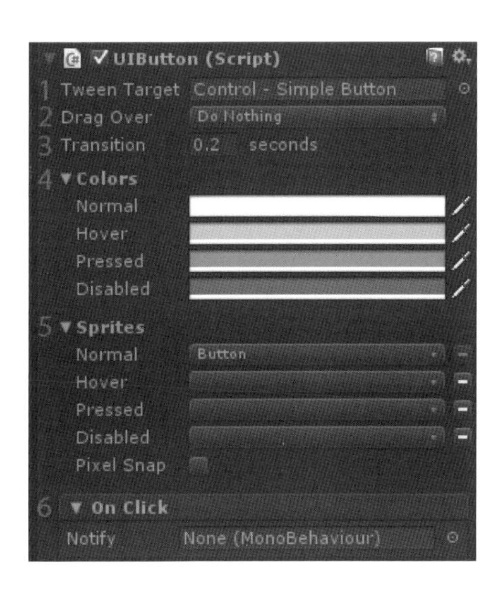

매개변수들은 다음과 같다.

1. Tween Target: 상태 변화 시에 색상을 바꾸려는 위젯을 끌어다 놓는다. 기본적으로 이 필드는 이 UIButton 컴포넌트를 갖는 버튼 자신으로 설정되어 있다. 이것은 스프라이트의 색상을 변경한다.
2. Drag Over: 플레이어가 또 다른 위젯을 버튼 위로 드래그되면 일어나는 이벤트를 정의한다.
   ○ Do Nothing: 아무 일도 일어나지 않는다.
   ○ Press: 위젯이 이 버튼 위에 드래그되면, 버튼이 눌린다.
3. Transition: 상태 변화 시에 일어나는 color tween의 지속시간이다.
4. Colors: 각각의 상태에 색상을 선택할 수 있다. 색상에는 알파값을 사용할 수 있다.
5. Sprites: 각각의 상태에 어떤 스프라이트가 표시될지 정의할 수 있다.
   ○ Normal: 아무 일도 일어나지 않았을 때 사용되는 스프라이트
   ○ Hover: 커서가 버튼 위에 있을 때의 스프라이트
   ○ Pressed: 유저가 버튼을 클릭했을 때 표시되는 스프라이트
   ○ Disabled: 버튼이 비활성화(클릭할 수 없는 상태)일 때 표시되는 스프라이트
   ○ Pixel Snap: 이 옵션을 활성화하고 Normal 스프라이트를 사용하면, 사용된 스프라이트의 원래 파일 사이즈로 pixel-perfect(픽셀에 딱 맞게)하게 표시한다.
6. On Click: 버튼을 클릭했을 때 호출할 함수를 선택할 수 있다. 다음 스크린샷처럼 가장 먼저 Notify(1) 필드 안으로 게임 오브젝트를 드래그하면 게임 오브젝트에 들어있는 public methods(3)의 목록을 보여주는 Method(2) 필드가 나타난다.

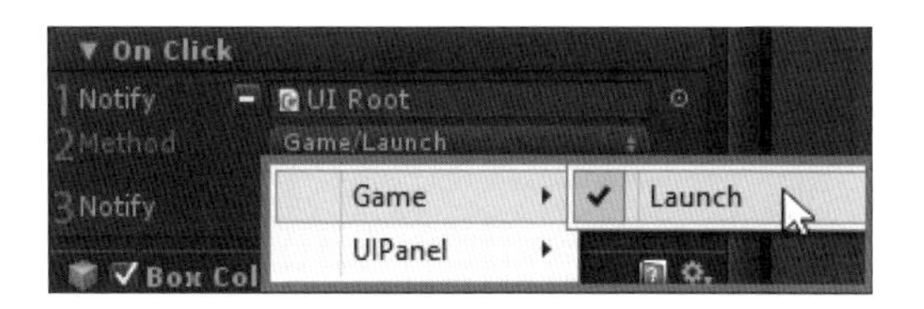

지금까지 버튼의 매개변수들을 살펴봤다. 이제 Play 버튼의 매개변수들을 조작해 보자.

프리팹 툴바의 Control – Colored Button은 normal 상태와 hover 상태에 서로 다른 스프라이트를 간단하게 적용할 수 있는 버튼이다.

Play 버튼

앞에서 만들었던 커다란 Play 버튼으로 돌아오자. Control – Simple Button 오브젝트를 선택해서 이름을 Play로 바꾼다. Play 버튼이 선택된 상태에서 다음 단계를 수행하자.

1. UISprite 컴포넌트에서:
   - Size를 700×500으로 설정한다.
2. UIButton 컴포넌트에서:
   - Normal 상태의 스프라이트를 Highlight - Thin으로 바꾼다.
   - Normal 상태의 색상을 {R: 180, G: 255, B: 120, A: 255}로 바꾼다.
   - Hover 상태의 색상을 {R: 100, G: 255, B: 130, A: 255}로 바꾼다.
   - Pressed 상태의 색상을 {R: 0, G: 0, B: 0, A: 255}로 바꾼다.
3. 마지막으로, Transform 위치를 {-400, 50, 0}으로 설정한다.

이번엔 버튼의 레이블을 바꿔보자.

1. UI Root > Main > Buttons > Play > Label 자식 게임 오브젝트를 선택하자.
   - Font를 Coalition으로 바꾼다.
   - Font Size를 40으로 바꾼다.
   - Text를 Play로 설정한다.
   - Color Tint를 {R: 130, G: 255, B: 130, A: 255}로 설정한다.

다음 스크린샷과 같은 녹색 버튼이 만들어졌을 것이다. 이젠 Play 버튼이 좀 더 괜찮게 보인다!

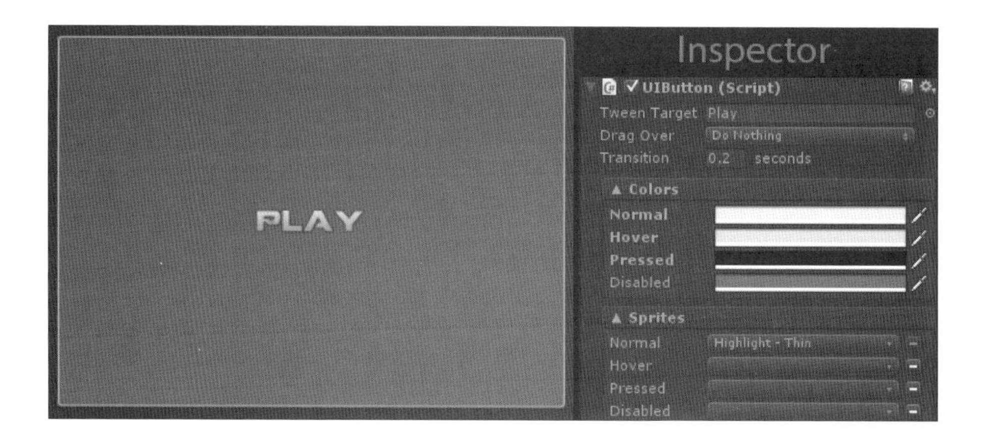

유니티의 play 버튼을 눌러보자. 스프라이트의 색상이 앞에서 만든 버튼의 상태에 따라서 변하는 것을 확인할 수 있을 것이다. 이젠 Options 버튼을 만들어보자.

Options 버튼

빠르게 Options 버튼을 만들기 위해, 앞에서 만들었던 Play 버튼을 복사하자.

1. Play 게임 오브젝트를 선택한 후 Ctrl + D 단축키를 눌러 복사한다.
    - 복제된 새 오브젝트의 이름을 Options로 바꾼다.
    - `Options` 오브젝트의 Transform 위치를 {400, 50, 0}으로 설정한다.
2. Options 오브젝트의 UIButton 컴포넌트에서:
    - Normal 상태의 색상을 {R: 250, G: 255, B: 165, A: 255}로 바꾼다.
    - Hover 상태의 색상을 {R: 220, G: 255, B: 50, A: 255}로 바꾼다.

아직까지 이 버튼은 녹색인데다가 Play를 표시하고 있다. 바꾸어 보자.

1. Options > Label 자식 게임 오브젝트를 선택한다.
   - Text를 Options로 설정한다.
   - Color Tint를 {R: 255, G: 255, B: 155, A: 255}로 설정한다.

다음 스크린샷과 같이 Play 버튼 옆에 크고 노란 Options 버튼이 생성되었을 것이다.

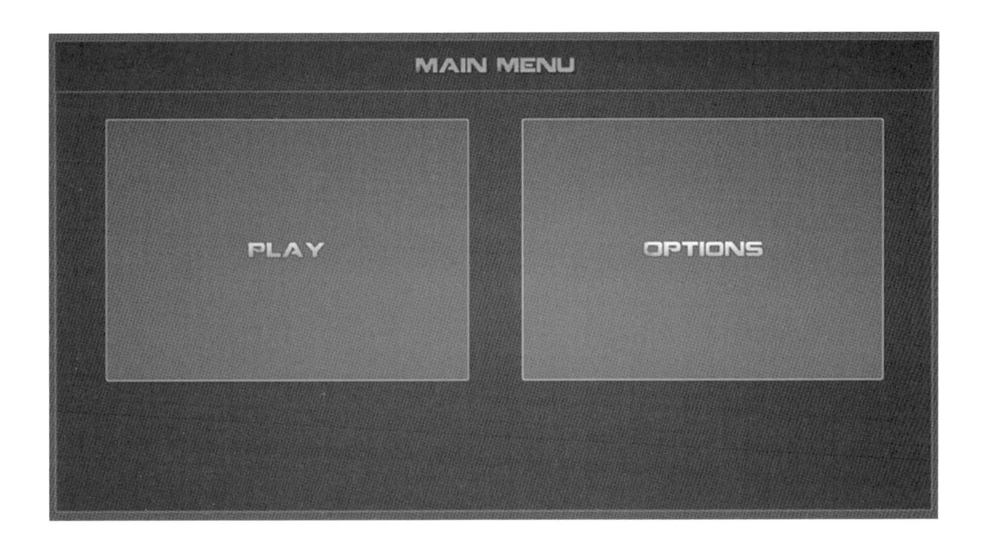

이젠 Exit 버튼을 만들어보자.

Exit 버튼

쉽게 Exit 버튼을 만들기 위해 Options 버튼을 복사하자.

1. Buttons > Options 게임 오브젝트를 선택한 후, Ctrl + D 단축키를 눌러 복사한다.
   - 복제된 새 오브젝트의 이름을 Exit로 바꾼다.
   - `Exit` 오브젝트의 Transform 위치를 {0, -320, 0}으로 설정한다.
2. Exit 오브젝트의 UISprite 컴포넌트에서:
   - Size를 700×130으로 설정한다.

3. Exit 오브젝트의 UIButton 컴포넌트에서:

   ○ Normal 상태의 색상을 {R: 255, G: 115, B: 115, A: 255}로 바꾼다.

   ○ Hover 상태의 색상을 {R: 255, G: 65, B: 65, A: 255}로 바꾼다.

다음으로 이 버튼의 색상을 붉은색으로 바꾸고 Exit를 표시하도록 해보자.

1. Exit 게임 오브젝트의 자식 레이블을 선택한다.

   ○ Text를 Exit로 설정한다.

   ○ Color Tint를 {R: 255, G: 180, B: 180, A: 255}로 설정한다.

세 개의 버튼들이 모두 생성되고 설정되었다. 이젠 게임 뷰가 다음 스크린샷과 같을 것이다.

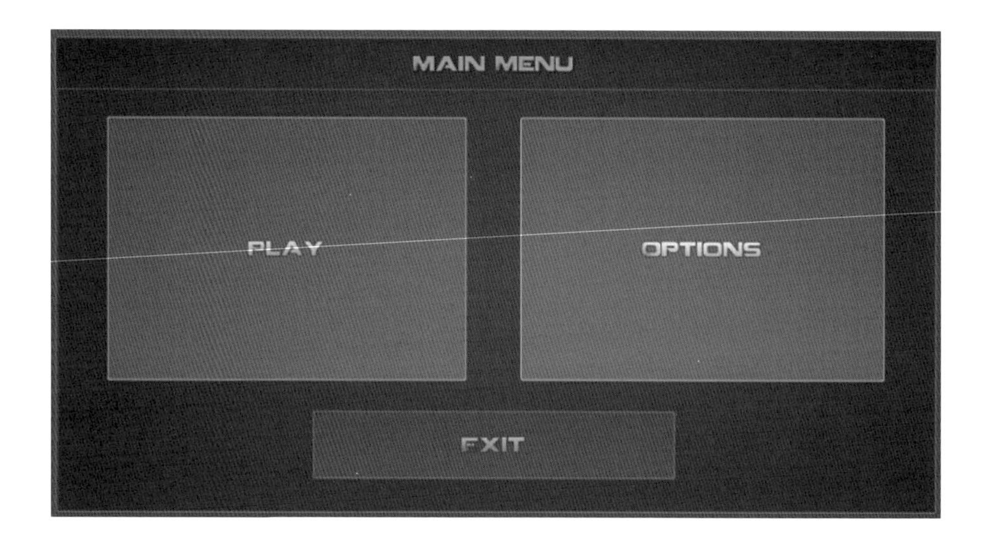

더 복잡한 위젯들을 만들기 전에, Options 윈도우를 만들어보자.

Options 윈도우

우리가 이후에 만들 게임에서 사용 가능한 옵션들이 위치할 Options 윈도우가 필요하다. 일단 앞서 만들었던 메인 메뉴 페이지를 복사한 후 버튼들을 제거한다.

1. UI Root > Main 게임 오브젝트를 선택한 후, Ctrl + D 단축키를 눌러 복사한다.
2. 복사된 새로운 오브젝트의 이름을 Options로 바꾼다.

이렇게 만들어진 Options 윈도우는 메인 메뉴의 위에 표시된다. 일단은 Main 게임 오브젝트를 비활성화해서 메인 메뉴를 숨기도록 하자.

1. UI Root > Main 게임 오브젝트를 선택한다.
2. 아래 스크린샷과 같이 오브젝트의 이름 앞에 있는 체크박스(1)를 해제한다.

그러면 새롭게 만든 Options 윈도우만 표시된다. 이 윈도우는 아직 메인 메뉴의 버튼들을 가지고 있는데, 이제 이 버튼들을 삭제해 보자.

1. Options > Buttons 게임 오브젝트를 선택한다.
2. 키보드의 Delete 키를 눌러서 삭제한다.

다음으로 윈도우의 제목 레이블이 Options로 표시되도록 바꾸어 보자.

1. Options > Title > Label 게임 오브젝트를 선택한다.
2. UILabel 컴포넌트의 Text 필드를 Options로 바꾼다.

비어 있는 Options 윈도우를 만들었으니 이젠 다양한 위젯들을 추가할 차례이다.

팝업 리스트

가장 먼저 팝업 리스트를 만들 것이다. 일단 팝업 리스트의 매개변수들과 그것들을 설정하는 것에 대해 살펴본 후에, 언어 선택 옵션으로 넘어가자.

일단 언어 선택 옵션을 위한 비어 있는 게임 오브젝트를 만들자.

1. Options 게임 오브젝트를 선택한 상태에서 Alt + Shift + N 단축키를 누른다.
2. 단축키로 생성된 비어 있는 자식 오브젝트의 이름을 Language로 바꾼다.

이제 팝업 리스트를 만들 준비가 되었다.

팝업 리스트 생성

프리팹 툴바 안을 보면 다음 스크린샷처럼 생긴 Colored Popup(1)을 찾을 수 있다. 이것을 계층 뷰에 있는 앞서 만들었던 Language 게임 오브젝트 안으로 드래그하자.

만들어진 팝업 리스트는 씬 안에 화살표 표시가 있는 버튼과 같이 생겼다. 유니티의 play 버튼을 누르고 방금 만든 팝업 리스트를 클릭해보자. 세 개의 기본 옵션 중 하나를 선택할 수 있을 것이다. 다음 스크린샷처럼 이 팝업 리스트는 색상과 애니메이션이 설정되어 있다.

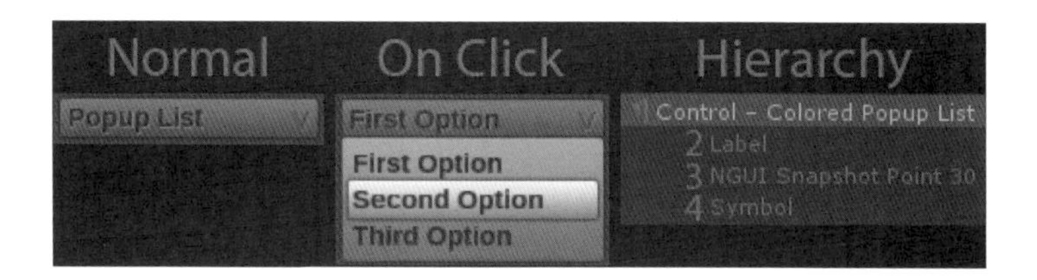

앞의 스크린샷과 같이 팝업 리스트는 4개의 요소들로 구성된다.

1. Control – Colored Popup List: 팝업 리스트의 메인 요소로서, 4개의 컴포넌트들을 갖는다.
    - UISprite: 실제 버튼의 스프라이트를 표시한다.
    - UIPopup: 리스트의 동작과 매개변수들을 관리한다.
    - Box Collider: 마우스와 터치의 상호작용을 감지한다.
    - UIButton: 메인 버튼의 상태, 색상, 이벤트를 처리한다.
2. Label: 현재 선택된 옵션을 표시하는 UILabel 컴포넌트이다.
3. NGUI Snapshot Point 30: 프리팹 툴바 아이콘에 사용되는 것으로, 무시해도 된다.
4. Symbol: 팝업 리스트의 버튼 오른쪽에 위치한 심볼인 글자 V를 표시하기 위한 UILabel 컴포넌트이다.

다음으로 팝업 리스트의 매개변수들을 살펴보자.

UIPopup list의 매개변수

Control – Colored Popup List를 선택하자. 다음 스크린샷과 같이 UIPopup List는 9개의 매개변수 그룹들을 갖는다.

매개변수들은 다음과 같다.

1. Options: 팝업 리스트에서 사용할 수 있는 서로 다른 옵션들을 입력한다.
2. Default: 기본적으로 선택되어 있을 옵션을 선택한다.
3. Position: 팝업 리스트가 어느 쪽으로 표시되는지 정한다.
   - Auto: 사용 가능한 공간에 따라서 위 또는 아래에 표시한다.
   - Above: 무조건 버튼의 위로 표시한다.
   - Below: 무조건 버튼의 아래로 표시한다.
4. Alignment: 옵션 레이블들의 정렬 방법을 선택한다.

5. Open on: 사용 가능한 4개의 활성화 설정들 중 하나를 선택한다.
   - ClickOrTap: 마우스로 왼쪽 클릭 또는 터치로 탭하면 리스트가 표시된다.
   - RightClick: 오른쪽 클릭하면 리스트가 열린다.
   - DoubleClick: 버튼을 더블클릭하면 리스트가 열린다.
   - Manual: 코드 또는 이벤트를 이용해야만 리스트가 열린다.
6. Localized: 이 매개변수가 활성화되면, 팝업 리스트의 옵션들이 Localization 시스템을 이용하여 로컬라이즈localized된다.
7. Atlas: 팝업 리스트에서 사용되는 아틀라스와 관련된 매개변수들이다.
   - Atlas: 팝업 리스트에서 사용할 아틀라스를 선택한다.
   - Background: 리스트의 배경으로 사용할 스프라이트를 선택한다.
   - Highlight: 마우스 커서가 위에 있는 옵션에서 사용하는 스프라이트를 선택한다.
   - Background: 리스트의 배경에서 사용할 색상을 선택한다.
   - Highlight: 마우스 포인터가 위에 있는 옵션에서 사용하는 색상을 선택한다.
   - Animated: 이 옵션이 활성화되면 버튼을 클릭했을 때 리스트가 부드럽게 나타난다.
8. Font: 다음의 네 가지 매개변수는 폰트와 관련된 것들이다.
   - Font: 리스트에서 사용하는 글씨체를 선택한다.
   - Font Size: 리스트에 표시되는 옵션들의 글자 크기를 선택한다.
   - Text Color: 리스트에 표시되는 옵션들의 글자 색상을 선택한다.
   - Padding: 옵션들 사이의 간격을 설정한다.
9. On Value Change: 팝업 리스트에서 선택되는 값이 바뀌었을 때 호출하는 메소드를 선택할 수 있다. 기본적으로 팝업 리스트는 선택된 값이 바뀌면 Label에 현재 선택된 값을 알려서 버튼에 표시되는 텍스트를 갱신한다.

Simple Popup List는 우리가 앞에서 만들었던 Colored Popup List와 비슷하지만, 버튼에 아래 방향을 가리키는 화살표 심볼이 없다.

지금까지 UIPopup List의 매개변수들을 살펴봤다. 이제 언어 선택 박스를 만들어 보자.

언어 선택 박스 생성

이제 다음 스크린샷처럼 생긴 언어 선택 박스를 만들 수 있다.

언어 선택 박스는 위의 스크린샷처럼 세 가지의 중요 요소들로 구성되어 있다.

1. **전체 박스의 배경**: 컨테이너에 추가한 UISprite 컴포넌트
2. **선택 박스의 제목**: 단어 `Language`를 표시하는 UILable 컴포넌트
3. **실제로 언어를 선택하기 위한 팝업 리스트**

먼저, Control – Colored Popup List 게임 오브젝트의 이름을 List로 바꾼다.

배경 스프라이트 생성

박스의 배경 스프라이트를 만드는 것부터 해보자. 이 스프라이트는 컨테이너의 배경이 될 것이다.

앞서 만든 Language 게임 오브젝트를 선택하자.

이 오브젝트에 `UISprite` 컴포넌트를 추가하는 데에는 두 가지 방법이 있다.

- 툴바를 사용하는 방법: Component ➤ NGUI ➤ UI ➤ NGUI Sprite로 이동한다.
- 다음 스크린샷과 같이 Add Component 버튼을 이용한다.

1. 인스펙터 뷰에서 Add Component 버튼을 클릭한다.
2. sprite를 입력한다.
3. 검색 결과에서 키보드의 방향키로 NGUI Sprite로 이동한 후 Enter 키를 누르거나, 바로 NGUI Sprite를 마우스로 클릭한다.

나는 두 번째 방법을 추천한다. 사용하기 쉽고 빠르기 때문이다.

이 책에 등장하는 "UISomething 컴포넌트 추가" 과정들에서 Add Component 버튼을 누른 후 컴포넌트의 이름을 입력할 때 UI 접두사 없이 입력한다. 예를 들면 UISomething 컴포넌트를 검색할 때 Something을 입력해서 검색한다.

UISprite 컴포넌트를 Language 게임 오브젝트에 추가했으니, 이제 멋진 노란색 배경을 표시하도록 설정하자.

1. 첫 번째 Atlas 매개변수로 Wooden Atlas를 선택한다.
2. Sprite를 Highlight - Thin으로 바꾼다.
3. 스프라이트 Type 매개변수를 Sliced로 바꾼다.
4. Color Tint를 {R: 180, G: 125, B: 50, A: 255}로 바꾼다.
5. Size를 460×280으로 바꾼다.
6. Transform 위치를 {-550, 85, 0}으로 설정한다.

이젠 언어 선택 박스에 제목을 추가해보자.

제목

언어 선택 박스의 제목으로 Language가 표시되도록 새로운 레이블을 만들자. 앞서 만들었던 Language 게임 오브젝트가 선택된 상태에서 Alt + Shift + L 단축키를 누르면 새 자식 레이블 위젯을 만들 수 있다.

방금 만든 Label 게임 오브젝트를 선택하여 다음과 같이 매개변수들을 설정한다.

1. 위젯의 Size를 400×100으로 바꾼다.
2. Color Tint를 {R: 255, G: 190, B: 10, A: 255}로 설정한다.
3. Font를 Coalition으로 설정한다.
4. Font Size를 52로 바꾼다.
5. Text를 Language로 바꾼다.
6. Transform 위치를 {0, 65, 0}으로 설정한다.

이제 다음 스크린샷과 같이 박스 안에 제목과 팝업 리스트가 같이 표시될 것이다.

다음으로 팝업 리스트를 설정하고 크기를 조절할 것이다.

팝업 리스트

Language ➤ List 게임 오브젝트를 선택하고 아래의 과정을 수행하자.

1. 위젯의 Size를 400×120으로 바꾼다.
2. Option 필드에 다음의 텍스트를 입력한다.

```
English
Francais
```

3. Atlas 매개변수 그룹을 아래와 같이 설정한다.
   - Background 색상을 {R: 255, G: 200, B: 100, A: 255}로 설정한다.
   - Highlight 색상을 {R: 255, G: 130, B: 80, A: 255}로 설정한다.
4. Font 매개변수 그룹을 아래와 같이 설정한다.
   - Font를 Coalition으로 바꾼다.
   - Font Size를 50으로 설정한다.
   - Text Color를 {R: 255, G: 230, B: 120, A: 255}로 설정한다.
   - Padding을 {8, 20}으로 설정한다.
5. Transform 위치를 {-200, -50, 0}로 설정한다.

유니티의 play 버튼을 눌러보자. 팝업 리스트가 열렸을 때의 모습은 좀 더 나아졌지만 아직 버튼의 글자가 검은색이고 작을 것이다. 우리가 변경한 `Font` 매개변수는 클릭했을 때 열리는 팝업 리스트에만 적용되기 때문에 버튼의 폰트는 따로 설정을 해야 한다.

버튼의 레이블을 앞에서 팝업 리스트와 같이 보이도록 설정해보자. Language ➤ List ➤ Label 게임 오브젝트를 선택하고 다음의 과정을 수행하자.

1. 선택한 오브젝트의 이름을 Value로 바꾼다.
2. Font를 Coalition으로 바꾼다.
3. Font Size를 50으로 설정한다.
4. 결과를 미리 보기위해 Text를 English로 바꾼다.
5. Color Tint를 {R: 255, G: 160, B: 50, A: 255}로 설정한다.

언어 선택 박스가 좀 더 보기 좋아졌다. 이젠 게임의 자막 옵션을 만들어보자. 자막으로 표시되길 원하는 언어를 선택할 수 있는 두 번째 박스를 만들어보자.

1. Language 게임 오브젝트를 선택한 후, Ctrl + D 단축키를 눌러서 복사한다.
    - 복사된 새 오브젝트의 이름을 Subtitles로 바꾼다.
    - 오브젝트의 Transform 위치를 {-550, -220, 0}으로 설정한다.
2. Subtitles ➤ Label 게임 오브젝트를 선택하자.
    - Text를 Subtitles로 바꾼다.
3. Subtitles ➤ List 게임 오브젝트를 선택하고 Options 필드를 아래와 같이 입력한다.

```
None
English
Francais
```

그러면 다음 스크린샷과 같이 게임과 자막 언어를 선택할 수 있는 두 개의 팝업 리스트가 만들어졌을 것이다.

다음으로, 입력 필드input field를 만드는 방법에 대해 알아보자.

입력 필드

플레이어가 닉네임을 변경할 수 있도록 게임 옵션에 닉네임 박스를 추가하려고 한다. 닉네임 박스를 만들기 위해서는 입력 필드라는 위젯을 사용할 수 있다.

먼저 입력 필드가 위치할 컨테이너 박스를 준비하자.

1. UI Root ➤ Options 게임 오브젝트를 선택한다.
2. Alt + Shift + N 단축키를 눌러서 빈 자식 게임 오브젝트를 새로 만든다.
3. 이 오브젝트의 이름을 Nickname으로 바꾼다.

다음으로 닉네임 박스의 배경을 만들기 위해 `Nickname` 오브젝트에 `UISprite` 컴포넌트를 추가해보자.

1. 인스펙터 뷰의 Add Component 버튼을 누른다.
2. sprite를 입력한다.
3. 키보드 화살표로 NGUI Sprite를 선택하고 Enter 키를 누른다.

이젠 Nickname 오브젝트에 추가한 UISprite 컴포넌트를 설정할 차례다.

1. Atlas에서 Wooden Atlas를 선택한다.
2. Sprite를 Highlight - Thin으로 바꾼다.
3. 스프라이트 Type를 Sliced로 바꾼다.
4. Color Tint를 {R: 180, G: 125, B: 50, A: 255}로 바꾼다.
5. Size를 520×280으로 설정한다.
6. Transform 위치를 {0, 85, 0}으로 설정한다.

배경 스프라이트가 완성되었다. 이젠 이 닉네임 입력 필드에 제목을 만들자.

1. Options > Nickname 게임 오브젝트를 선택한다.
2. Alt + Shift + L 단축키를 눌러서 새 자식 레이블 위젯을 만든다.
3. Options > Nickname > Label 게임 오브젝트를 선택하자.
   - Font를 Coalition으로 바꾼다.
   - Size를 520×100으로 설정한다.
   - Font Size를 52로 설정한다.
   - Color Tint를 {R: 255, G: 190, B: 10, A: 255}으로 설정한다.
   - Text를 Nickname으로 바꾼다.
   - Transform 위치를 {0, 65, 0}으로 설정한다.

이제 첫 번째 입력 필드를 만들 모든 준비가 끝났다.

입력 필드 생성

프리팹 툴바를 보면 다음 스크린샷과 같이 생긴 Simple Input Field(1)가 있다. 이것을 계층 뷰에 있는 Nickname 게임 오브젝트의 안으로 드래그하자.

씬에 새로운 입력 필드가 생겼을 것이다. 유니티의 play 버튼을 누르고 입력 필드를 클릭해보자. 입력 필드의 안에 글자를 입력할 수 있고 Enter 키로 제출할 수도 있다.

앞의 스크린샷을 보면 입력 필드는 세 가지의 요소로 구성된 것을 알 수 있다.

1. Control – Simple Input Field: 3개의 컴포넌트를 가진 메인 요소이다.
   - UISprite: 입력 필드의 배경 스프라이트를 나타낸다.
   - UIInput: 입력 필드의 동작과 매개변수들을 관리한다.
   - Box Collider: 마우스와 터치의 상호작용을 감지한다.
2. Label: 입력된 문자를 표시하는 UILabel 컴포넌트이다.
3. NGUI Snapshot Point 30: 프리팹 툴바 아이콘에 사용되는 요소로, 무시해도 된다.

다음으로 입력 필드에서 사용 가능한 매개변수들을 살펴보자.

UIInput의 매개변수

Control – Simple Input Field를 선택하자. 다음 스크린샷과 같이 `UIInput` 컴포넌트는 16개의 매개변수들을 갖는다.

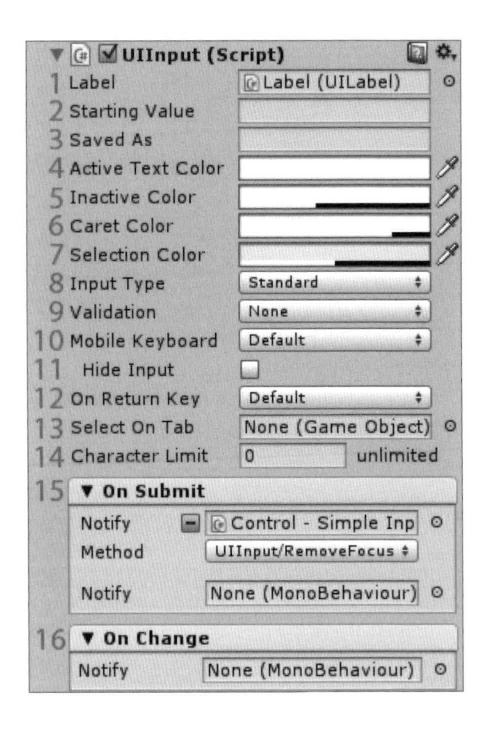

매개변수들은 다음과 같다.

1. Label: 입력된 텍스트로 바뀌기를 원하는 Label 오브젝트를 드래그해서 놓는다.
2. Starting Value: 유니티의 play 버튼을 눌렀을 때 기본적으로 입력된 값이다.
3. Saved As: 입력받은 텍스트를 PlayerPrefs로 저장할 수 있다.
4. Active Text Color: 텍스트가 입력되는 동안의 텍스트 색상이다.
5. Inactive Color: 입력 필드가 선택되지 않을 때의 텍스트 색상이다.
6. Caret Color: 텍스트 커서의 색상을 설정한다.
7. Selection Color: 선택된 텍스트의 배경 색상을 선택한다.
8. Input Type: 입력된 텍스트트와 관련된 동작 세 가지 중 하나를 선택할 수 있다.
   - Standard: 입력된 텍스트가 표시되며, 모바일 플랫폼에서의 자동 교정 기능을 사용하지 않는다.

- AutoCorrect: 입력된 텍스트가 표시되며, 모바일 플랫폼에서의 자동 교정 기능을 사용한다.
- Password: 입력된 텍스트가 문자 *로 바뀌어서 표시된다. 모바일 플랫폼에서의 자동 교정 기능을 사용하지 않는다.

9. Validation: 입력된 텍스트의 유효성 검사의 종류를 선택한다. 즉, 특정 문자들만을 입력할 수 있도록 제한할 수 있다.
   - None: 유효성 검사 없이 어떤 문자도 입력할 수 있다.
   - Integer: 숫자만을 입력할 수 있다(소수점은 입력 불가).
   - Float: 모든 실수들을 입력할 수 있다(소수점 입력 가능)
   - Alphanumeric: 알파벳 글자들과 0에서 9까지의 숫자들을 입력할 수 있다.
   - Username: Alphanumeric과 동일하지만 알파벳을 입력할 때는 소문자만 입력 가능하다.
   - Name: 알파벳 글자들만을 입력 가능하고, 첫 번째 글자는 대문자여야 한다.
10. Mobile Keyboard: 아래의 모바일 키보드들 중 하나를 선택할 수 있다.
   - Default: 운영체제의 기본 키보드
   - ASCIICapable: 모든 ASCII 문자들을 지원하는 키보드(기본값)
   - NumberAndPuctuation: 모든 숫자들과 문장 기호들만을 지원하는 키보드
   - URL: URL 입력에 적합한 키보드이다. 예를 들면 .com 버튼이 존재하는 키보드
   - NumberPad: 정수들을 입력하기에 적합한 키보드
   - PhonePad: 통화 중에 표시되는 키보드이다. NumberPad와 비슷하지만 #, * 등의 문자들도 존재한다. 이들은 실수를 입력하기에 편리하다.
   - NamePhonePad: 이름과 전화 번호를 입력하기에 적합한 키보드이다.
   - EmailAddress: 이메일 주소를 입력하는 데 적합한 키보드이다.

11. Hide Input: 입력하는 동안에는 모바일 운영체제의 입력 박스 필드를 숨긴다. 이 옵션을 이용하면 landscape 모드에서 풀 스크린 키보드를 사용할 필요가 없어진다.

12. On Enter Key: Enter 키를 눌렀을 때의 동작을 설정한다.
    - Submit: Enter 키를 누르면 `OnSubmit` 이벤트가 발생한다.
    - NewLine: Enter 키를 누르면 제출되지 않고 새로운 줄이 만들어진다.

13. Select On Tab: Tab 버튼을 눌렀을 때 선택될 게임 오브젝트를 드래그해서 놓는다.

14. Character Limit: 입력될 수 있는 문자들의 최대 개수를 입력한다.

15. On Submit: 입력된 문자들이 제출되었을 때(기본적으로는 Enter 키 입력) 호출할 메소드를 선택한다. 일단 지금은 입력 필드가 자기 자신에서 이를 알리고, `RemoveFocus()` 메소드를 호출해서 입력 필드를 선택되지 않은 상태로 바꾼다.

16. On Change: 입력 필드에 입력된 문자들이 바뀔 때마다 호출되는 메소드를 선택한다.

프리팹 툴바에 있는 Simple Text Box는 방금 만들었던 Simple Input Field와 비슷하지만, 여러 줄의 텍스트를 표시할 수 있도록 만들어졌다.

지금까지 `UIInput`의 매개변수들을 살펴봤다. 이제 본격적으로 닉네임 박스를 만들어보자.

닉네임 박스

이제는 다음 스크린샷과 같이 플레이어가 게임에서 사용할 이름을 입력할 수 있는 닉네임 박스를 만들 수 있다.

위의 스크린샷을 보면, 닉네임 박스는 세 가지 메인 요소들로 이루어진 것을 알 수 있다.

1. **박스 전체의 배경**: 컨테이너에 추가한 UISprite 컴포넌트
2. **선택 박스의 제목**: Nickname이라는 단어를 표시하기 위한 UILabel 컴포넌트
3. **이름을 입력하기 위한 입력 필드**: UIInput 컴포넌트를 사용한다.

앞에서 배경과 제목은 이미 만들었으니, 이제 입력 필드(3)를 설정해서 닉네임 박스를 완성하자.

입력 필드

Nickname ➤ Control – Simple Input Field 게임 오브젝트를 선택하고, 다음 단계를 따르자.

1. 게임 오브젝트의 이름을 Input으로 바꾼다.
2. Transform 위치를 {-225, 10, 0}으로 설정한다.
3. UISprite 컴포넌트는 다음과 같이 설정한다.
   - Color Tint는 {R: 255, G: 200, B: 120, A: 255}로 설정한다.
   - 위젯의 Size는 450×120으로 바꾼다.
4. UIInput 컴포넌트는 다음과 같이 설정한다.
   - Starting Value 필드에 Player를 입력한다.
   - Saved As 필드에 PlayerName을 입력한다.

- Active Text Color를 {R: 255, G: 200, B: 120, A: 255}로 설정한다.
- Character Limit을 14로 설정한다.

이제 닉네임 박스의 입력 필드는 기본적으로 Player라는 텍스트를 표시하고, 입력받은 이름을 PlayerPrefs에 `PlayerName` 값으로 저장한다. 다음으로 입력받은 텍스트를 기본 글자 크기보다 더 크게 표시되도록 입력 필드의 레이블을 변경해보자.

1. 앞에서 만든 Input 게임 오브젝트의 자식 오브젝트인 Label을 선택하자.
   - 오브젝트의 이름을 Value로 바꾼다.
   - Text를 Player로 바꾼다.
   - Font Size를 50으로 바꾼다.
   - Alignment 속성이 Automatic으로 설정되어 있으므로, pivot point, (위젯의 (0,0) 좌표 위치를 말한다)가 텍스트의 위치를 결정한다. 텍스트가 수직 방향과 수평 방향 모두에서 가운데에 위치하도록 다음 스크린샷처럼 Pivot을 가운데로 설정한다.

닉네임 입력 박스를 잘 완성했다면 Options 페이지의 Game과 계층 뷰가 다음 스크린샷과 같이 되었을 것이다.

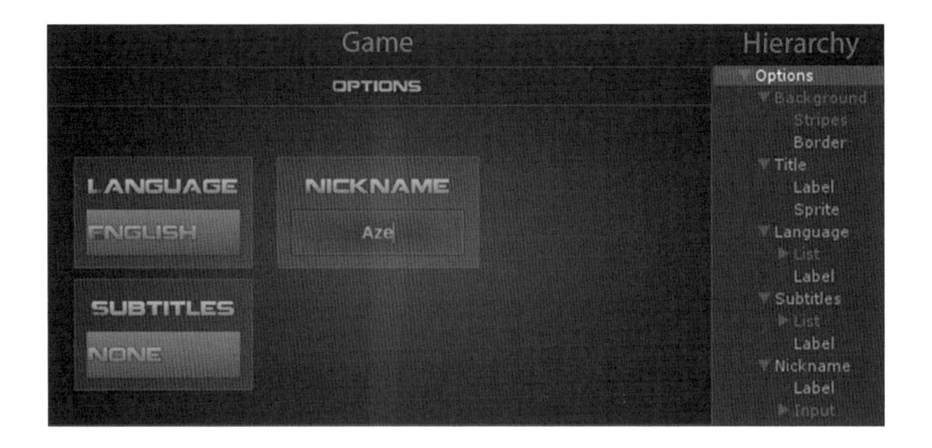

이젠 게임의 소리를 켜고 끌수 있는 checkbox를 만들 차례이다.

체크박스 추가

게임의 소리를 켜고 끌 수 있는 체크박스를 만들면 좋을 것이다. 체크박스를 만들기 전에 우선 체크박스가 들어갈 컨테이너를 준비하자.

1. UI Root ➤ Options 게임 오브젝트를 선택한다.
2. Alt + Shift + N 단축키를 눌러서 새로운 빈 자식 오브젝트를 만든다.
3. 생성된 오브젝트의 이름을 Sound로 바꾼다.

이 컨테이너에 배경을 만들기 위해 `UISprite` 컴포넌트를 추가할 것이다.

UI Root ➤ Options ➤ Sound 게임 오브젝트를 선택하자.

1. 인스펙터 뷰의 Add Component 버튼을 클릭한다.
2. sprite를 입력한다.
3. 키보드 방향키로 NGUI Sprite을 선택한 후 Enter 키를 누른다.

다음으로 추가한 `UISprite` 컴포넌트를 설정하기 위해 다음 단계를 따르자.

1. Atlas에서 Wooden Atlas를 선택한다.
2. Sprite를 Highlight - Thin로 바꾼다.
3. 스프라이트 Type을 Sliced로 바꾼다.
4. Color Tint를 {R: 180, G: 125, B: 50, A: 255}로 바꾼다.
5. Size를 460×280으로 설정한다.
6. Transform 위치를 {550, 85, 0}으로 설정한다.

배경 스프라이트를 만들었으니 이제 사운드 토글 박스에 제목을 만들어 보자.

1. Options ➤ Sound 게임 오브젝트를 선택한다.

2. Alt + Shift + L 단축키를 눌러서 새로운 자식 레이블 위젯을 만든다.

3. 만들어진 Options ➤ Sound ➤ Label 게임 오브젝트를 선택한다.

    ○ Font를 Coalition으로 바꾼다.

    ○ Size를 460×100으로 설정한다.

    ○ Font Size를 52로 설정한다.

    ○ Color Tint를 {R: 255, G: 190, B: 10, A: 255}로 설정한다.

    ○ Text를 Sound로 바꾼다.

    ○ Transform 위치를 {0, 65, 0}으로 설정한다.

이제 첫 번째 체크박스를 만들 차례이다.

체크박스 생성

프리팹 툴바 안을 보면 다음 스크린샷처럼 생긴 Colored Checkbox(1)를 찾을 수 있다. 이것을 드래그해서 계층 뷰에 있는 앞서 만들었던 Sound 게임 오브젝트 안으로 놓자.

그러면 새로운 체크박스가 씬에 나타난다. 유니티의 play 버튼을 누르자. 체크박스의 제목이 타자기typewriter 효과가 적용되서 한글자씩 나타날 것이다. 체크박스는 체크표시를 만들거나 없앨 수 있으며 체크표시가 나타나거나 사라질 때는 멋진 회전 이동 애니메이션과 페이드 인/아웃fading in/out 효과를 동반한다.

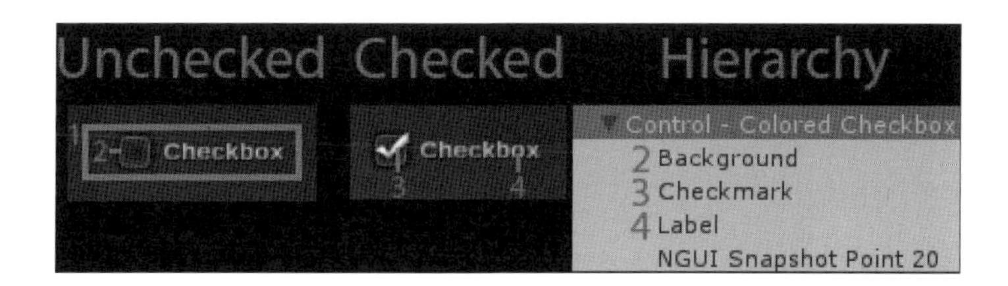

위의 스크린샷을 보면 체크박스는 네 개의 요소들로 구성요소들을 가진다(NGUI snapshot은 제외하자).

1. Control – Colored Checkbox: 메인 요소로서 아래의 5개 컴포넌트들을 가진다.
   - UIWidget: 위젯들을 포함하는데 사용되는 기본 NGUI 컴포넌트
   - UIToggle: 체크박스나 라디오 버튼들에 사용되는 On/off 스위치
   - Box Collider: 마우스와 터치 상호작용을 감지하는데 사용되는 컴포넌트
   - UIButton: 체크박스의 hover/pressed 상태에 색상 효과를 추가하는 데 사용되는 컴포넌트
   - UIBUtton Rotation: hover 상태에서 배경을 회전하는 데 사용되는 컴포넌트
2. Background: 체크박스의 빈 사각형을 표시하는 UISprite 컴포넌트이다.
3. Checkmark: 실제로 체크마크를 표시하는 애니메이션 `UISprite`이다.
4. Label: 체크박스에 텍스트를 표시하는 UILabel 컴포넌트로, 타자기 효과가 적용되어 있다.

이번에는 체크박스의 매개변수들을 살펴보자.

UIToggle의 매개변수

Control – Colored Checkbox를 선택하자. 다음 스크린샷과 같이 `UIToggle`은 5개의 매개변수들을 갖는다.

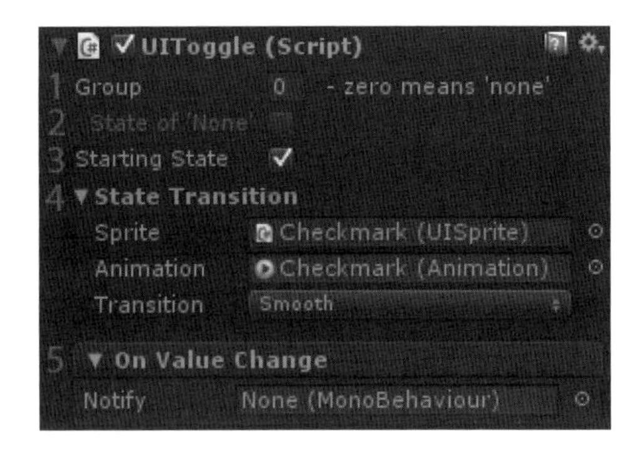

1. Group: 같은 그룹 ID를 갖는 모든 UIToggle 컴포넌트들이다. 이러한 컴포넌트들은 라디오 버튼처럼 한 번에 같은 그룹 ID를 갖는 버튼 중 하나만 선택할 수 있다.
2. State of 'None': Group이 설정되어 있을 때(0이 아닌 값) 접근 가능한 변수이다. 활성화 하면 같은 그룹 ID을 갖는 컴포넌트들 중 아무것도 선택되지 않을 수 있다. 비활성화 상태일 때는 언제나 컴포넌트들 중 하나가 선택되어 있음을 의미한다.
3. Starting State: 유니티의 play 버튼을 눌렀을 때의 기본 상태이다.
4. State Transition: 체크마크의 아이콘과 애니메이션을 위한 `UISprite`를 설정할 수 있다. Sprite와 Animation 각각에 원하는 `UISprite`를 드래그하자. 또한 상태 전환 시에 체크마크가 부드럽게 페이드 인/아웃되는지 또는 즉시 사라지거나 나타나는지를 선택할 수 있다.
5. On Value Change: `UIToggle`의 상태가 바뀔 때마다 호출되는 메소드를 선택할 수 있다.

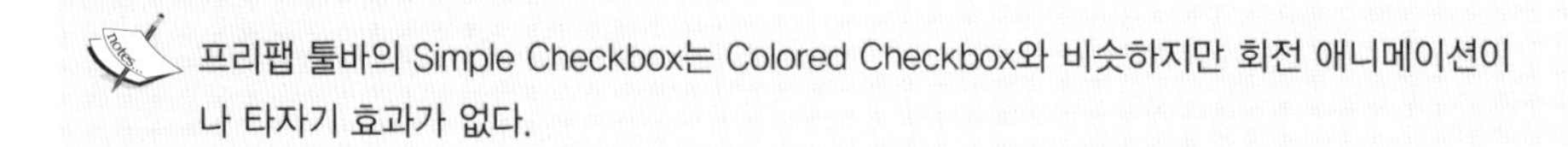

프리팹 툴바의 Simple Checkbox는 Colored Checkbox와 비슷하지만 회전 애니메이션이나 타자기 효과가 없다.

UIToggle의 매개변수들을 살펴봤으니, 이제 사운드 토글 박스를 만들어보자.

사운드 토글 박스

다음의 스크린샷과 같이 게임의 소리를 켜고 끌수 있는 사운드 토글 박스를 만들 것이다.

위의 스크린샷에서 보이는 것처럼, 사운드 토글 박스는 3개의 메인 요소들로 구성되어 있다.

1. **사운드 박스의 배경**: 컨테이너에 추가한 UISprite 컴포넌트
2. **사운드 박스의 제목**: Sound라는 단어를 표시하는 UILabel 컴포넌트
3. **체크박스 요소**: 체크박스에 포함된 UIToggle 컴포넌트

앞에서 배경과 제목은 이미 만들었으니, 체크박스(3)를 설정해서 사운드 토글 박스를 완성하자.

체크박스

Sound 오브젝트의 Control – Colored Checkbox 게임 오브젝트를 선택해서, 이름을 Checkbox로 바꾼다. 다음과 같이 설정해보자.

1. Tranform 위치를 {-200, -50, 0}으로 설정한다.
2. UIWidget 컴포넌트를 선택하자.
    - Size를 400×120으로 바꾼다.

3. UIButton 컴포넌트를 선택하자.
   ○ Normal 상태의 색상을 {R: 255, G: 200, B: 120, A: 255}로 설정한다.
   ○ Hover 상태의 색상을 {R: 255, G: 230, B: 200, A: 255}로 설정한다.
   ○ Pressed 상태의 색상을 {R: 0, G: 0, B: 0, A: 255}로 설정한다.

컨테이너 위젯을 적절한 크기로 변경했으며, `UIButton`의 상태(`hover`, `normal`, `pressed`)에 따라서 체크박스의 색상이 바뀔 것이다.

이제 체크박스의 크기와 표시될 체크마크의 크기를 바꾸어보자.

1. Checkbox ➤ Background 게임 오브젝트를 선택한다.
2. Size를 120×120으로 설정한다.
3. Transform 위치를 {60, 0, 0}으로 바꾼다.

체크마크 아이콘에도 비슷한 과정을 수행한다.

1. Checkbox ➤ Checkmark 게임 오브젝트를 선택한다.
2. Color Tint를 {R: 255, G: 200, B: 120, A: 255}로 설정한다.
3. 위젯의 Size를 120×120으로 설정한다.
4. Transform 위치를 {60, -8, 0}으로 바꾼다.

체크박스가 좀 나아지기는 했지만, 다음 스크린샷처럼 체크박스 레이블의 위치와 크기가 이상하다.

Checkbox ➤ Label 선택해서 아래와 같이 설정해보자.

1. Font를 Arimo20으로 설정한다.
2. Font Size를 50으로 바꾼다.
3. Text를 Enabled로 바꾼다.
4. Color Tint를 {R: 255, G: 200, B: 120, A: 255}로 설정한다.
5. 위젯 Size를 250×120으로 설정한다.

레이블을 오른쪽으로 움직일 필요가 있어 보인다. 지금은 이 레이블이 다른 오브젝트에 상대적인 위치로 자신의 위치를 결정하는 앵커Anchors를 이용하고 있으므로, 우리가 원하는 대로 아무데나 옮기려면 이 기능을 꺼야 한다.

Checkbox ➤ Label을 선택하자. 인스펙터 뷰에서 `UILabel`의 아래를 보면 다음 스크린샷과 같은 Anchors 그룹을 찾을 수 있다.

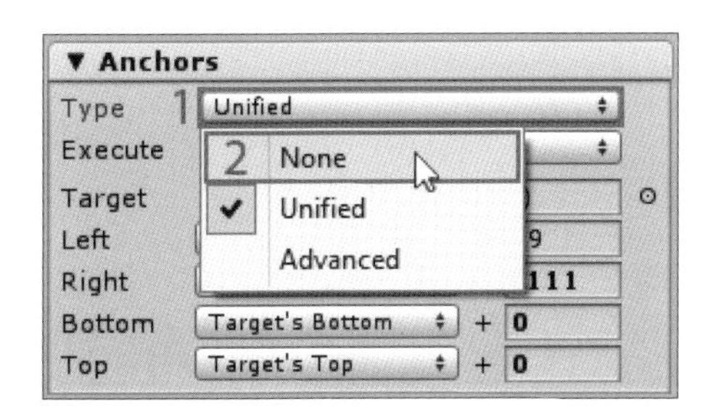

1. Type 옆의 Unified를 클릭해서 팝업 리스트를 연다.
2. None을 선택해서 이 위젯의 Anchors 기능을 끈다.

이제 체크박스의 레이블을 아무데나 옮길 수 있게 되었다. 레이블의 Transform 위치를 {160, 0, 0}으로 설정하자. 그러면 게임 뷰에 다음 스크린샷과 같은 사운드 토글 박스가 완성되었을 것이다.

마지막으로 게임의 음량 레벨을 조절하기 위한 슬라이더를 만들 차례이다.

슬라이더

플레이어가 게임 소리를 켜고 끌수 있게 되었지만, 게임의 음악과 음향 효과 각각의 소리 크기를 조절할 수 있다면 훨씬 좋을 것이다.

우선은 사운드 조절 슬라이더들이 들어갈 새로운 컨테이너 박스를 만들기 위해, 앞에서 만들었던 사운드 토글 박스를 사용할 것이다.

1. Options > Sound 게임 오브젝트를 선택한 후, Ctrl + D 단축키를 눌러서 복사한다.
    - 복사한 새로운 오브젝트의 이름을 Volume으로 바꾼다.
    - 이 오브젝트의 Transform 위치를 {550, -220, 0으로 설정한다.
2. Volume > Label 게임 오브젝트를 선택하자.
    - Text를 Volume으로 바꾼다.
3. Volume > Checkbox 게임 오브젝트를 선택해서 삭제한다.

이제 첫 번째 슬라이더를 만들 준비가 되었다.

슬라이더 생성

프리팹 툴바 안을 보면 다음 스크린샷처럼 생긴 Colored Slider(1)를 찾을 수 있다. 이것을 드래그해서 계층 뷰에 있는 Volume 게임 오브젝트 안에 놓는다.

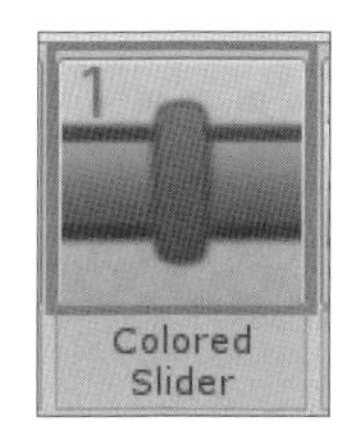

씬에 새로운 슬라이더가 나타났을 것이다. 유니티의 play 버튼을 눌러보자. 슬라이더의 조절 막대를 좌우로 드래그할 수 있다. 또한 슬라이더의 아무 위치나 클릭해서 조절 막대의 위치를 바꿀 수도 있다. 다음 스크린샷과 같이 선택된 양이 슬라이더의 오른쪽에 퍼센트로 표시되며 이 값에 따라서 슬라이더의 색상 또한 변한다.

위의 스크린샷에 보이는 것처럼 슬라이더는 네 개의 요소로 구성된다(NGUI snapshot은 제외).

1. Control – Colored Slider: 메인 요소로서 5개의 컴포넌트들을 갖는다.
   - UISprite: 슬라이더의 배경(1)을 표시한다.
   - UISlider: 슬라이더의 동작과 매개변수들을 관리한다.
   - Box Collider: 마우스와 터치의 상호작용을 감지한다.
   - UIButton: 슬라이더의 hover/pressed 상태에 색상 효과를 추가하는 데 사용된다.
   - UISlider Colors: 슬라이더에서 채워진 양에 따라 색상을 바꾼다.

2. Foreground: 슬라이더에서 채워진 부분의 스프라이트를 표시하는 UISprite 컴포넌트이다.

3. Label: 슬라이더가 채워진 퍼센트를 표시하는 UILabel 컴포넌트이다.

4. Thumb: 슬라이더의 조절 막대를 표시하는 UISprite 컴포넌트이다.

다음으로 슬라이더의 매개변수들을 살펴보자.

UISlider의 매개변수

Control – Colored Slider의 신택해서 UISlider를 보면 다음 스크린샷처럼 5개의 매개변수를 갖는것을 알 수 있다.

1. Value: 0에서 1까지의 슬라이더의 값을 나타낸다. 0은 비어 있고 1은 가득 찬 상태이다.

2. Alpha: 슬라이더의 알파값을 0과 1 사이에서 바꿀 수 있다.

3. Steps: 슬라이더가 비어 있는 상태에서 가득 찰 때까지 단계의 개수다.

4. Appearance: Foreground, Background, Thumb에 사용할 스프라이트를 끌어다 놓을 수 있다. 또한 슬라이더가 채워지는 방향(LeftToRight, RightToLeft, TopToBottm, BottmToTop)을 선택할 수 있다.

5. On Value Change: 슬라이더의 값이 바뀔 때마다 호출되는 메소드를 선택할 수 있다. 기본적으로는 현재 퍼센트를 표시하는 레이블을 업데이트하는 메소드를 호출한다.

> 프리팹 툴바의 Simple Horizontal Silder는 Colored Slider와 비슷하지만 색상 변화와 퍼센트 표시 기능이 없다.

UISlider의 매개변수들을 살펴보았으니, 볼륨 슬라이더를 만들어 보자.

볼륨 조절

여기서 우리는 다음 스크린샷처럼 음향 효과와 음악의 볼륨을 조절하기 위한 두 개의 슬라이더를 만들 것이다.

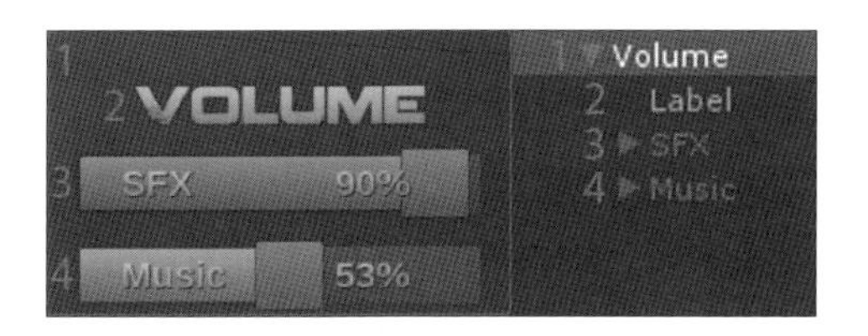

앞의 스크린샷에 보이는 것처럼, 볼륨 조절 박스는 4개의 메인 요소들로 구성된다.

1. **볼륨 박스의 배경**: 컨테이너에 추가된 UISprite 컴포넌트이다.
2. **박스의 타이틀**: Volume이란 단어를 표시하는 UILabel 컴포넌트이다.
3. **음향 효과 슬라이더(SFX 슬라이더)**: UISlider 컴포넌트를 사용한다.
4. **음악 슬라이더**: UISlider 컴포넌트를 사용하며, SFX 슬라이더를 복사해서 만들 것이다.

첫 번째 요소인 배경과 두 번째 요소인 타이틀은 이미 만들었으므로, 이제 SFX 슬라이더(3)를 만들고 이를 복사해서 음악 슬라이더(4)도 만들어보자.

음향 효과(SFX) 슬라이더

Volume의 Control – Colored Slider 게임 오브젝트를 선택하고, 이것의 이름을 SFX로 바꾸자. 그리고 아래와 같이 설정한다.

1. Transform 위치를 {0, -10, 0}으로 설정한다.
2. UISprite 컴포넌트에서 Size를 400×60으로 바꾼다.
3. UISlider 컴포넌트에서 Value를 1로 설정한다.
4. UISlider Colors 컴포넌트에서 Colors의 Size를 2로 설정한다.
5. Colors의 Element들을 다음과 같이 설정한다.
   - Element 0: {R: 255, G: 240, B: 200, A: 255}
   - Element 1: {R: 255, G: 160, B: 30, A: 255}

슬라이더가 적당한 크기로 바뀌고 색상 또한 보기에 좋아졌다.

하지만 조절 막대의 크기가 슬라이더이 비해 너무 작다. 조절 막대의 크기를 키우고, 내친김에 퍼센트를 표시해주는 레이블 또한 설정해보자.

1. SFX ➤ Thumb 게임 오브젝트를 선택하자.
   - 위젯의 Size를 70×70으로 설정한다.
   - Color Tint를 {R: 230, G: 150, B: 50, A: 255}로 바꾼다.
2. SFX ➤ Label 게임 오브젝트를 선택하자.
   - 이 오브젝트의 이름을 Value로 바꾼다.
   - Font Size를 40으로 바꾼다.
   - Color Tint를 {R: 255, G: 200, B: 150, A: 255}로 바꾼다.
   - Transform 위치를 {55, 0, 0}으로 설정한다.

슬라이더의 조절 막대의 크기가 커졌으니 슬라이더의 `Box Collider` 또한 이제 맞춰서 조절해야 한다.

Volume ➤ SFX 게임 오브젝트의 `Box Collider` 컴포넌트를 다음과 같이 설정하자.

1. Center를 {15, 0, 0}으로 설정한다.
2. Size를 {430, 60, 0}으로 설정한다.

다음으로, SFX 레이블을 슬라이더의 안에 추가해보자.

1. Volume ➤ SFX ➤ Value 게임 오브젝트를 선택하고 Ctrl + D 단축키를 눌러서 복사한다.
2. 복사된 새로운 오브젝트의 이름을 Label로 바꾼다.
3. Transform 위치를 {-155, 0, 0}으로 설정한다.
4. Text를 SFX로 바꾼다.

이제 볼륨 조절 박스와 계층 뷰가 다음 스크린샷과 같이 되어 있을 것이다.

이제 음악 볼륨을 조절하기 위한 두 번째 슬라이더를 만들어보자.

음악 슬라이더

앞에서 만들었던 SFX 슬라이더를 이용해서 음악 슬라이더를 만들자.

1. Volume ➤ SFX **게임 오브젝트**를 선택하고 Ctrl + D 단축키를 눌러서 복사한다.
2. 생성된 새 오브젝트의 이름을 Music으로 바꾼다.
3. Transform 위치를 {0, -95, 0}으로 설정한다.
4. Music ➤ Label 게임 오브젝트를 선택하고, Text를 Music으로 바꾼다.

드디어 SFX 슬라이더와 음악 슬라이더를 모두 완성했다.

요약

2장에서는 NGUI의 기본 위젯 템플릿인 컨트롤 프리팹들을 사용하는 방법을 배웠다. 또한 프리팹들을 더 효율적으로 구성하고 관리할 수 있도록 도와주는 프리팹 툴바의 사용법을 살펴봤다.

대부분의 컨트롤 프리팹들을 만드는 데 프리팹 툴바를 사용했으며, 사용하는 프리팹의 매개변수들 또한 살펴봤다. 마지막으로, 그러한 프리팹들을 이용하여 다음 스크린샷과 같은 새 옵션 페이지를 만들었다.

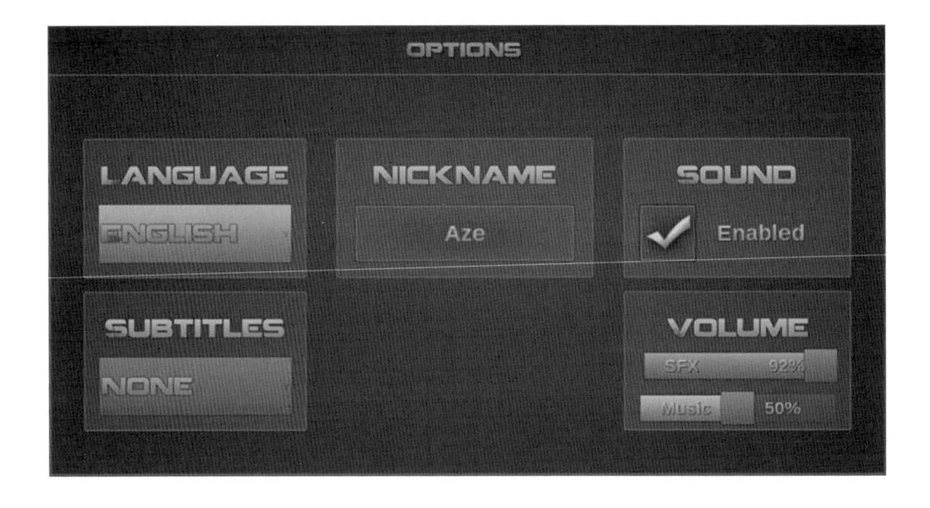

이제 NGUI의 기본적인 위젯들의 사용법을 알았으니, 다음 장에서 더 고급 기능들과 애니메이션들을 추가하는 방법을 배우자.

3
UI 개선

3장에서는 아래와 같은 고급 기능들을 사용해서 UI를 개선할 것이다.

- 위치, 스케일, 알파 트윈alpha tweens
- 클리핑clipping
- 드래그할 수 있는 윈도우
- 로컬라이제이션 시스템Localization system
- 앵커Anchors

위의 요소들을 조합하여 멋진 애니메이션으로 페이지들을 전환하는 로컬라이즈된 UI와 게임 종료 기능, 그리고 필요할 때 게임의 요소들을 숨기고 나타나게 하는 기능을 만들 것이다.

NGUI 컴포넌트들과 그것들의 전반적인 동작을 살펴보는 것으로 시작하자.

NGUI 컴포넌트

2장에서는 `UISprite`, `UIPopupList`, `UIInput`들과 같은 NGUI 컴포넌트들을 이용해서 위젯들을 만들었다. 여기에서는 앞에서 다뤘던 것들보다 훨씬 유용한 컴포넌트들을 추가할 것이다. 간단한 동작을 수행하는 컴포넌트들도 있지만, 사용하기 전에 컴포넌트에 대한 이해와 사용 방법을 익혀야 하는 복잡한 컴포넌트들도 존재한다. 이러한 컴포넌트 지향적인 구조는 NGUI를 극도로 유연하고 모듈화 가능하도록 해준다.

메인 메뉴의 버튼들이 hover 상태일 때 커지게 하는 것으로 시작해보자. 우선 2장에서 비활성화했던 Main 페이지를 다시 활성화시키자.

1. UI Root > Main 게임 오브젝트를 선택하고, 활성화시킨다.
2. UI Root > Options 게임 오브젝트를 선택하고 비활성화시킨다.

이제 Main 페이지의 버튼들이 hover 상태일 때 크기가 커지게 스케일 트윈 기능을 추가해보자.

hover 상태일 때 버튼이 커지게 하기

지금은 마우스 커서가 버튼의 위에 있을 때 버튼의 색상만 변할 뿐이다. 커서가 버튼의 위에 있으면 버튼의 크기가 커지도록 스케일 트윈 기능을 추가해서 상태 변화를 더 분명하게 하고 싶다. 기쁘게도 NGUI는 이러한 기능을 제공하는 컴포넌트를 가지고 있다.

UIButton Scale 컴포넌트

`UIButton Scale` 컴포넌트는 hover와 press 상태에서 확대 또는 축소 애니메이션을 트리거할 수 있다. 심지어 이 컴포넌트는 굳이 버튼이 아니더라도 다음의 3개 조건을 만족하기만 하면 어떠한 2D 또는 3D 게임 오브젝트에서든 동작할 수 있다.

1. UIButton Scale을 포함해야 한다.
2. 트리거 Collider를 포함해야 한다. Box Collider, Capsule Collider, Sphere Collider 등을 말한다.
3. UICamera의 Event Mask에 포함된 레이어에 위치해야 한다.

이제 이 컴포넌트를 어떻게 사용하는지 알아보자.

사용

UIButton Scale 컴포넌트를 메인 메뉴 버튼 3개 모두에 추가하자.

1. 계층 뷰에서 버튼 3개(Exit, Options, Play)를 모두 선택한다
2. 인스펙터 뷰 아래쪽에 있는 Add Component 버튼을 클릭한다
3. 검색창에 scale을 입력한다.
4. Button Scale을 선택한 후 Enter 키를 누르거나, 마우스로 클릭한다.

세 개의 버튼들에 UIButton Scale 컴포넌트를 추가했다면 유니티의 플레이 버튼을 클릭해보자. 버튼 위로 마우스를 올리면 버튼이 커지고, 버튼을 누르면 버튼이 작아질 것이다.

다른 NGUI 컴포넌트처럼 UIButton Scale 컴포넌트도 설정 가능한 매개변수들을 갖는다.

매개변수

다음 스크린샷처럼 UIButton Scale 컴포넌트는 4개의 매개변수들을 갖는다.

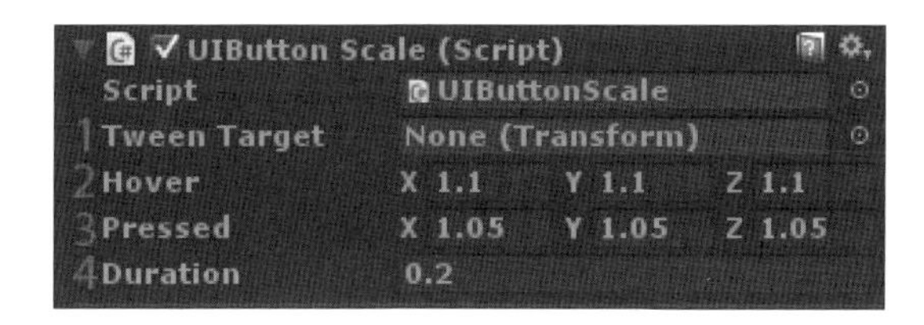

1. Tween Target: scale tween이 적용될 게임 오브젝트를 드래그한다. 아무것도 설정되어 있지 않으면 이 컴포넌트가 추가된 오브젝트로 설정된다.
2. Hover: 버튼이 Hover 상태일 때 버튼의 크기를 X, Y, Z 축의 방향으로 설정한다.
3. Pressed: 버튼이 Pressed 상태일 때 버튼의 크기를 X, Y, Z 축의 방향으로 설정한다.
4. Duration: 크기 변화에 걸리는 시간을 초 단위로 설정한다. 0.2초는 5분의 1초에 해당한다.

다음으로, 메인 메뉴를 부드럽게 나타나게 해보자.

메뉴 나타나게 하기

메인 메뉴의 크기가 점점 커지면서 부드럽게 나타나면 더 보기에 좋을 것이다. 트윈tweens을 사용하면 그런 효과를 줄 수 있다.

트윈의 의미

트윈은 start와 end 값 사이의 중간 값들을 자동으로 생성하는 과정을 말한다. start와 end 값들을 직접 설정하고, 컴퓨터가 요청된 스무딩 메소드를 적용하면서 start에서 end까지 연산을 수행하게 할 수 있다.

트윈은 크기, 위치, 회전 등 다양한 속성들에 적용할 수 있다. 예를 들어, 윈도우의 크기를 0에서 1까지 트윈을 적용하려면 단지 X, Y, Z 크기 값들을 트윈하면 된다. 그러면 윈도우가 최대 크기가 될 때까지 점점 더 커질 것이다.

NGUI에는 이를 위한 컴포넌트가 존재하는데, 바로 Tween Scale 컴포넌트이다.

Tween Scale 컴포넌트

Tween Scale 컴포넌트는 모든 게임 오브젝트에 추가하여 스케일 트윈 효과를 줄 수 있다. 이것이 어떻게 동작하는지 알아보자.

사용

메인 메뉴 윈도우에 Tween Scale 컴포넌트를 추가하자.

1. 계층 뷰에서 UI Root > Main 게임 오브젝트를 선택한다.
2. 인스펙터 뷰의 아래쪽에 있는 Add Component 버튼을 클릭한다.
3. 검색창에 scale을 입력한다.
4. 키보드 방향키로 Tween Scale을 선택한 후 Enter 키를 누르거나, 마우스로 클릭한다.

메인 메뉴 윈도우에 Tween Scale 컴포넌트를 추가했다. 이 컴포넌트를 설정하러 가기 전에, 먼저 매개변수들을 살펴보자.

매개변수

다음 스크린샷과 같이 Tween Scale 컴포넌트는 10개의 매개변수들을 갖는다.

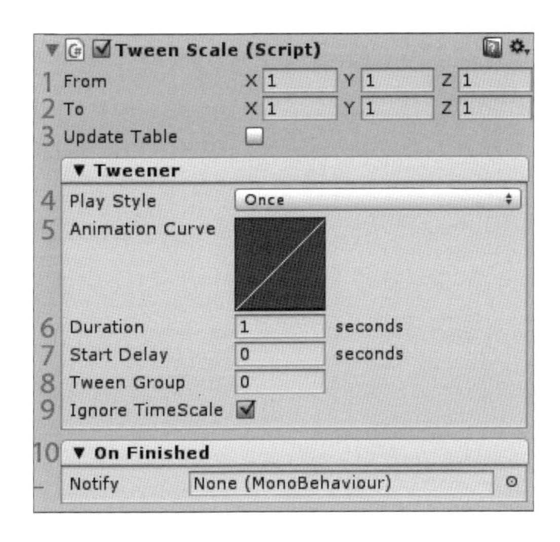

1. **From**: 트윈이 시작될 때의 로컬 스케일 X, Y, Z 값
2. **To**: 트윈이 종료될 때의 로컬 스케일 X, Y, Z 값
3. **Update Table**: 이 옵션이 설정되면, 트윈이 실행되는 동안에 Table 컴포넌트가 갱신된다. Table 컴포넌트는 그리드의 오브젝트들을 정렬한다. 나중에 이 컴포넌트를 사용할 것이다.
4. **Play Style**: 다음의 세 가지 스타일 중 하나를 선택할 수 있다.
   - Once: 트윈이 단 한 번 실행된다.
   - Loop: 트윈이 무한히 반복해서 실행된다.
   - PingPong: 트윈이 실행되고, 반대로 실행되는 것을 무한히 반복한다.
5. **Animation Curve**: 트윈의 가속도를 설정하는 곡선이다. 스크린샷에 표시된 곡선을 클릭하면 유니티의 Animation Curve editor가 표시된다. Animation Curve editor의 아래쪽에 있는 프리셋들 중 하나를 선택할 수 있다. 대부분의 경우 트윈의 가속도를 설정하는 데에는 거기에 있는 프리셋들로 충분하다.
6. **Duration**: 트윈의 시작에서 끝까지 걸리는 시간을 설정할 수 있다.
7. **Start Delay**: 트윈이 시작되기 전의 딜레이를 설정할 수 있다.
8. **Tween Group**: 트윈의 그룹 ID를 설정할 수 있다. 트윈 그룹은 같은 게임 오브젝트에 포함된 여러 트윈들을 구분하거나 여러 트윈들을 동시에 실행하기 위해 사용된다. 여러 트윈들을 구분할 때는 각각의 트윈들을 다른 그룹들로 설정하고, 여러 트윈들을 동시에 실행할 때는 트윈들을 같은 그룹으로 설정한다.
9. **Ignore TimeScale**: 이 옵션이 설정되면, `Time.timeScale`이 1이 아니더라도 트윈이 항상 정상 속도로 실행된다. 게임이 `TIme.timeScale = 0`을 이용하여 정지되었을 때도 트윈을 실행할 수 있어서 유용하다.
10. **On Finished**: 트윈이 종료되었을 때 실행할 메소드를 선택할 수 있다.

Tween Scale 컴포넌트는 활성화되면 실행된다. Tween Scale을 에디터에서 비활성화하고, Unity의 play 버튼을 누른 후에 활성화하면(코드 또는 인스펙터 뷰를 이용하여) 즉시 이 컴포넌트가 실행된다.

이제 게임이 시작될 때 메인 메뉴를 부드럽게 커지도록 설정해보자.

설정

메인 메뉴 윈도우를 점점 커지도록 설정하자. Main 게임 오브젝트의 `Tween Scale` 컴포넌트의 매개변수들을 다음 스크린샷과 같이 설정한다.

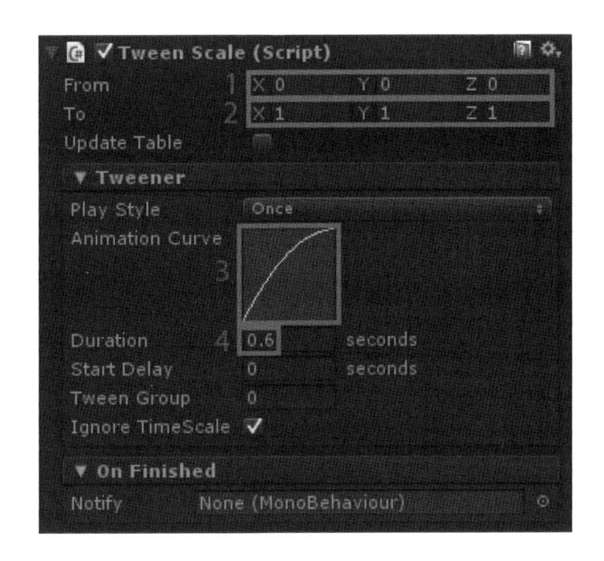

1. From 값을 {0, 0, 0}으로 설정한다.

실제로는 0 대신에 0.01f와 같은 매우 작은 스케일 값으로 설정하는 것이 좋다. 스케일 값을 0으로 설정하면 앵커의 연산 과정에서 0으로 나누는 연산이 포함되며, 이러한 연산에 영향을 받는 앵커들이 비정상적으로 동작할 수 있다.

2. To 값은 {1, 1, 1,}로 남겨둔다.
3. Animation Curve를 부드러운 곡선이 되도록 설정한다.
   ○ 기본값인 직선으로 설정되어 있는 Animation curve를 클릭한다(3).
   ○ Curve 편집 윈도우가 나타날 것이다.
   ○ Curve 편집 윈도우의 아래쪽에 있는 프리셋들 중 스크린샷(3)과 일치하는 프리셋을 찾아 클릭한다.
   ○ Curve 편집 윈도우를 닫는다.
4. Duration을 0.6초로 설정한다.

유니티의 **플레이** 버튼을 눌러보자. 이제 메인 메뉴 윈도우가 {0, 0, 0}에서 {1, 1, 1}까지 0.6초에 걸쳐서 크기가 커진다.

우리가 앞서 설정했던 Animation Curve는 트윈의 마지막 부분을 더 부드럽게 한다. 이러한 효과를 트윈에서는 Ease Out이라고 부른다.

다음으로는 게임을 종료할 때 메인 메뉴 윈도우가 부드럽게 사라지도록 만들어보자.

메뉴 사라지게 하기

메인 메뉴 윈도우를 부드럽게 나타나도록 했으니, 이번에는 게임이 종료될 때 부드럽게 사라지도록 만들어보자.

UIPlay Tween 컴포넌트

메인 메뉴 윈도우를 작아지게 만들기 위해서는 트윈이 반대로 일어나도록 해야 한다. `UIPlay Tween` 컴포넌트를 사용하면 그러한 효과를 줄 수 있다. `UIPlay Tween` 컴포넌트는 씬 안에서 특정한 이벤트가 일어날 때 다른 트윈이 일어나도록 할 수 있다. 이렇게 일어나는 트윈은 다양한 방식으로 동작할 수 있다.

사용

Exit 버튼에 `UIPlay Tween` 컴포넌트를 추가하자.

1. 계층 뷰에서 Button > Exit 게임 오브젝트를 선택한다.
2. Add Component 버튼을 클릭한다.
3. 검색창에 play를 입력한다.
4. 키보드 방향키로 Play Tween을 선택한 후 Enter 키를 누르거나, 마우스로 클릭한다.

Exit 버튼에 `UIPlay Tween` 컴포넌트를 추가했다. 이 컴포넌트를 설정하러 가기 전에, 먼저 매개변수들을 살펴보자.

매개변수

다음 스크린샷과 같이 `UIPlay Tween` 컴포넌트는 9개의 매개변수들을 갖는다.

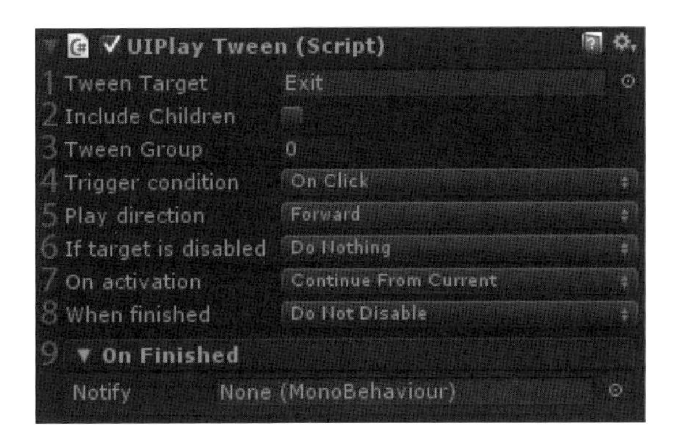

1. Tween Target: 트윈 컴포넌트가 추가된 게임 오브젝트를 드래그한다.
2. Include Children: 이 옵션이 체크되면 Play Tween 컴포넌트가 Tween Target의 자식 오브젝트에 있는 트윈 컴포넌트까지 찾아서 실행할 것이다.
3. Tween Group: 타깃 오브젝트에서 실행할 트윈 그룹을 지정한다. 타깃 오브젝트에서 이 트윈 그룹 ID를 갖는 모든 트윈 컴포넌트들이 실행된다.

4. Trigger Condition: 타깃 오브젝트의 트윈을 실행하기 위한 이벤트를 선택할 수 있다.
5. Play direction: 세 가지의 실행 방향 중에서 하나를 선택할 수 있다.
   - Toggle: 실행될 때마다 반대 방향으로 트윈이 실행된다.
   - Forward: 트윈이 항상 정방향으로만 실행된다.
   - Reverse: 트윈이 항상 역방향으로만 실행된다.
6. If target is disabled: Tween Target(1)이 비활성화된 상태일 때의 동작을 설정한다.
   - Do Nothing: 타깃 오브젝트가 비활성화 상태이면 트윈을 실행하지 않는다.
   - Enable Then Play: 타깃이 오브젝트가 비활성화 상태이면 활성화하고 트윈을 실행한다.
   - Ignore Disabled State: 타깃 오브젝트가 비활성화 상태이면 타깃 오브젝트가 보이지 않더라도 트윈을 실행한다.
7. On activation: 타깃 오브젝트에서 트윈이 이미 실행중 일때의 동작을 설정한다.
   - Continue From Current: 현재 실행되고 있는 트윈을 계속해서 실행한다.
   - Restart Tween: 현재 실행되고 있는 트윈을 멈추고, 다시 시작한다.
   - Restart If Not Playing: 트윈이 실행되고 있지 않은 경우에만 트윈을 다시 시작한다.
8. When finished: 트윈이 종료되었을 때의 동작을 설정한다.
   - Do Not Disable: 트윈이 끝나더라도 아무 일도 일어나지 않는다.
   - Disable After Forward: 트윈이 정방향으로 실행되면, 트윈이 끝날 때 타깃 오브젝트를 비활성화한다.
   - Disable After Reverse: 트윈이 역방향으로 실행되면, 트윈이 끝날 때 타깃 오브젝트를 비활성화한다.
9. On Finished: 트윈이 끝날 때 호출할 메소드를 선택한다.

Tween Scale 컴포넌트는 활성화되면 실행된다. Tween Scale을 에디터에서 비활성화하고, Unity의 play 버튼을 누른 후에 활성화하면(코드 또는 인스펙터 뷰를 이용하여) 즉시 이 컴포넌트가 실행된다.

이제 Exit 버튼을 클릭하면 메인 메뉴 윈도우가 사라지는 효과를 주기 위해, `Tween Scale` 컴포넌트가 반대로 동작하게 설정해보자.

설정

Exit 게임 오브젝트에 추가한 `UIPlay Tween` 컴포넌트의 매개변수들을 다음 스크린샷과 같이 설정한다.

Exit 버튼의 `UIPlay Tween` 컴포넌트가 Main 게임 오브젝트에 있는 `Tween group`이 0인 트윈이 반대로 동작하도록 요청하는 것을 볼 수 있다. 또한, 타깃Main 오브젝트는 트윈이 종료되면 자동으로 비활성화될 것이다.

게임 종료

게임을 종료하기 위해서는 `Exit()` 함수가 추가될 새로운 C# 스크립트를 만들어야 한다. 이 스크립트의 이름을 MenuManager.cs라고 하자. `Exit()` 메소드는 바로 앞에서 만들었던 메인 메뉴 윈도우가 사라지도록 하는 트윈이 종료되면 실행될 것이다.

MenuManager 스크립트

유용한 메소드들이 위치할 MenuManager.cs 스크립트를 만드는 것으로 시작하자.

1. 계층 뷰에서 UIRoot 게임 오브젝트를 선택한다.
2. 인스펙터 뷰에서 Add Component 버튼을 클릭한다.
3. 검색창에 MenuManager를 입력한다. 일치하는 결과가 없을 것이다.
4. New Script를 선택한다.
5. 대화 상자에서 Language를 CSharp로 선택한 후, Enter 키를 누른다.

이제 생성된 MenuManager.cs 스크립트를 열고, 새로운 `Exit()` 메소드를 추가하자.

```
// 종료하려고 할 때 메소드가 호출된다.
public void Exit ()
{
  // Unity Editor에서 실행되었을 때
  #if UNITY_EDITOR
  // play 모드를 종료한다.
  UnityEditor.EditorApplication.isPlaying = false;
  #endif
  // 게임을 종료한다.
  Application.Quit();
}
```

`Exit()` 메소드는 이 메소드의 마지막 줄에서 게임을 종료한다. 강조된 4번째 줄의 코드는 유니티 에디터에서 실행되었을 때만 실행된다. 이 코드는 유니티 에디터의 play 상태를 종료함으로써 게임을 다시 빌드하는 과정 없이도 `Exit()` 메소드가 정상적으로 작동하는지 확인할 수 있게 해준다.

트윈에 Exit() 메소드 링크

이제 `Exit()` 함수를 트윈의 `OnFinished` 이벤트에 링크하자.

1. Exit 버튼을 선택한다.
2. OnFinished 이벤트의 Notify 필드에 UIRoot 게임 오브젝트를 드래그한다.

게임 오브젝트를 Notify 필드에 드래그하면, 그것에 포함된 컴포넌트에 있는 메소드를 선택할 수 있다. MenuManager 컴포넌트의 Exit 메소드를 선택하자.

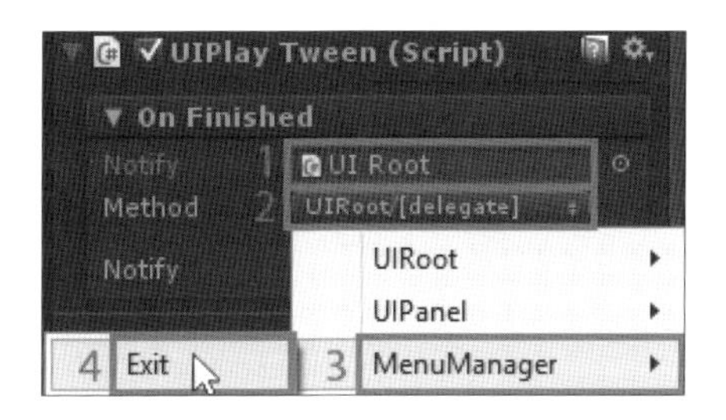

유니티의 플레이 버튼을 눌러보자. Exit 버튼을 누르면 메인 메뉴 윈도우가 사라지고 `Exit()` 메소드가 실행되는 되면서, 게임 또는 play 모드가 종료되는 것을 확인할 수 있다. 다음으로, 옵션 페이지를 표시하는 방법을 알아보자.

옵션 페이지로 전환

Options 버튼을 클릭하면 옵션 페이지 윈도우가 표시되게 하고 싶다. 옵션 페이지 윈도우가 스크린의 오른쪽에서부터 나타나는 동시에 메인 메뉴 윈도우는 왼쪽으로 이동하여 화면 밖으로 나가서 비활성화될 것이다.

Tween Position 컴포넌트

`Tween Position` 컴포넌트는 윈도우를 부드럽게 여기저기 움직일 수 있게 해준다. 이 컴포넌트는 `Tween Scale` 컴포넌트와 유사하게 동작한다.

메인 메뉴 윈도우에 `Tween Position` 컴포넌트를 추가하자.

1. 계층 뷰에서 UI Root > Main 게임 오브젝트를 선택한다.
2. 인스펙터 뷰의 아래쪽에 있는 Add Component 버튼을 클릭한다.
3. 검색창에 position을 입력한다.
4. Tween Position을 선택하여 Enter 키를 누르거나, 마우스로 클릭한다.

메인 메뉴 윈도우에 Tween Position 컴포넌트를 추가했다. 다음으로 메인 메뉴 윈도우가 사라지도록 Tween Position 컴포넌트를 설정하는 것으로 넘어갈 것이다. 이 컴포넌트의 매개변수들은 Tween Scale 컴포넌트의 매개변수와 거의 동일하므로 자세히 살펴보지 않을 것이다. 다만 Tween Scale의 From과 To 매개변수들은 로컬 스케일인 반면, Tween Position 컴포넌트에서는 로컬 포지션이라는 것은 명심해야 한다.

메뉴 숨기기

Main 게임 오브젝트가 화면 밖으로 이동하도록 Tween Position 컴포넌트를 설정하자.

Tween Position 컴포넌트 설정

Main 게임 오브젝트를 선택하고 Tween Position 컴포넌트를 아래와 같이 설정한다.

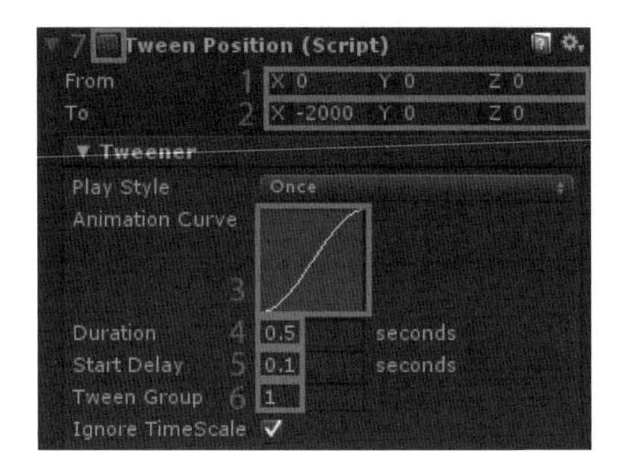

1. From 값은 {0, 0, 0}으로 남겨둔다.
2. To 값은 {-2000, 0, 0}으로 설정한다.
3. Animation Curve가 부드러운 시작과 끝을 갖도록 바꾼다.
    - 기본값인 Linear로 설정되어 있는 Animation Curve를 클릭한다(3).
    - Curve 편집 윈도우가 표시된다.

- ○ Curve 편집 윈도우의 아래쪽에 있는 프리셋 중 앞의 스크린샷과 같은 것을 클릭한다.
- ○ Curve 편집 윈도우를 닫는다.

4. Duration을 0.5초로 설정한다.
5. Start Delay를 0.1초로 바꾼다.
6. Tween Group을 1로 바꾼다.
7. 게임이 시작되자마자 Tween Position 컴포넌트가 자동으로 실행되지 않도록 이 컴포넌트를 비활성화한다.

위와 같이 설정하면 트윈은 윈도우를 왼쪽으로(X축으로 -2000) 이동시키며, 설정된 Animation Curve로 인하여 트윈의 시작과 끝에서 부드럽게 움직인다. 이러한 효과를 "ease in and out"을 줄여서 EaseInOut 효과라고 부른다.

Curve 프리셋을 추가한 적이 없다면, 가장 오른쪽에 있는 프리셋이 "ease in and out" 효과를 위한 것이다.

Tween Group을 1로 설정하였는데, Tween Group이 0으로 설정되어 있는 Tween Scale 컴포넌트와 구별하기 위한 것이다.

위의 스크린샷과 같이 Tween Position 컴포넌트가 비활성화된 상태인지 확인하자. 그렇지 않으면 Options 버튼을 클릭하지 않아도 게임을 시작하자마자 메인 메뉴 윈도우가 사라질 것이다.

Tween Position 실행

Options 버튼을 누르면 Tween Position 컴포넌트가 실행되도록 만들어보자.

1. 계층 뷰에서 Buttons ➤ Options 게임 오브젝트(Options 버튼)를 선택한다.
2. 인스펙터 뷰의 아래쪽에 있는 Add Component 버튼을 클릭한다.

3. 검색창에 play를 입력한다.

4. Play Tween 컴포넌트를 선택하여 Enter 키를 누르거나, 마우스로 클릭한다.

이제 추가한 `UIPlay Tween` 컴포넌트를 다음 스크린샷과 같이 설정하자.

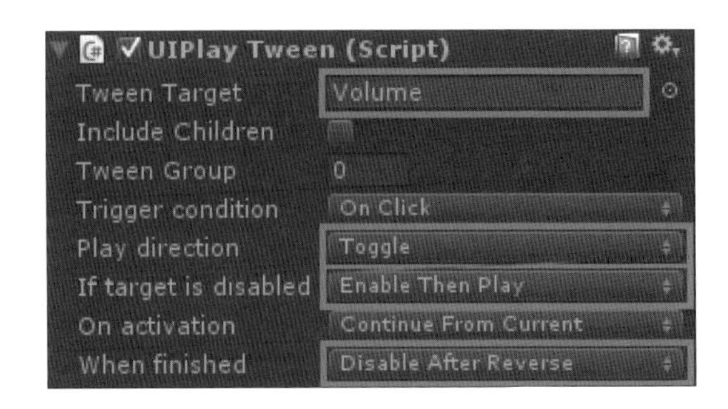

유니티의 play 버튼을 눌러보자. Options 버튼을 클릭하면 메인 메뉴 윈도우가 스크린의 왼쪽으로 이동하고, 트윈이 종료되면 자동으로 비활성화될 것이다.

다음으로는 옵션 페이지 윈도우를 나타나게 해보자.

옵션 페이지 나타나게 하기

게임이 시작될 때는 옵션 페이지 윈도우가 스크린의 오른쪽에 숨겨져 있어야 한다. 옵션 페이지 윈도우의 X 좌표를 2000으로 설정하고, 비활성화시키자.

1. 계층 뷰에서 UI Root ➤ Options 게임 오브젝트를 선택한다.

2. Transform 위치를 {2000, 0, 0}으로 설정한다.

3. 이 게임 오브젝트를 비활성화한다.

이제 Options 버튼을 클릭하면 옵션 페이지 윈도우가 스크린의 가운데로 이동하고 활성화되도록 만들자.

Tween Position 컴포넌트 설정

UI Root > Options 게임 오브젝트를 선택하고, 새로운 `Tween Position` 컴포넌트를 추가한다. 그리고 `Tween Position` 컴포넌트를 다음 스크린샷과 같이 설정하자.

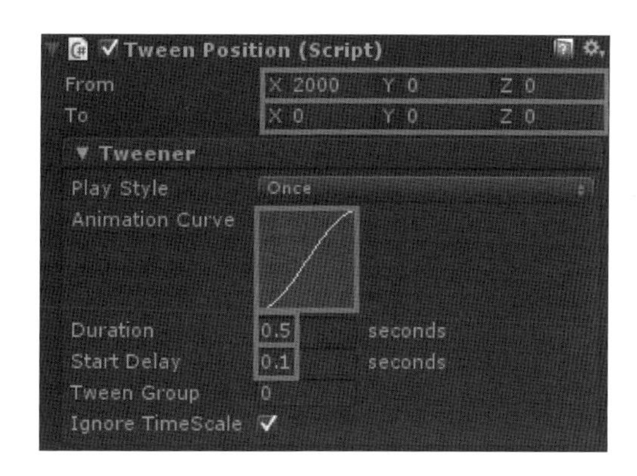

설정할 때, 옵션 페이지 윈도우가 스크린 가운데로 이동할 때 EaseInOut 효과를 주도록 한다.

게임이 시작될 때 옵션 페이지 윈도우가 스크린의 오른쪽에 위치해야 하므로, 이 트윈 컴포넌트를 활성화된 상태로 둔다. 이 컴포넌트가 실행되기 위해서는, Options 게임 오브젝트를 활성화해야만 한다.

Tween Position 컴포넌트 실행

옵션 페이지를 나타나게 하기 위해서, `UIPlay Tween` 컴포넌트를 사용하자.

1. 계층 뷰에서 Buttons > Options 게임 오브젝트(Options 버튼)를 선택한다.
2. 인스펙터 뷰의 아래쪽에 있는 Add Component 버튼을 클릭한다.
3. 검색창에 play를 입력한다.
4. Play Tween 컴포넌트를 선택하고 Enter 키를 누르거나 마우스로 클릭한다.

그리고 UIPlay Tween 컴포넌트를 아래와 같이 설정한다.

1. 계층 뷰의 UI Root > Options 게임 오브젝트를 Tween Target 필드로 드래그한다.
2. If target is disabled 옵션을 Enable Then Play로 설정한다.

유니티의 플레이 버튼을 클릭해보자. Options 버튼을 클릭하면 옵션 페이지가 스크린의 가운데로 나타나는 것을 확인할 수 있다.

다음으로는 플레이어가 옵션을 제출하고 메인 메뉴 윈도우로 돌아오도록 만들어 보자.

메인 메뉴로 돌아오기

플레이어가 옵션 페이지에서 메인 메뉴로 돌아오는 방법이 있었으면 한다. 먼저, 옵션 페이지 윈도우에 Confirm 버튼을 추가해야 한다. 그 다음에는, Confirm 버튼을 클릭하면 옵션 페이지 윈도우와 메인 메뉴 윈도우의 트윈들을 반대로 실행하여 초기 상태로 돌아오도록 만들어야 한다.

Confirm 버튼

앞에서 만들었던 Play 버튼을 이용하여 Confirm 버튼을 만들자.

1. 계층 뷰의 UI Root > Main > Buttons > Play 게임 오브젝트를 선택한 후, Ctrl + D 단축키를 눌러서 복사한다.
2. 복제된 새 오브젝트의 이름을 Confirm으로 바꾼다.
3. UI Root > Options 게임 오브젝트의 안으로 Confirm 버튼을 드래그한다.
4. U IRoot > Main 게임 오브젝트를 선택해서 비활성화한다.
5. UI Root > Options 게임 오브젝트를 선택해서 활성화한다.

옵션 페이지가 {2000, 0, 0} 위치에 있기 때문에 씬 뷰에서 보이지 않는다. 변화를 확인하기 위해 옵션 페이지가 보이도록 씬 뷰를 움직인다. 아직까지 Confirm 버튼은 Play 버튼의 모양을 하고 있다. 실제 Confirm 버튼으로 보이도록 설정하자.

1. 계층 뷰의 Options ➤ Confirm 게임 오브젝트를 선택한다.
2. Transform 위치를 {0, -295, 0}으로 설정한다.
3. UISprite의 Size를 520×130으로 설정한다.
4. 자식 오브젝트인 Label 게임 오브젝트를 선택한다.
5. Text를 Confirm으로 설정한다.

Confirm 버튼이 설정되었다. 이제 이 버튼을 클릭하면 옵션 페이지가 사라지도록 만들자.

옵션 페이지 사라지게 하기

UIPlay Tween 컴포넌트를 사용하면 옵션 페이지의 트윈이 반대로 실행되도록 할 수 있다.

1. 계층 뷰에서 Options ➤ Confirm 게임 오브젝트를 선택한다.
2. 이 오브젝트에 UIPlay Tween 컴포넌트를 추가한다.
3. UI Root ➤ Options 게임 오브젝트를 Tween Target 필드로 드래그한다.
4. Play direction을 Reverse로 설정한다.
5. When finished를 Disable After Reverse로 설정한다.

유니티의 플레이 버튼을 눌러보자. Confirm 버튼을 누르면 옵션 페이지가 사라지는 것을 확인할 수 있을 것이다. 이제 메인 메뉴 윈도우를 다시 활성화하고, 스크린의 가운데로 이동하게 만들어보자.

메인 메뉴 나타나게 하기

메인 메뉴가 다시 활성화되게 하고, 스크린의 가운데로 이동하도록 설정하자.

1. 계층 뷰에서 Options > Confirm 게임 오브젝트를 선택한다.
2. 이 오브젝트에 UIPlay Tween 컴포넌트를 추가한다.
3. UI Root > Main 게임 오브젝트를 Tween Target 필드로 드래그한다.
4. 올바른 트윈이 실행되게 하기 위해 Tween Group을 1로 바꾼다.
5. Play direction을 Reverse로 설정한다.
6. If target is disabled를 Enable Then Play로 설정한다.

다음으로, 게임 시작시에 메인 메뉴가 나타나도록 설정해야 한다.

1. 계층 뷰에서 UI Root > Main 게임 오브젝트를 선택해서 활성화한다.
2. 계층 뷰에서 UI Root > Options 게임 오브젝트를 선택해서 비활성화한다.

유니티의 플레이 버튼을 눌러보자. 드디어 메인 메뉴와 옵션 페이지를 자유롭게 나타나고 사라지게 할 수 있을 것이고, 원한다면 게임을 종료할 수도 있을 것이다.

씬 초기화

지금은 Options 페이지가 X 좌표 상으로 2000에 위치한다. 따라서 에디터의 게임 뷰에서 Options 페이지를 볼 수 없다. Options 페이지에서 다시 작업을 수행하는 동안 변경 사항들을 게임 뷰를 통해 미리 볼 수 있으면 편리할 것이다.

Options 페이지 가운데로 오게 하기

Options 페이지를 다시 게임 뷰에서 볼 수 있게 하려면, 일단 Options 페이지를 다시 활성화하고 스크린의 가운데로 위치시킨 후에 메인 메뉴 윈도우를 숨겨야 한다.

1. 계층 뷰에서 UI Root ➤ Options 게임 오브젝트를 선택하고 활성화한다.
2. Transform 위치를 {0, 0, 0}으로 설정한다.
3. UI Root ➤ Main 게임 오브젝트를 선택하고 비활성화한다.

이젠 게임 뷰에서 Options 페이지를 다시 볼 수 있다. 이러한 작업들을 수시로 수행하는 것은 성가실 수 있다. 물론 씬 뷰의 카메라를 이리저리 움직이는 것으로 이러한 작업들을 대신할 수 있지만, 게임 뷰 이용하여 변경 사항들을 미리 보는 것은 씬 뷰를 이용하는 것보다 더 정확한 결과를 제공할 수도 있다.

따라서 이러한 씬 초기화를 간단하게 수행하기 위한 Initialization.cs 스크립트를 작성하자. 이 스크립트를 활성화하면 게임이 시작될 때 스크립트가 추가된 오브젝트를 원하는 좌표에 놓을 수 있다.

initialization 스크립트

게임을 시작하면 윈도우를 정해진 위치로 이동시키는 스크립트를 만들어 보자.

1. 계층 뷰에서 UI Root ➤ Main과 Options 게임 오브젝트를 모두 선택한다.
2. 인스펙터 뷰의 Add Component 버튼을 클릭한다.
3. 검색창에 Initialization을 입력하고 Enter 키를 누른다.
4. Language로 CSharp가 선택되었는지 확인하고, Enter 키를 누른다.

Initialization.cs 스크립트를 열고, 새로운 전역 변수를 선언한다.

```
// 인스펙터 뷰에서 설정할 수 있는 게임 오브젝트의 초기 위치를 설정한다.
public Vector3 position = Vector3.zero;
```

그리고 다음과 같이 Start() 메소드를 수정한다.

```
// 게임이 시작할 때 초기 위치를 적용한다.
private void Start ()
{
  // 로컬 포지션을 요청한 값으로 설정한다.
  transform.localPosition = position;
}
```

스크립트를 저장하고 유니티로 돌아오자. UI Root ➤ Options 게임 오브젝트를 선택하고 `Initialization` 컴포넌트의 Position을 {2000, 0, 0}으로 설정한다.

이젠 게임이 시작할 때 Options 페이지가 설정한 위치로 알아서 이동할 것이다. 다음으로 게임이 시작할 때 어떤 페이지가 활성화되고(메인 메뉴 페이지), 어떤 페이지가 활성화되지 않을 것인지(옵션 페이지)를 처리하는 기능을 추가해보자.

MenuManager 스크립트

앞에서 만들었던 MenuManager.cs 스크립트를 열어서 게임이 시작할 때 활성화하거나 비활성화할 게임 오브젝트들을 선택할 수 있도록 만들어보자.

활성화하거나 비활성화할 게임 오브젝트들을 포함할 새로운 전역 배열 변수들을 추가하자.

```
// 활성화할 게임 오브젝트들이 위치할 배열
public GameObject[] enableAtAwake;

// 비활성화할 게임 오브젝트들이 위치할 배열
public GameObject[] disableAtAwake;
```

다음으로 이 스크립트에 새로운 `Awake()` 메소드를 추가한다.

```
private void Awake ()
{
  // enableAtAwake array에 있는 게임 오브젝트들을 활성화한다.
  foreach(GameObject currentGO in enableAtAwake)
  {
    if(currentGO != null)
      currentGO.SetActive(true);
  }
  // disableAtAwake array에 있는 게임 오브젝트들을 비활성화한다.
  foreach(GameObject currentGO in disableAtAwake)
  {
    if(currentGO != null)
      currentGO.SetActive(false);
  }
}
```

스크립트를 저장하고 유니티로 돌아가서 이 스크립트를 설정하자. UI Root 게임 오브젝트를 선택한 후, 인스펙터 뷰에서 MenuManager 컴포넌트를 다음과 같이 설정한다.

1. Enable At Awake 필드로 Main 게임 오브젝트를 드래그한다.
2. Disable At Awake 필드로 Options 게임 오브젝트를 드래그한다.

유니티의 플레이 버튼을 눌러보자. 게임이 시작할 때 메인 메뉴가 자동으로 활성화되고, Options 페이지는 비활성화되어 화면 밖으로 이동할 것이다. 이젠 에디터에서 어떤 페이지든 활성화/비활성화하거나 이리저리 움직일 수 있다. 게임이 시작될 때 다시 초기화될 것이기 때문이다.

다음으로 UI 요소들을 페이드 인 또는 페이드 아웃시키는 방법을 살펴보자.

볼륨 박스 사라지고 나타나게 하기

사운드를 비활성화했을 때 두 개의 볼륨 슬라이더를 보여주는 것은 무의미하다. 사운드 매개변수가 체크되었을 때에만 슬라이더들이 표시되도록 만들어보자. 볼륨 박스가 부드럽게 페이드 인 또는 페이드 아웃되도록 만들면 더 멋질 것이다.

Tween Alpha 컴포넌트

Tween Alpha 컴포넌트는 볼륨 박스의 알파 값을 부드럽게 변경할 수 있도록 해준다. 이 컴포넌트는 앞에서 살펴본 Tween 컴포넌트들과 유사하게 동작한다.

다음 단계들을 따라서 Tween Alpha 컴포넌트를 볼륨 박스에 추가해보자.

1. 계층 뷰에서 Options ➤ Volume 게임 오브젝트를 선택한다.
2. 인스펙터 뷰의 아래쪽에 있는 Add Component 버튼을 클릭한다.
3. 검색창에 alpha를 입력한다.
4. Tween Alpha 컴포넌트를 선택하고 Enter 키를 누르거나 마우스로 클릭한다.

Tween Alpha 컴포넌트를 메인 메뉴 윈도우에 추가했으니, 이제 볼륨 박스에 페이드 효과를 주도록 설정해보자.

볼륨 박스 페이드

볼륨 박스에 페이드 효과가 생기도록 Tween Alpha 컴포넌트를 설정하자. 이러한 효과는 볼륨 박스의 알파 값을 0에서 1로 트윈되도록 하면 얻을 수 있다. 그리고 UIPlay Tween 컴포넌트를 이용하여 사운드 체크박스를 클릭할 때마다 이러한 트윈이 반대로 일어나도록 설정하면 페이드 인/아웃 효과를 줄 수 있다.

Tween Alpha 컴포넌트 설정

Options > Volume 게임 오브젝트를 선택하고 Tween Alpha 컴포넌트를 다음 스크린샷과 같이 설정한다.

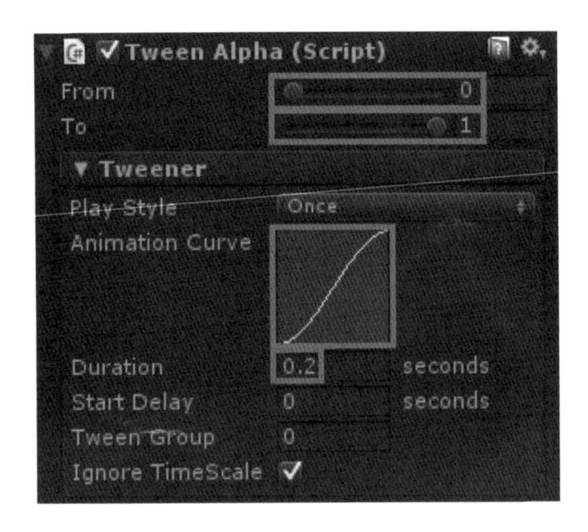

이렇게 설정하면 볼륨 박스의 알파 값이 0에서 1까지 0.2초에 걸쳐서 트윈된다. 이러한 트윈은 Animation Curve에서 설정한 Ease in and Out 효과가 적용되어 부드럽게 일어난다. 다음으로 사운드 체크박스를 클릭했을 때 이러한 트윈을 어떻게 실행하는지 살펴보자.

Tween Alpha 실행

사운드 체크박스를 클릭하면 Tween Alpha 컴포넌트가 동작하도록 만들어보자.

1. Sound > Checkbox 게임 오브젝트를 선택한다.
2. 인스펙터 뷰 아래쪽에 있는 Add Component 버튼을 클릭한다.
3. 검색창에 play를 입력한다.
4. Play Tween 컴포넌트를 선택하고 Enter 키를 누르거나 마우스로 클릭한다.

이제 UIPlay Tween 컴포넌트를 다음 스크린샷과 같이 설정하자.

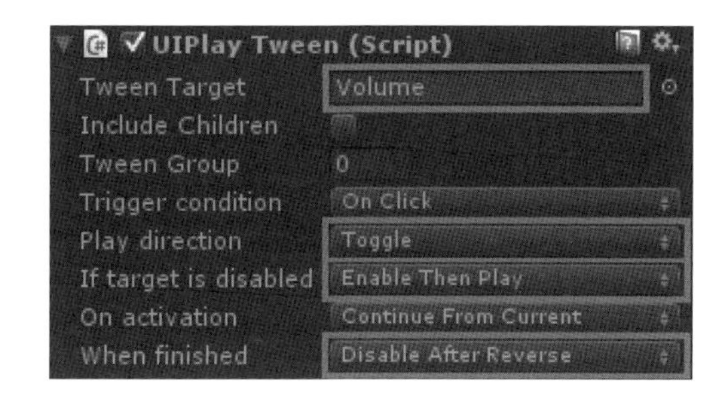

설정한 후에 유니티의 플레이 버튼을 눌러보자. 사운드를 비활성화 하면 볼륨박스가 페이드 아웃되는 것을 확인할 수 있을 것이다. 또한 사운드를 다시 활성화하면 페이드인 될 것이다.

그 외의 트윈 컴포넌트들

앞에서 다양한 트윈 컴포넌트들을 추가하고 설정했다. 비슷한 방식으로 동작하는 트윈 컴포넌트들은 다음과 같다.

- Tween Color
- Tween Rotation
- Tween Transform

- Tween Height
- Tween Width
- Tween Volume
- Tween Field Of View
- Tween Orthographic Size

이러한 트윈 컴포넌트들은 3장에서 사용한 것들과 같은 방법으로 게임 오브젝트에 추가하고 설정할 수 있다. 이것들은 이후에 쓸모가 있을 것이다.

이제 드래그 가능한 윈도우를 만들어 볼 것이다.

드래그 가능한 윈도우

드래그 가능한 요소들은 매우 유용하고 직관적이다. UIDragObject 컴포넌트는 그러한 점에서 쓸모가 많다.

UIDragObject 컴포넌트

UIDragObject 컴포넌트를 이용하면 간단하게 씬에 있는 UI 요소나 다른 게임 오브젝트들을 마우스와 터치를 이용하여 드래그할 수 있도록 만들 수 있다.

모든 NGUI 대화형 컴포넌트이 그러한 것처럼 이 컴포넌트도 마우스 또는 터치를 감지하기 위한 Collider를 필요로 한다. Collider는 플레이어가 드래그를 시작하기 위해 클릭해야 하는 영역을 정의한다.

사용

메인 메뉴 윈도우와 옵션 페이지 윈도우에 UIDragObject 컴포넌트와 Box Collider 컴포넌트를 추가하자. 계층 뷰에서 **UI Root > Main**과 **Options** 게임 오브젝트를 선택하자.

1. 인스펙터 뷰의 Add Component 버튼을 클릭한다.
2. 검색창에 object를 입력한다.
3. Drag Object 컴포넌트를 선택하고 Enter 키를 누르거나 마우스로 클릭한다.
4. 다시 Add Component 버튼을 클릭한다.
5. 검색창에 box를 입력한다.
6. Box Collider 컴포넌트를 선택하고 Enter 키를 누르거나 마우스로 클릭한다.

이제 메인 메뉴 윈도우와 옵션 페이지 윈도우에 `UIDragObject` 컴포넌트와 `Box Collider` 컴포넌트를 추가했다. 먼저 `Box Collider`에서 윈도우의 드래그 시작 영역을 윈도우의 타이틀 바와 일치하도록 설정해보자.

Main과 Options 게임 오브젝트를 모두 선택하고, 다음 스크린샷과 같이 Box Collider를 설정한다.

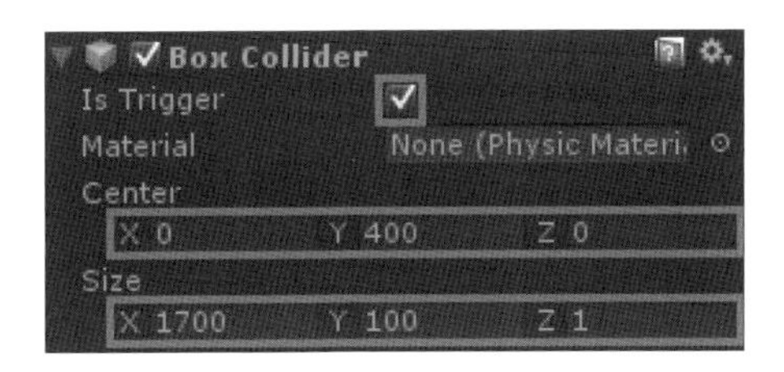

`Collider`를 두 윈도우의 타이틀 바와 일치하도록 설정했다면, 이제 `UIDragObject` 컴포넌트의 매개변수들을 살펴보자.

매개변수

`UIDragObject` 컴포넌트는 다음 스크린샷과 같이 8개의 매개변수들을 갖는다.

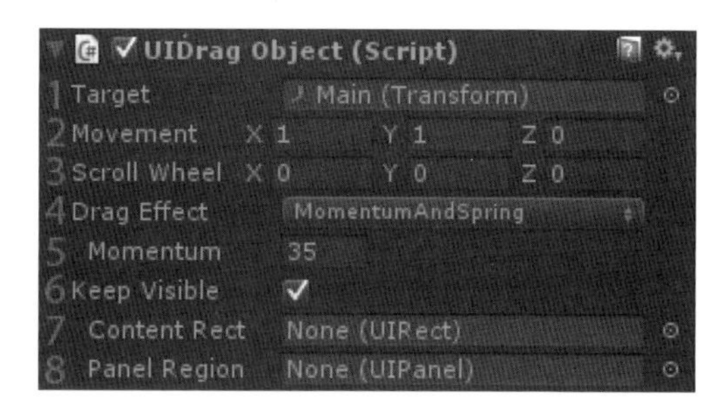

1. Target: 드래그할 수 있기를 원하는 타깃 게임 오브젝트를 드래그한다.
2. Movement: 각 축마다 드래그할 때 다깃 게임 오브젝트가 움직이는 정도를 설정한다. 이 값이 0으로 설정된 축으로는 움직이지 않는다.
3. Scroll Wheel: 타깃 게임 오브젝트에 있는 `Collider` 영역 위에서 스크롤 휠을 사용할 때 각 축으로 이동하는 정도를 설정할 수 있다.
4. Drag Effect: 세 가지 드래그 효과를 설정할 수 있다.
   - None: 아무 효과도 없이 그냥 드래그한다.
   - Momentum: 드래그하는 동안 타깃 오브젝트에 관성이 적용되며, 감속하면서 부드럽게 놓여진다. 타깃 오브젝트는 컨테이너의 밖으로 나갈 수 없다.
   - Momentum and Spring: 스크린이나 컨테이너의 밖에 윈도우를 놓으면, 허가된 영역으로 부드럽게 돌아온다.
5. Momentum: 모멘텀의 크기를 설정한다. 모멘텀의 크기가 커질수록 타깃 오브젝트의 관성도 커진다.
6. Keep Visible: 이 옵션을 체크하면 영역 안에서만 움직일 수 있다.
7. Content Rect: Keep Visible 옵션에 체크되면 나타난다. 타깃 오브젝트를 드래그할 범위를 Size로 갖는 UI 오브젝트를 드래그할 수 있다. 이 매개변수가 None(UI Rect)로 남겨두면 타깃 오브젝트는 남은 스크린 안에서 드래그할 수 있다.

8. Panel Region: Keep Visible 옵션이 체크되면 나타난다. 타깃 오브젝트의 컨테이너로 사용할 패널을 드래그할 수 있다. 이곳에 드래그할 패널은 클리핑이 활성화되어 있거나 Constrain But Don't Clip이 설정되어 있어야 한다.

이제 윈도우들을 드래그할 수 있도록 설정할 차례이다.

설정

윈도우들을 드래그할 수 있도록 `UIDragObject` 컴포넌트들을 설정하자.

1. Main 게임 오브젝트를 선택하고 UIDragObject 컴포넌트를 다음과 같이 설정한다.
   - Main 게임 오브젝트를 Target 필드로 드래그한다.
   - Keep Visible 옵션을 체크한다.
2. Options 게임 오브젝트를 선택하고 UIDragObject 컴포넌트를 다음과 같이 설정한다.
   - Options 게임 오브젝트를 Target 필드로 드래그한다.
   - Keep Visible 옵션을 체크한다.

유니티의 플레이 버튼을 눌러보자. 윈도우들의 타이틀 바를 클릭해서 드래그할 수 있을 것이다. 설정할 때 Keep Visible을 체크하고 Content Rect를 None에서 변경하지 않았기 때문에 윈도우를 스크린 밖으로 드래그해서 놓더라도 스크린 안으로 천천히 돌아온다.

갑자기 이동하는 윈도우

여기서 작은 문제가 생겼다. 메인 메뉴 윈도우를 스크린의 가운데에서 떨어진 곳에 드래그해서 놓은 후에 옵션 버튼을 누르면, 메인 메뉴 윈도우가 갑자기 스크린의 가운데로 이동할 것이다. 윈도우를 움직여도 트윈의 From 위치는 항상 {0, 0, 0}으로 설정되어 있기 때문이다.

이 문제를 해결하려면 트윈의 From 위치를 윈도우의 현재 위치로 갱신해야 한다.

메인 메뉴

Tween Position 컴포넌트는 버튼을 클릭하면 호출할 수 있는 SetStartToCurrentValue() 메소드를 갖는다.

계층 뷰에서 UI Root > Main > Buttons > Options 게임 오브젝트를 선택하고 다음의 스크린샷과 같이 UIButton 컴포넌트에 있는 On Click 이벤트를 설정한다.

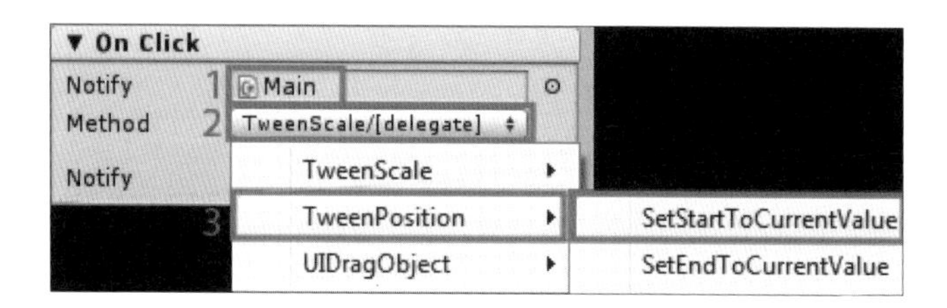

1. 계층 뷰의 UI Root > Main 게임 오브젝트를 Notify 필드로 드래그한다.
2. Method를 클릭해서 드랍다운 리스트를 연다.
3. TweenPosition > SetStartToCurrentValue 메소드를 선택한다.

옵션 페이지의 Confirm 버튼에도 같은 과정을 수행한다. 이번에는 트윈의 From 위치가 아니라 To 위치를 갱신한다.

Options > Confirm 버튼을 선택한다. 그리고 UIButtons 컴포넌트의 On Click 이벤트를 설정한다.

1. 계층 뷰의 UI Root > Options 게임 오브젝트를 Notify 필드로 드래그한다.
2. Method를 클릭해서 드랍다운 리스트를 연다.
3. TweenPosition > SetEndToCurrentValue 메소드를 선택한다.

유니티의 플레이 버튼을 눌러보자. 메인 메뉴 윈도우와 옵션 페이지 윈도우 모두 트윈이 시작하기 전에 위치가 갱신되었을 것이다. 이젠 버튼을 클릭하더라도 드래그한 위치에 그대로 있을 것이다.

다음으로 스크롤되는 텍스트를 만들어보자.

스크롤되는 텍스트

다음 스크린샷과 같이 수평으로 스크롤되는 환영 인사 텍스트를 만들어보자.

이것을 만들기 위해서는 패널의 특정 영역만을 보여주는 클리핑Clipping이라는 기능을 사용해야 한다. `UIPanel` 컴포넌트의 `Clipping` 매개변수를 설정해서 이러한 기능을 사용할 수 있다.

메인 메뉴로 돌아가서 작업을 수행할 것이므로 에디터에서 메인 메뉴를 볼 수 있도록 하자. UI Root > Options 게임 메뉴를 비활성화하고 UI Root > Main 게임 오브젝트를 활성화하자.

패널의 클리핑을 설정하기 전에, 환영 인사 텍스트 박스를 만들어야 한다.

텍스트 박스

메인 메뉴의 배경을 바탕으로 환영 인사 텍스트 박스를 만들자.

1. Main > Background 게임 오브젝트를 선택하고 Ctrl + D 단축키를 눌러서 복제한다.
2. 복제된 새 자식 오브젝트의 이름을 Welcome으로 바꾼다.
3. Welcome 게임 오브젝트를 UI Root 게임 오브젝트의 안으로 드래그한다.
4. Transform 위치를 {0, 500, 0}으로 바꾼다.
5. UISprite 컴포넌트를 다음과 같이 설정한다.
   - Sprite를 Window로 바꾼다.
   - Size를 800×100으로 바꾼다.
   - Depth를 1로 설정한다.

6. Welcome ➤ Stripes 게임 오브젝트를 선택해서 삭제한다.
7. Welcome ➤ Border 게임 오브젝트를 선택해서 UISprite 컴포넌트를 다음과 같이 설정한다.
   - Sprite를 Window로 바꾼다.
   - Depth를 2로 설정한다.

환영 인사 텍스트 박스를 만들었으니, 이제 스크롤되는 텍스트를 추가하자.

환영 인사 레이블

환영 인사 메시지를 표시하기 위한 새로운 레이블을 만들자.

1. UI Root ➤ Welcome 게임 오브젝트를 선택한다.
2. Alt + Shift + N 단축키를 눌러서 새로운 빈 자식 게임 오브젝트를 만든다.
3. 생성된 자식 오브젝트의 이름을 Text로 바꾼다. 이것은 레이블 컨테이너이다.
4. Text를 선택하고 Alt + Shift + L 단축키를 눌러서 새로운 레이블을 만든다.

다음으로 새로 만든 `UILabel` 컴포넌트를 설정하자.

1. Text를 아래와 같이 바꾼다.

```
Welcome! You can change language, subtitles, volume, and enter
your name on the Options page.
```

2. Color Tint를 {R: 255, G: 230, B: 140, A: 255}로 설정한다.
3. 다른 매개변수들은 다음 스크린샷과 같이 설정한다.

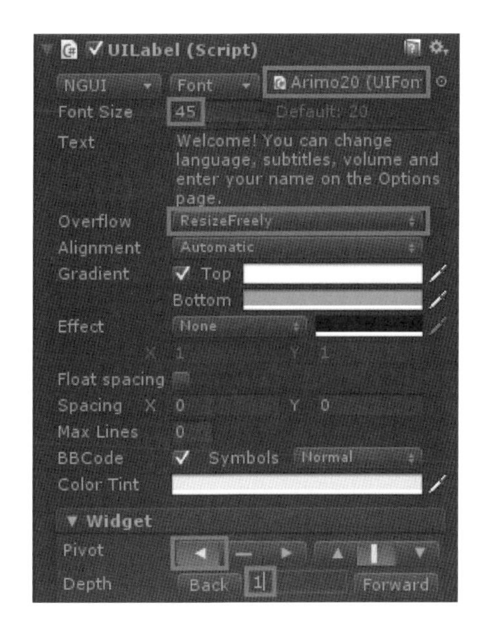

이제 Text ➤ Label 게임 오브젝트의 Transform 위치를 {400, 0, 0}으로 설정하자. 환영 인사 텍스트가 텍스트 박스의 오른쪽에서 표시될 것이다.

이 환영 인사 텍스트가 텍스트 박스에서 완전히 사라질 때까지 왼쪽으로 움직이게 해보자. {-2400, 0, 0}까지 텍스트의 위치를 트윈시키는 것도 한 가지 방법일 것이다

1. Text ➤ Label 게임 오브젝트를 선택한다.
2. 인스펙터 뷰 아래쪽에 있는 Add Component 버튼을 클릭한다.
3. 검색창에 position을 입력한다.
4. Tween Position 컴포넌트를 선택하고 Enter 키를 누르거나 마우스로 클릭한다.

이제 `Tween Position` 컴포넌트를 다음 스크린샷과 같이 설정하자.

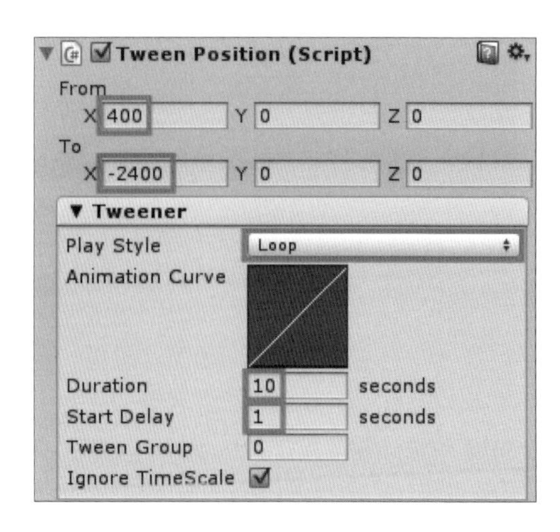

유니티의 플레이 버튼을 눌러보자. 환영 인사 텍스트가 계속해서 왼쪽으로 스크롤될 것이다. 그러나 클리핑이 설정되어 있지 않기 때문에 환영 인사 텍스트가 텍스트 박스 밖으로 나가더라도 계속해서 보일 것이다. 이것을 수정해보자.

클리핑

지금은 스크롤되는 텍스트가 메시지 박스의 밖으로 나가더라도 계속해서 보일 것이다. 박스의 밖에 있있는 텍스트를 숨기려면 클리핑을 사용해야 한다. 클리핑 옵션은 패널에서 사용 가능하므로 Text 컨테이너에 `UIPanel` 컴포넌트를 추가해야 한다.

1. Welcome ➤ Text 게임 오브젝트를 선택한다.
2. 인스펙터 뷰 아래쪽에 있는 Add Component 버튼을 클릭한다.
3. 검색창에 panel을 입력한다.
4. NGUI Panel 컴포넌트를 선택하고 Enter 키를 누르거나 마우스로 클릭한다.

Label 컨테이너에 `UIPanel` 컴포넌트를 추가했으면 이제 이것을 다음 스크린샷과 같이 설정하자.

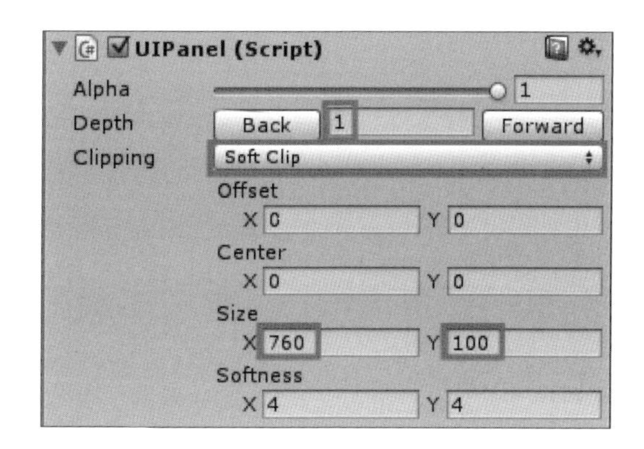

이 설정에 따르면 패널은 760×100 픽셀 크기의 박스 안에 있는 내용만을 표시한다. Clipping을 Soft Clip으로 설정했기 때문에 박스의 경계에 도달하기 전의 4픽셀부터 텍스트가 페이드 아웃될 것이다. 그리고 메인 메뉴와 옵션 페이지 윈도우 모두에서 표시될 수 있도록 Depth를 1로 설정했다.

유니티의 플레이 버튼을 눌러보자. 환영 인사 텍스트가 박스 안에 있을 때만 보일 것이다.

다음으로 각 윈도우에 닫기 버튼을 추가해보자.

닫기 버튼

메인 메뉴 윈도우와 옵션 페이지 윈도우는 드래그할 수 있는 팝업 윈도우들이다. 이 윈도우들의 오른쪽 위에 다음 스크린샷과 같은 닫기 버튼을 만들자.

닫기 버튼을 빠르고 쉽게 만들기 위해 `UIForward Events` 컴포넌트를 사용할 수 있다. 그러나 이것은 레거시 컴포넌트이므로 대신 `UIEventTrigger` 컴포넌트를 사용하는 것을 추천한다. 여기에서는 이해를 돕기 위해 두 가지 방법 모두를 살펴볼 것이다.

먼저 메인 메뉴 윈도우에 닫기 버튼을 만들어보자.

1. UI Root > Main > Buttons > Exit 게임 오브젝트를 선택한다.
2. Ctrl + D 단축키를 눌러서 복제한다.
3. 복제된 오브젝트의 이름을 Close로 바꾼다.
4. Close 오브젝트에 있는 UIPlay Tween 컴포넌트를 제거한다.
5. UISprite의 Size를 100×100로 바꾼다.
6. Transform 위치를 {800, 400, 0}으로 설정한다.
7. UI Root > Main > Buttons > Close > Label 게임 오브젝트를 선택한다.
8. 이 오브젝트의 이름을 X로 바꾼다.
9. `UILabel`의 Text를 위의 스크린샷과 같이 엑스 표시로 보이게 소문자 x로 설정한다.
10. `UILabel`의 Font Size를 55로 바꾼다.

닫기 버튼이 준비되었으니 `UIForward Events` 컴포넌트를 사용해보자.

UIForward events 컴포넌트

이 (레거시) 컴포넌트는 매우 쉽게 사용할 수 있다. 타깃 게임 오브젝트로 전달하기를 원하는 이벤트를 선택하기만 하면 된다.

메인 메뉴 닫기

메인 메뉴에 닫기 버튼을 누르면 메인 메뉴가 닫히도록 만들어보자.

1. UI Root > Main > Buttons > Close 버튼 게임 오브젝트를 선택한다.
2. 인스펙터 뷰 아래쪽에 있는 Add Component 버튼을 클릭한다.
3. 검색창에 forward를 입력한다.
4. Forward Events (Legacy) 컴포넌트를 선택하고 Enter 키를 누르거나 마우스로 클릭한다.

Forward Events 컴포넌트를 추가했다면 다음 스크린샷과 같이 설정하자.

설정할 때, 메인 메뉴의 Exit 버튼을 Target 필드로 드래그하고 On Click 옵션을 체크했다.

결론적으로 Close 버튼이 클릭되면 Exit 버튼으로 `OnClick()` 이벤트가 전달된다.

유니티의 플레이 버튼을 눌르고 Close 버튼(엑스표)을 눌러보자. Exit 버튼을 누른 것과 같이 동작하는 것을 확인할 수 있다.

옵션 페이지 닫기

옵션 페이지 윈도우에도 같은 작업을 수행하자.

1. UI Root ➤ Main ➤ Buttons ➤ Close 버튼 게임 오브젝트를 선택한다.
2. Ctrl + D 단축키를 눌러서 선택한 오브젝트를 복제한다.
3. 복제된 오브젝트를 계층 뷰에 있는 UI Root ➤ Options 게임 오브젝트 안으로 드래그한다.
4. UIForward Events 컴포넌트를 다음과 같이 설정한다.
   - Target 필드로 Options ➤ Confirm 게임 오브젝트를 드래그한다.

이제 윈도우들에 닫기 버튼들을 만들었다. 다음으로 `UIEvent Trigger` 컴포넌트가 무엇인지 살펴보자.

UIEvent Trigger 컴포넌트

`UIEvent Trigger` 컴포넌트는 이 컴포넌트가 있는 오브젝트에서 이벤트가 일어날 때 다른 컴포넌트에 있는 메소드를 호출할 수 있다.

닉네임 강제 저장

현재 닉네임을 입력하는 입력 필드에 사소한 문제가 있다. 입력한 닉네임이 유저가 Enter 키를 눌렀을 때에만 저장된다. 솔직히 말해서 대부분의 플레이어들은 그렇게 하지 않는다. Enter 키를 누르지 않아도 닉네임이 저장되게 하려고 한다.

이를 위해서 입력 필드를 선택 해제하면 `UIInput` 컴포넌트를 호출하여 닉네임이 저장할 수 있다.

입력값을 강제로 저장하기 위해 `UIEvent Trigger` 컴포넌트를 사용하자.

1. 계층 뷰에서 Options ➤ Nickname ➤ Input 게임 오브젝트를 선택한다.
2. 인스펙터 뷰 아래쪽에 있는 Add Component 버튼을 클릭한다.
3. 검색창에 trigger를 입력한다.
4. Event Trigger 컴포넌트를 선택하고 Enter 키를 누르거나 마우스로 클릭한다.

그리고 `UIEvent Trigger` 컴포넌트를 다음 스크린샷과 같이 설정하자.

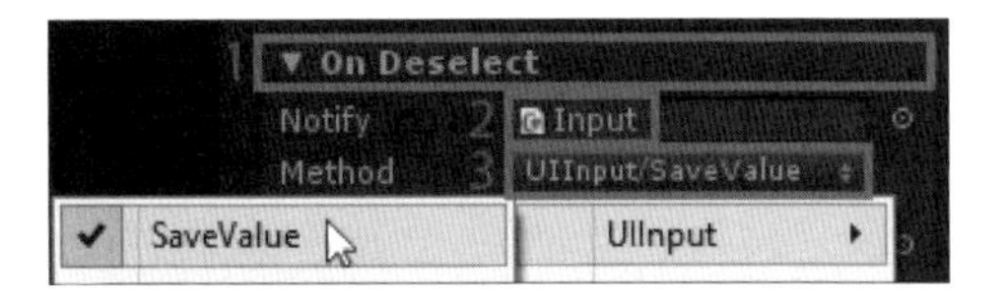

1. On Deselect를 클릭하여 매개변수 그룹이 표시되도록 한다.
2. NickName ➤ Input 자식 게임 오브젝트를 Notify 필드로 드래그한다.
3. UIInput ➤ SaveValue 메소드를 Method 필드로 드래그한다.

유니티의 플레이 버튼을 눌러보자. 닉네임을 입력하고 Confirm 또는 Close 버튼

같이 다른 곳을 클릭하더라도 닉네임이 저장된 것을 확인할 수 있다. UITrigger Event 컴포넌트를 사용하여 다음으로 NGUI의 로컬라이제이션 시스템에 대해서 살펴보자.

로컬라이제이션 시스템

NGUI는 레이블의 문자열을 다른 언어로 쉽게 설정할 수 있도록 도와주는 로컬라이제이션 시스템을 내장하고 있다.

로컬라이제이션 파일

로컬라이제이션 시스템은 아래의 구조로 이루어진 Localization.txt 파일을 이용하여 작동한다.

```
KEY,English,Francais
```

예를 들어, 메인 메뉴의 타이틀을 로컬라이즈하기를 원한다면 Localization.txt 파일에 다음과 같이 추가하면 된다.

```
MainMenu_Title, "Main Menu", "Menu Principal"
```

이러한 로컬라이제이션 파일을 만들어보자. 프로젝트의 Assets 폴더로 이동해서 Resources 폴더를 만든다. 이 폴더의 안에 Localization.txt 파일을 만든 후에 열어서 다음과 같이 추가한다.

```
KEY,English,Francais
Francais, "French", "Francais"
English, "English", "Anglais"
MainMenu, "Main Menu", "Menu Principal"
```

강조된 첫 번째 줄에서 사용할 두 가지 언어들을 설정한다. 그리고 나머지 줄들에서는 로컬라이제이션 키들과 서로 다른 두 가지 값들을 설정한다. 하나는 영어이고, 나머지 하나는 프랑스어이다.

로컬라이제이션 파일이 준비되었으니, 이제 레이블에 키를 할당해보자.

UILocalize 컴포넌트

UILocalize 컴포넌트를 레이블에 추가하면, 쉽게 로컬라이즈할 수 있다. 다음의 작업을 수행하자.

1. UI Root > Main > Title > Label 게임 오브젝트를 선택한다.
2. 인스펙터 뷰의 아래쪽에 있는 Add Component 버튼을 클릭한다.
3. 검색창에 loc을 입력한다.
4. Localize 컴포넌트를 선택하고 Enter 키를 누르거나 마우스로 클릭한다.

UILocalize 컴포넌트는 오직 하나의 Key 매개변수를 갖는다. Key 필드에 MainMenu의 첫 번째와 두 번째 글자들을 입력하면 다음 스크린샷과 같은 버튼이 나타날 것이다.

자동 완성된 Key를 클릭한다. 이제 각각의 언어들을 미리 확인할 수 있을 것이다.

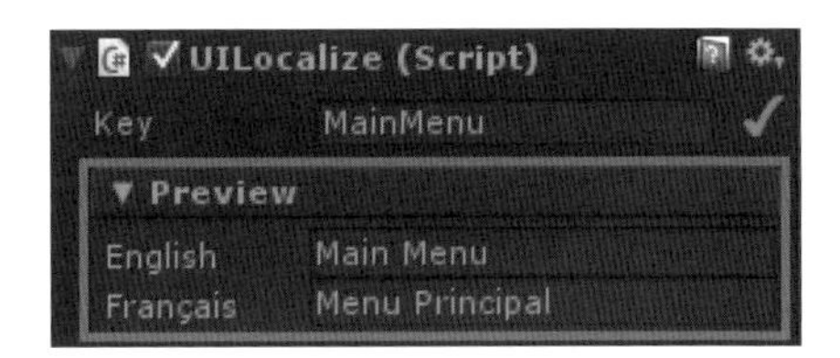

레이블에 MainMenu 로컬라이제이션 키를 할당했다. 레이블의 텍스트 값은 현재 언어에 따라서 변할 것이다. 다음으로 현재 언어를 어떻게 설정하는지 알아보자.

가끔씩 자동 완성 기능이 처음에 작동하지 않는 경우가 있다. 그럴 때는 플레이 모드로 들어갔다가 나오면 로컬라이제이션 키들이 갱신된다.

언어 선택

UI에서 사용할 현재 언어를 선택하기 위한 간단한 방법이 있다. 언어 팝업 리스트에 Language Selection 컴포넌트를 추가하는 것이다.

1. 계층 뷰에서 UI Root > Options > Language > List를 선택한다.
2. 인스펙터 뷰의 아래쪽에 있는 Add Component 버튼을 클릭한다.
3. 검색창에 lang을 입력한다.
4. Language Selection 컴포넌트를 선택하고 Enter 키를 누르거나 마우스로 클릭한다.

유니티의 플레이 버튼을 눌러보자. 팝업 리스트를 이용해서 게임의 언어를 바꿀 수 있을 것이다. 그리고 변경한 언어에 따라서 메인 메뉴의 타이틀도 바뀔 것이다.

남은 로컬라이제이션 키들

이제 Localization.txt 파일에 메뉴에서 사용할 남은 로컬라이제이션 키들을 추가하자.

```
Play, "Play", "Jouer"
Options, "Options", "Options"
Exit, "Exit", "Quitter"
Language, "Language", "Langue"
Subtitles, "Subtitles", "Sous-titrage"
Nickname, "Nickname", "Pseudo"
Confirm, "Confirm", "Confirmer"
Sound, "Sound", "Son"
Volume, "Volume", "Volume"
SFX, "SFX", "Effets"
Music, "Music", "Musique"
```

```
Enabled, "Enabled", "Activé"
None, "None", "Aucun"
Welcome, "Welcome! You can change language, subtitles, volume and
enter your name on the Options page.", "Bienvenue ! Tu peux changer la
langue, les sous-titres et entrer ton pseudo dans les Options."
```

필요한 키들을 모두 추가했다면 씬에 있는 모든 레이블들에 UILocalize 컴포넌트를 추가해야 한다. 이전의 장들에서 추천했던 것과 같이 게임 오브젝트들의 이름을 설정했다면, 로컬라이제이션을 필요로 하는 모든 레이블들의 이름은 Label일 것이다. 다음 스크린샷과 같이 계층 뷰에서 label을 검색하자.

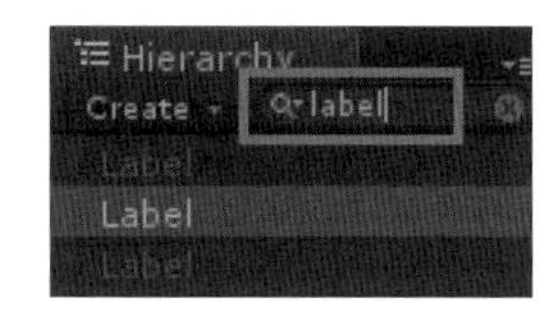

그러면 이름에 label을 포함하는 게임 오브젝트들이 검색되었을 것이다. 이 컴포넌트들에 UILocalize 컴포넌트를 추가하자.

1. 계층 뷰에 있는 게임 오브젝트들 중 하나를 선택하여 계층 뷰에 포커스가 오도록 한다.
2. Ctrl + A 단축키를 눌러서 모든 검색 결과들을 선택한다.
3. 인스펙터 뷰의 아래쪽에 있는 Add Component 버튼을 클릭한다.
4. 검색창에 loc을 입력하여 컴포넌트를 검색한다.
5. Localize 컴포넌트를 선택하고 Enter 키를 누르거나 마우스로 클릭한다.

이제 필요한 모든 레이블에 UILocalize 컴포넌트를 추가했다. 일반적으로는 레이블에 각각의 Key 매개변수를 설정해서 어떤 문자열을 표시할지 지정해야 한다.

그러나 다행스럽게도 UILabel의 Text 매개변수에 텍스트 값들을 입력했으므로, UILocalize 컴포넌트를 사용하면 자동으로 올바른 문자열을 찾을 수 있다.

다시 말해, 유니티의 플레이 버튼을 누르면 UI의 레이블들이 로컬라이즈된 것을 알 수 있을 것이다.

마지막 수정

UI의 로컬라이제이션을 마치기 전에 세 가지 작은 작업들이 남아 있다. 첫째로, 메인 메뉴의 타이틀을 이미 로컬라이즈했기 때문에, 이 레이블은 두 개의 `UILocalize` 컴포넌트를 갖는다.

먼저 UI Root ➤ Main ➤ Title ➤ Label 게임 오브젝트를 선택하고, 두 번째 `UILocalize` 컴포넌트를 제거한다.

두 번째로, 환영 인사 텍스트가 로컬라이즈되지 않았다. UILabel에 입력했던 실제 환영 인사 문구가 자동으로 `Key` 매개변수로 설정되었기 때문이다. 따라서 직접 이것을 Welcome으로 수정해야 한다.

1. UI Root ➤ Welcome ➤ Text ➤ label 게임 오브젝트를 선택한다.
2. UILocalize 컴포넌트의 `Key` 매개변수를 Welcome으로 설정한다.

마지막으로, Subtitles 팝업 리스트가 로컬라이즈되지 않았다. 아래와 같이 설정하자.

1. UI Root ➤ Options ➤ Subtitles ➤ List 게임 오브젝트를 선택한다.
2. UIPopup List 컴포넌트의 Localized 옵션을 체크한다.

이제 모든 로컬라이즈가 완료되었다. 다음 장으로 넘어가기 전에 앵커에 대해서 알아보자.

앵커

이제까지 위젯의 위치와 크기는 모두 절대값들로 설정해왔다. 지금까지는 이러한 설정으로 위젯들이 잘 작동했지만, 어떤 문제가 생길 수 있는지 살펴볼 것이다.

목적

앵커Anchor는 어디서 쓰는 것일까? 간단한 예제를 통해 알아보자. 메인 메뉴의 타이틀 바 배경은 1700×100 크기의 스프라이트를 이용하여 만들었다. 메인 메뉴의 크기를 바꾼다면, 타이틀 바가 이에 따라서 자동으로 이동할까?

1. UI Root ➤ Main ➤ Background 게임 오브젝트를 선택한다.
2. UISprite 컴포넌트의 Y Size를 815로 바꾼다.
3. 메인 메뉴 윈도우가 작아졌지만, 타이틀 바는 이동하지 않았다.

메인 메뉴의 타이틀 바가 메인 메뉴의 크기가 작아진 만큼 자동으로 이동하면 좋을 것이다. 여기에서 앵커를 사용할 수 있다.

앵커는 위젯의 위치와 크기를 다른 위젯이나 3D 오브젝트에 상대적이게 설정할 수 있다. 위젯의 각 면들은 모두 같은 오브젝트나 서로 다른 오브젝트들에 고정될 수 있으며, 게임이 실행되는 동안에 오브젝트들이 항상 서로를 따라다니도록 크기와 위치가 갱신된다.

먼저 앵커에서 사용 가능한 매개변수들을 살펴보자.

매개변수

UI Root ➤ Title ➤ Sprite를 선택하고, `UISprite` 컴포넌트의 Anchors Type을 Unified로 바꾼다.

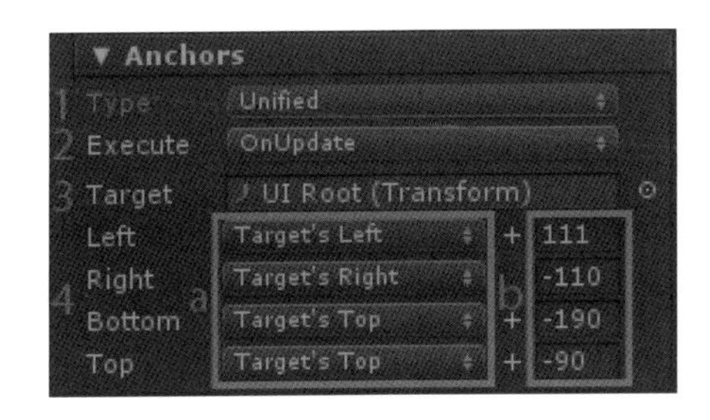

Unified 모드에서는 Anchors에 새로운 매개변수들(2, 3, 4)이 나타난다.

각각의 매개변수들을 살펴보자.

1. Type: 앵커의 종류를 선택한다.
   - None: 앵커를 사용하지 않는다. 즉, 위치와 크기는 절대 좌표를 사용한다.
   - Unified: 모든 면들이 같은 Target 오브젝트에 고정된다.
   - Advanced: 각각의 면들에 서로 다른 오브젝트들을 선택할 수 있게 해준다.
2. Execute:
   - OnEnable: 오브젝트가 활성화되면 앵커가 계산된다. 좋은 성능을 제공하지만, 타깃 오브젝트가 움직이지 않을 때만 사용 가능하다.
   - OnUpdate: 앵커가 각 프레임마다 다시 계산된다. 타깃 오브젝트가 게임이 실행되는 동안 움직일 수도 있다면 이 옵션을 사용해야 한다.
   - OnStart: 앵커가 게임이 시작될 때 계산된다. 매우 좋은 성능을 제공하지만 반드시 타깃 오브젝트가 움직이지 않을 때만 사용해야 한다.
3. Target: 각 면들을 고정할 타깃 오브젝트를 드래그한다.
4. Left, Right, Bottom, Top: 각 면들이 그 면에 설정된 앵커 포인트로부터 얼마나 떨어졌는가(b)를 입력한다. 드랍다운 리스트(a)에서 각 면들로부터의 거리를 계산하려는 앵커 포인트를 선택할 수 있다. 타킷의 Left, Center, Right, Custom은 0에서 1 사이의 상대값을 입력할 수 있다. 예를 들어, Left 또는 Right 앵커에서 0은 왼쪽이고, 1은 오른쪽이다. 그리고 0.5는 가운데를 나타낸다. Set To

Current Position은 앵커 포인트를 현재 면의 위치로 설정해서 거리가 0이 되도록 한다.

이제 앵커를 설정해보자.

설정

가장 빠른 방법은 요소들을 원하는 위치에 놓은 다음에 요소들의 앵커를 설정하는 것이다. 그러면 앵커의 값들이 자동으로 채워진다. 일단 메인 메뉴 윈도우 배경의 크기를 원래대로 돌려놓자.

1. UI Root ➤ Main ➤ Background 게임 오브젝트를 선택한다.
2. UISprite 컴포넌트의 Y Size를 다시 900으로 바꾼다.

이제 타이틀 바 배경의 앵커를 설정하자.

1. UI Root ➤ Main ➤ Title ➤ Sprite를 선택한다.
2. UISprite 컴포넌트의 Anchor Type을 Unified로 설정한다.
3. Execute를 OnUpdate로 설정한다.

타이틀 바의 위치와 크기가 항상 메인 메뉴 윈도우의 크기에 따라서 조절되려면, 게임이 실행되는 중에도 앵커의 값들이 갱신되어야 한다(OnUpdate). 게다가 윈도우의 크기는 게임이 실행되는 내내 스케일 트윈으로 인해 변화한다.

4. UI Root ➤ Main ➤ Background 게임 오브젝트를 앵커의 Target 필드로 드래그한다.

게임 뷰에서는 아무것도 변한 것이 없을 것이다. 하지만 앵커의 Left, Right, Bottom, Top 값들(1)이 메인 메뉴 윈도우의 크기에 따라서 자동으로 갱신되는 것을 확인할 수 있을 것이다.

스프라이트의 Size가 여전히 1700×900인지를 확인해보자. 가끔씩 어떠한 동작 뒤에 위젯의 크기나 스케일이 조금씩 변하는 경우가 있다. 위의 예제의 경우에는 타깃을 드래그하면 스프라이트의 크기가 1699×900으로 변할 수 있다.

이제는 메인 메뉴 배경의 크기를 줄이거나 늘리면 타이틀 바가 이에 따라서 이동하거나 크기가 조절된다. 그러나 닫기 버튼이나 윈도우의 타이틀에는 아직 앵커가 적용되지 않았기 때문에, 원래 자리에 그대로 남아 있다. 이 문제를 해결해보자.

1. UI Root > Main > Buttons > Close 게임 오브젝트를 선택한다.
2. UISprite 컴포넌트의 Anchors Type을 Unified로 바꾼다.
3. Anchors Execute를 OnUpdate로 설정한다.
4. UI Root > Main > Title > Sprite 게임 오브젝트를 Anchors Target 필드로 드래그한다.

윈도우의 타이틀 레이블의 앵커도 설정하자.

1. UI Root > Main > Title > Label 게임 오브젝트를 선택한다.
2. UILabel 컴포넌트의 Anchors Type을 Unified로 바꾼다.
3. Anchors Execute를 OnUpdate로 설정한다.
4. UI Root > Main > Title > Sprite 게임 오브젝트를 Anchors Target 필드로 드래그한다.

이제 메인 메뉴 윈도우의 크기가 바뀌면, 타이틀 바의 위치와 크기도 자동으로 조절된다.

요약

3장에서는 위젯이나 3D 오브젝트들에 추가할 수 있는 대부분의 NGUI 컴포넌트들을 살펴보았다. 그리고 이것들을 이용하여 더 복잡한 UI를 만들었다.

`Tween Scale`, `Tween Position`, `Tween Alpha` 컴포넌트들을 설정했고, 어떠한 코드의 작성 없이도 `UIPlay Tween` 컴포넌트를 사용해서 특정 이벤트가 발생했을 때 이러한 트윈들이 실행되도록 했다.

버튼을 클릭해서 메인 메뉴와 옵션 페이지를 전환하기 위해 트윈의 실행 방향을 사용했으며, 이를 통해 여러 페이지들을 관리하는 방법을 배웠다.

Initialization.cs 스크립트는 유니티의 플레이 모드로 들어갈 때 원하는 게임 오브젝트들을 활성화하거나 비활성화하는 기능을 제공한다. 이제 유니티의 플레이 버튼을 누르기 전에 어떤 오브젝트를 활성화할지 비활성화할지 고민하는 일 없이 자유롭게 UI를 수정할 수 있게 되었다.

`UIPanel`의 클리핑 기능을 소개하기 위해 스크롤되는 환영 인사 텍스트를 만들었다. 그리고 닉네임 입력 박스가 선택 해제되었을 때 강제로 저장하기 위해 `UIEvent Trigger` 컴포넌트를 사용했다.

마지막으로, NGUI의 로컬라이제이션 시스템과 앵커 시스템을 소개했다. 이것들은 책의 전반에 걸쳐서 사용할 것이며, 점점 더 깊이 살펴볼 것이다.

이제 다음 장으로 이동하자. 4장에서는 코드를 통해서 직접 이벤트를 처리하고, 위젯들과 인터랙션하는 방법을 배울 것이다.

4
NGUI와 C#

4장에서는 NGUI에서 C# 스크립팅에 대해 살펴보자. 이벤트를 다루고 그것과 상호작용하는 방법을 배울 것이다. 이를 이용해서 다음 기능을 구현할 수 있다.

- 코드를 통해 이펙트와 함께 트윈을 실행하기
- 로컬라이즈된 툴팁 시스템 구현하기
- 코드를 통해 레이블을 로컬라이즈하기
- 코드와 인스펙터 뷰를 이용해서 이벤트에 콜백 메소드 할당하기
- 키보드 키와 컨트롤러를 이용한 이동 추가하기
- 체크박스, 슬라이더, 팝업 리스트 상태와 같은 UI 옵션 저장하기
- 씬이 바뀌어도 유지되는 UI를 만들기 위해 싱글톤 패턴 생성하기

이 책 전반에 걸쳐서 유용한 C# 팁을 배울 것이다. 먼저 이벤트와 그에 관련된 메소드를 살펴보자.

이벤트

NGUI 플러그인에서 C#을 이용해 스크립팅할 때 어떤 메소드는 자주 사용될 것이다. 예를 들어, 오브젝트가 현재 커서가 위에 있는 상태인지, 눌린 상태인지, 클릭된 상태인지를 주기적으로 확인할 필요가 있다. 물론 직접 자신의 시스템을 구현할 수도 있겠지만, NGUI는 그러한 기능을 훌륭하게 지원한다. 그리고 그러한 기능을 최대한으로 사용하여 개발 시간을 단축할 수 있다.

사용 가능한 메소드

`Collider`를 갖는 오브젝트(버튼 또는 3D 오브젝트)에 스크립트를 생성하고 추가할 때, 이벤트에 할당하기 위한 다음 유용한 메소드를 스크립트 안에 추가할 수 있다.

- `OnHover(bool state)`: 오브젝트 위에 커서가 있거나, 있지 않을 때 호출된다. `bool state` 변수가 `Hover` 상태를 전달한다. `state`가 `true`이면 커서가 오브젝트의 `Collider`에 진입한 것이고, `state`가 `false`이면 커서가 `Collider` 경계에서 벗어난 것이다.
- `OnPress(bool state)`: 이 메소드는 앞의 `OnHover()` 메소드와 완전히 같은 방식으로 동작한다. 다만 이것은 오브젝트가 눌려졌을 때 호출된다. 또한 이것은 터치가 가능한 장치에서 동작한다. 마우스를 사용하는 경우 어떤 마우스 버튼이 오브젝트를 누르는 것에 사용되었는지 알아야 한다면, `UICamera.currentTouchID` 변수를 통해 알 수 있다. 만약 이 `int` 변수가 -1이라면 왼쪽 클릭이고, -2라면 오른쪽 클릭이며, -3이라면 가운데 클릭이다.
- `OnClick()`: 이 메소드는 `OnPress()`와 비슷하지만 클릭이 되었을 때만 호출된다. 즉, `OnPress(true)` 다음에 `OnPress(false)`가 호출된 경우에만 호출된다. 마우스 클릭과 터치(탭)로만 동작한다.

더블 클릭을 처리하기 위해 비슷하게 동작하는 OnDoubleClick() 메소드를 사용할 수도 있다.

- OnDrag(Vector2 delta): 이 메소드는 마우스 또는 터치가 OnPress(true)와 OnPress(false) 이벤트 사이에서 움직힐 때 매 프레임마다 호출된다. Vertor2 delta 매개변수는 마지막 프레임으로부터 오브젝트의 움직임을 전달한다.
- OnDrop(GramObject droppedObj): 이 메소드는 이 스크립티가 추가된 게임 오브젝트에 어떤 오브젝트가 드랍되었을 때 호출된다. 드랍된 게임 오브젝트는 droppedObj 매개변수로서 전달된다.
- OnSelect(): 이 메소드는 오브젝트를 유저가 클릭하면 호출된다. 다른 오브젝트를 클릭하거나 클릭한 오브젝트의 선택을 해제(빈 공간을 클릭)할 때까지 다시 호출되지 않는다.
- OnTooltip(bool state): 이 메소드는 커서가 오브젝트 위에 지정한 시간 동안 있을 때 호출된다. 이것이 호출되기까지 시간은 UICamera의 Tooltip Delay에서 지정할 수 있다. UICamera의 Sticky Tooltip 옵션이 체크되어 있다면 툴팁은 커서가 Collider 밖으로 나가더라도 계속 표시된다.
- OnScroll(float delta): 이 메소드는 마우스 커서가 오브젝트 위에 있을 때 스크롤 휠을 돌리면 호출된다. delta 매개변수는 스크롤의 양과 방향을 전달한다.

이러한 이벤트를 처리하기 위한 스크립트를 3D 오브젝트에 추가하기 전에, 이 오브젝트가 UICamera의 Event Mask에 포함된 레이어에 있는지 확인하라.

사용 가능한 이벤트 메소드를 살펴보았으니, 이제 간단한 예제에서 이것을 사용해 보자.

예제

이러한 이벤트가 언제 발생하고 그것을 처리하는 방법을 배우기 위해, 아래 코드를 이용하여 새로운 EventTester.cs 스크립트를 만들자.

```
void OnHover(bool state)
{
  Debug.Log(this.name + " Hover: " + state);
}

void OnPress(bool state)
{
  Debug.Log(this.name + " Pressed: " + state);
}

void OnClick()
{
  Debug.Log(this.name + " Clicked");
}

void OnDrag(Vector2 delta)
{
  Debug.Log(this.name + " Drag: " + delta);
}

void OnDrop(GameObject droppedObject)
{
  Debug.Log(droppedObject.name + " dropped on " + this.name);
}

void OnSelect(bool state)
{
  Debug.Log(this.name + " Selected: " + state);
}

void OnTooltip(bool state)
{
  Debug.Log("Show " + this.name + "'s Tooltip: " + state);
}

void OnScroll(float delta)
{
  Debug.Log("Scroll of " + delta + " on " + this.name);
}
```

위 코드에서 강조된 라인은 앞에서 살펴본 이벤트 메소드로서, 각 필요한 매개변수를 이용하여 구현되었다.

Event Tester 컴포넌트를 Collider를 갖는 게임 오브젝트(예를 들면 Main > Buttons > Play 버튼)에 추가해보자. 유니티 플레이 버튼을 눌러보자. 이제부터 Event Tester 컴포넌트를 추가한 게임 오브젝트에서 발생하는 이벤트가 트래킹되어 Console 창에 출력된다.

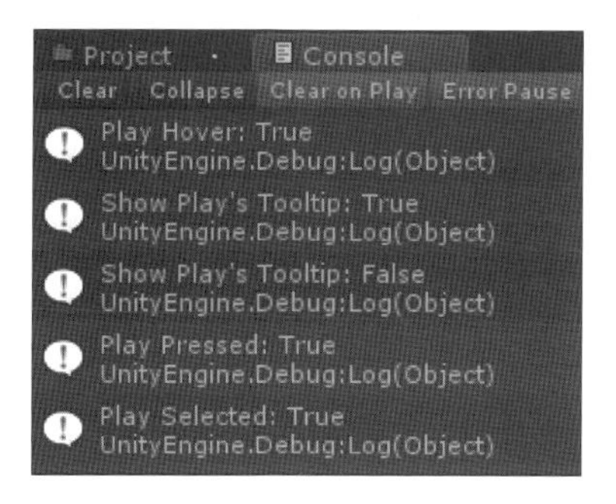

이후에 사용 가능한 이벤트 메소드를 상기하기 위해 EventTester.cs 스크립트를 가까운 파일 디렉토리에 두기를 권장한다. 각 이벤트마다 코드의 Debug.Log() 부분을 원하는 코드로 교체하여 원하는 기능을 구현할 수 있다.

코드를 통해서 이벤트를 캐치하는 방법을 배웠으니, 이것을 이용해서 툴팁tooltip을 표시해보자.

툴팁 생성

다음 스크린샷과 같이 버튼과 다른 옵션을 위한 툴팁을 표시하기 위해 OnTooltip() 이벤트를 사용해보자.

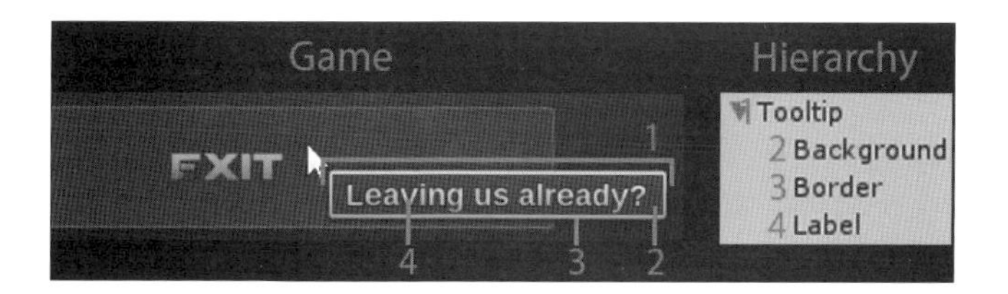

앞으로 만들 툴팁 오브젝트는 앞의 스크린샷과 같이 4개 요소로 이루어져 있다.

- Tooltip: `Tooltip` 컴포넌트가 추가될 툴팁 컨테이너
- Background: Label을 둘러싸는 배경 스프라이트
- Border: Background를 둘러싸는 노란 테두리
- Label: 툴팁의 텍스트를 표시하는 레이블

또한 툴팁은 NGUI 메소드를 이용하여 로컬라이즈될 것이다.

툴팁 오브젝트

툴팁 오브젝트를 만들기 위해서, 먼저 시각적 요소(위젯)를 만들자. 그리고 NGUI 툴팁으로 정의하기 위해 `Tooltip` 컴포넌트를 추가할 것이다.

위젯

먼저 툴팁 오브젝트의 시각적 요소를 만들어야 한다.

1. 계층 뷰에서 UI Root 게임 오브젝트를 선택한다.
2. Alt + Shift + N 단축키를 눌러서 새로운 빈 자식 게임 오브젝트를 만든다.
3. 새로운 자식 게임 오브젝트 이름을 Tooltip으로 바꾼다.
4. 그리고 이것에 NGUI Panel(UIPanel) 컴포넌트를 추가한다.
5. `UIPanel`의 Depth를 10으로 설정한다.

위 과정을 제대로 수행했다면, 툴팁 컨테이너가 만들어졌을 것이다. 이 컨테이너는 `UIPanel`의 Depth 값이 10으로 설정되어서 항상 다른 패널 위에 남아 있을 것이다.

이제 반투명한 배경 스프라이트를 만들자.

1. Tooltip 게임 오브젝트를 선택하고, Alt + Shift + S 단축키를 눌러서 새로운 자식 스프라이트를 만든다.

2. 새로운 자식 스프라이트 이름을 Sprite에서 Background로 바꾼다.

새로 만든 Tooltip > Background 게임 오브젝트를 선택하고, 다음 스크린샷과 같이 UISprite를 설정하자.

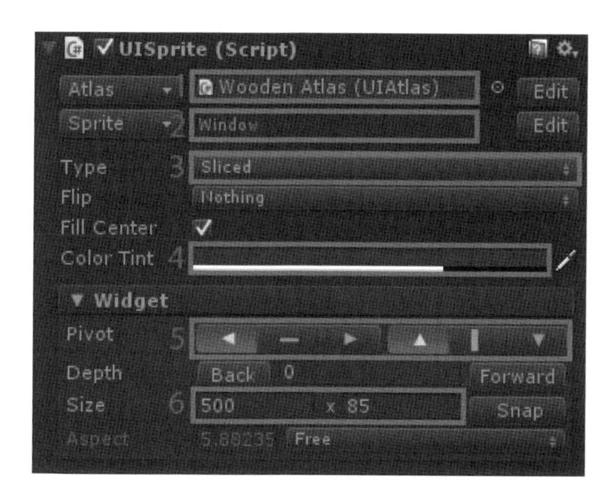

1. Atlas가 Wooden Atlas인지 확인한다.
2. Sprite를 Window 스프라이트로 설정한다.
3. Type이 Sliced인지 확인한다.
4. Color Tint를 {R: 90, G: 70, B: 0, A: 180}으로 바꾼다.
5. Pivot을 왼쪽 위(왼쪽 화살표 + 위쪽 화살표)로 설정한다.
6. Size를 500×85로 바꾼다.
7. Transform 위치를 {0, 0, 0}으로 초기화한다.

이제 다음 트릭을 이용해서 완전히 불투명한 테두리를 간단하게 추가할 수 있다.

1. Tooltip > Background를 선택하고, Ctrl + D 단축키를 눌러서 복사한다.
2. 복제된 새 오브젝트 이름을 Border로 바꾼다.

새로 만든 Tooltip ➤ Border 게임 오브젝트를 선택해서 다음 스크린샷과 같이 UI Sprite를 설정하자.

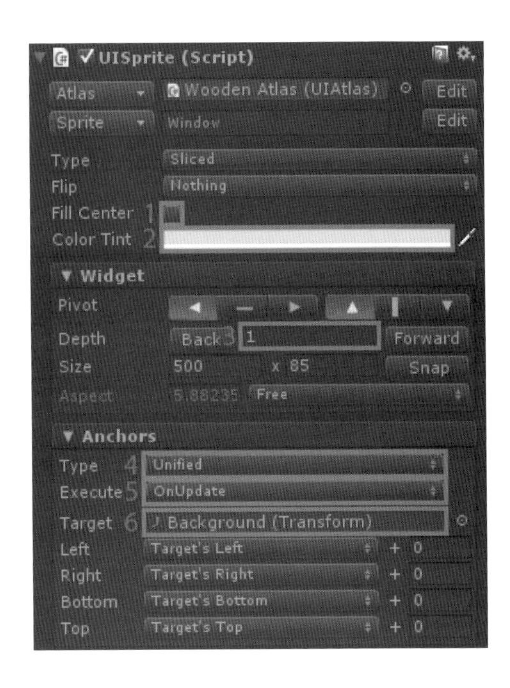

1. Fill Cender 옵션을 비활성화한다.
2. Color Tint를 {R: 255, G: 220, B: 0, A: 255}로 바꾼다.
3. Depth 값을 1로 바꾼다.
4. Anchors Type을 Unified로 설정한다.
5. Execute가 OnUpdate로 설정되어 있는지 확인한다.
6. Tooltip ➤ Background 오브젝트를 Target 필드로 드래그한다.

Border 스프라이트의 가운데를 채우지 않았으므로, 배경 주위에 노란 테두리가 생겼을 것이다. 그리고 앵커의 Execute를 OnUpdate로 설정해서 게임이 실행되는 동안에도 항상 테두리가 배경을 둘러싸도록 만들었다.

이제 Game과 계층 뷰가 다음 스크린샷과 같이 보일 것이다.

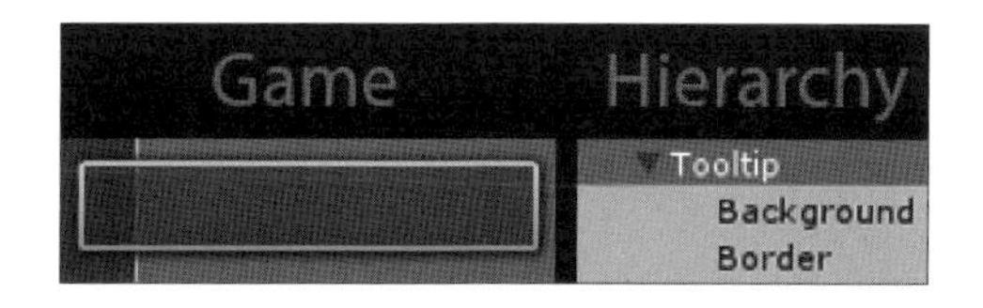

툴팁의 레이블을 만들자. Tooltip 게임 오브젝트를 선택하고, Alt + Shift + L 단축키를 눌러서 새로운 레이블을 만든다. 새로운 Label 게임 오브젝트의 `UILabel` 컴포넌트를 다음 스크린샷과 같이 설정하자.

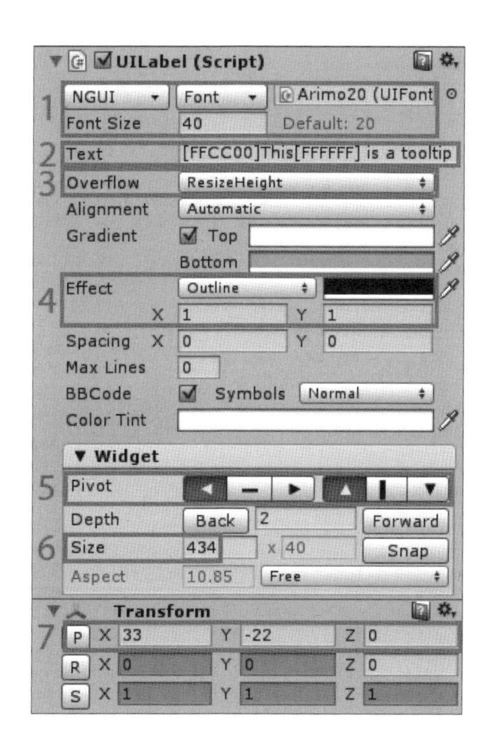

1. Font Type을 NGUI, Font를 Arimo20, Font Size는 40으로 설정한다.
2. Text를 [FFCC00]This[FFFFFF] is tooltip으로 바꾼다.
3. Overflow를 ResizeHeight로 바꾼다.
4. Effect를 Outline, 검은색으로, X와 Y를 1로 설정한다.
5. Pivot를 왼쪽 위(왼쪽 화살표 + 위쪽 화살표)로 설정한다.

6. X Size를 434로 바꾼다. 높이는 텍스트 양에 따라 조절된다.
7. Transform 위치를 {33, -22, 0}으로 설정한다.

툴팁의 텍스트를 표시할 레이블을 만들었다. 레이블 높이는 텍스트 길이에 따라서 자동으로 조절될 것이다.

배경이 항상 레이블을 둘러싸고 있도록 앵커를 설정하자.

1. Tooltip ➤ Background 게임 오브젝트를 선택한다.
2. Anchors Type을 Unified로 설정한다.
3. Tooltip ➤ Label 게임 오브젝트를 Target 필드로 드래그한다.
4. Execute를 OnUpdate로 설정한다.

이젠 툴팁의 텍스트 레이블을 매우 긴 텍스트로 바꾸더라도, 다음 스크린샷처럼 자동으로 조절되는 것을 확인할 수 있을 것이다.

This label and its
background resize
themselves accordingly

UITooltip 컴포넌트

이제 툴팁 오브젝트에 `UITooltip` 컴포넌트를 추가할 수 있다.

1. UI Root ➤ Tooltip 게임 오브젝트를 선택한다.
2. 인스펙터 뷰 아래쪽에 있는 Add Component 버튼을 클릭한다.
3. 검색창에 tooltip을 입력하여 컴포넌트를 검색한다.
4. Tooltip을 선택해서 Enter 키를 누르거나 마우스로 클릭한다.

그리고 다음과 같이 새롭게 추가된 `UITooltip` 컴포넌트를 설정하자.

1. UI Root ➤ Tooltip ➤ Label 게임 오브젝트를 Text 필드로 드래그한다.
2. UI Root ➤ Tooltip ➤ Background 게임 오브젝트를 Background 필드로 드래그한다.

툴팁 오브젝트는 이제 NGUI를 위한 툴팁으로 설정되었다. 다음으로 간단한 코드를 이용해서 필요할 때 툴팁을 표시하는 방법을 알아보자.

툴팁 표시

툴팁은 필요할 때 반드시 표시되어야만 한다. `OnTooltip()` 이벤트를 사용하면 로컬라이즈된 텍스트를 가진 툴팁이 표시되도록 요청할 수 있다.

1. Main ➤ Buttons ➤ Exit, Options, Play 세 버튼을 선택한다.
2. 인스펙터 뷰 아래쪽에 있는 Add Component 버튼을 클릭한다.
3. 검색창에 ShowTooltip을 입력하여 컴포넌트를 검색한다.
4. Enter 키를 두 번 눌러서 새로운 ShowTooltip.cs 스크립트를 생성하고 추가한다.
5. 새로운 ShowTooltip.cs 스크립트를 연다.

먼저 표시하려는 텍스트를 설정하기 위해 `public key` 변수를 추가해야 한다.

```
// 표시할 텍스트의 로컬라이제이션 키
public string key = "";
```

이제 아래 `OnTooltip()` 메소드를 추가하자. 이 메소드는 로컬라이즈된 텍스트를 얻고, `bool state` 변수에 따라서 툴팁을 표시하거나 숨긴다.

```
// 이 오브젝트에서 OnTooltip 이벤트가 발생했을 때
void OnTooltip(bool state)
{
  // 로컬라이즈된 텍스트를 얻는다.
  string finalText = Localization.Get(key);
  // 툴팁이 제거되어야 한다면…
  if(!state)
  {
    // ...finalText에 아무것도 설정하지 않는다.
```

```
    finalText = "";
  }
  // 툴팁이 표시되도록 요청한다.
  UITooltip.ShowText(finalText);
}
```

스크립트를 저장하자. 위 코드에서 보이듯이, Localization.Get(String key) 메소드는 key 매개변수로 전달된 값과 일치하는 로컬라이즈된 텍스트를 반환한다. 이 메소드를 사용하면 언제든지 코드를 통해서 레이블을 로컬라이즈할 수 있다. 툴팁을 숨기려면 단지 UITooltip이 빈 툴팁을 표시하도록 요청하기만 하면 된다.

Localization.Get(string key) 메소드를 사용할 때는 레이블에 UILocalize 컴포넌트가 추가되어서는 안된다. 그렇지 않으면, UILocalize 값이 UILabel에 할당한 모든 것을 덮어쓸 것이다.

로컬라이즈된 텍스트를 갖는 툴팁을 표시하기 위한 코드를 추가했으니, 이제 Localization.txt 파일을 열고 다음 로컬라이즈된 문자열을 추가하자.

```
// Tooltips
Play_Tooltip, "Launch the game!", "Lancer le jeu !"
Options_Tooltip, "Change language, nickname, subtitles...", "Changer
la langue, le pseudo, les sous-titres..."
Exit_Tooltip, "Leaving us already?", "Vous nous quittez déjà ?"
```

로컬라이즈된 문자열을 추가했다면, 세 버튼이 각각 Play_Tooltip, Options_Tooltip, Exit_Tooltip을 표시하도록 Show Tooltip 컴포넌트에 직접 key 매개변수를 설정할 수 있다.

하지만 이러한 반복적인 작업을 일일이 수행하는 것은 소모적이다. 이미 존재하는 객체와 앞으로 만들 객체에 쉽게 로컬라이즈된 툴팁을 추가하려면, 다음과 같은 시스템을 구현해야 한다.

key 매개변수가 비어 있으면 게임 오브젝트 이름에 기반하여 로컬라이즈된 텍스트를 얻으려고 시도한다.

한 번 구현해보자. ShowTooltip.cs 스크립트를 열고, 다음 Start() 메소드를 추가하자.

```
// 시작할 때
void Start()
{
  // 인스펙터에서 key 매개변수가 정의되지 않은 경우…
  if(string.IsNullOrEmpty(key))
  {
    // … key를 게임 오브젝트 이름에 기반하여 설정한다.
    key = name + "_Tooltip";
  }
}
```

유니티 플레이 버튼을 눌러보자. 버튼 위에 커서를 두면, 로컬라이즈된 툴팁이 나타날 것이다.

위 툴팁은 표시된 텍스트를 완벽하게 둘러싸고 있다. 그리고 직접 ShowTooltip 컴포넌트의 key 매개변수를 설정하지 않아도 된다.

사실 툴팁이 표시되기까지 딜레이가 너무 길게 느껴진다. 수정해보자.

1. UI Root ➤ Camera 게임 오브젝트를 선택한다.
2. UICamera의 Tooltip Delay를 0.3으로 설정한다.

이렇게 로컬라이즈된 툴팁이 0.3초 후에 나타나는 것이 더 나을 것이다.

남은 툴팁 추가

Options 페이지 요소에 간단하게 툴팁을 추가할 수 있다. 툴팁은 게임 오브젝트가 `Collider` 컴포넌트를 갖기만 하면 동작한다. 이러한 게임 오브젝트를 찾아보자.

1. 계층 뷰 검색 바에 t:boxcollider을 입력해서 검색한다.
2. Checkbox, Confirm, Input, List(둘 다), Music, SFX를 선택한다.

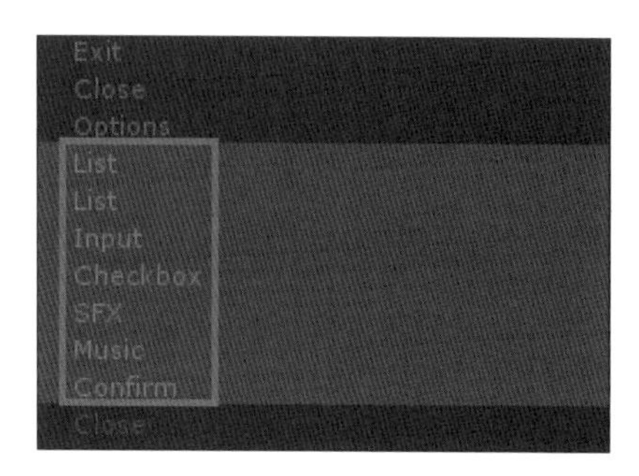

3. 인스펙터 뷰 아래쪽에 있는 Add Component 버튼을 클릭한다.
4. 검색창에 show를 입력해서 컴포넌트를 검색한다.
5. Show Tooltip 컴포넌트를 선택한 후 Enter 키를 누르거나 마우스로 클릭한다.

Input, List처럼 일반적인 이름을 가진 오브젝트는 다음과 같이 `Key` 매개변수를 직접 설정해주어야 한다.

1. Checkbox 게임 오브젝트를 선택하고, Key를 Sound_Tooltip으로 설정한다.
2. Input 게임 오브젝트를 선택하고, Key를 Nickname_Tooltip으로 설정한다.
3. List 게임 오브젝트를 선택하고, Key를 Language_Tooltip으로 설정한다.
4. List 게임 오브젝트를 선택하고, Key를 Subtitles_Tooltip으로 설정한다.

선택된 리스트가 언어 리스트인지 자막 리스트인지 알려면 UIPopup List의 Options를 보자. 이 옵션이 None으로 설정되어 있다면, 자막 리스트를 선택한 것이다.

마지막으로 로컬라이제이션 문자열을 Localization.txt 파일에 추가해야 한다.

```
Sound_Tooltip, "Enable or disable game sound", "Activer ou désactiver
le son du jeu"
Nickname_Tooltip, "Name used during the game", "Pseudo utilisé lors du
jeu"
Language_Tooltip, "Game and user interface language", "Langue du jeu
et de l'interface"
Subtitles_Tooltip, "Subtitles language", "Langue des sous-titres"
Confirm_Tooltip, "Confirm and return to main menu", "Confirmer et
retourner au menu principal"
Music_Tooltip, "Game music volume", "Volume de la musique"
SFX_Tooltip, "Sound effects volume", "Volume des effets"
```

유니티 플레이 버튼을 눌러보자. 모든 옵션에 로컬라이즈된 툴팁이 생긴 것을 확인할 수 있다. 이제 트윈 메소드Tween methods에 대해 알아볼 시간이다.

트윈

이제까지 사용했던 트윈Tween은 씬 안에 있는 게임 오브젝트에 추가해서 사용했던 컴포넌트였다. 하지만 코드를 통해서도 게임 오브젝트에 쉽게 트윈을 추가할 수 있다.

선호하는 IDE에서 아무 메소드 안에서 Tween을 입력하기만 하면 모든 사용 가능한 트윈을 확인할 수 있다. IDE에서 자동 완성 기능을 지원한다면 다음 스크린샷과 같이 Tween 클래스의 리스트가 나타날 것이다.

이러한 클래스의 강점은 단 한 줄에서 동작하며, 각 프레임마다 실행되지 않아도 되는 것이다. 단지 그러한 클래스의 `Begin()` 메소드를 호출하기만 하면 된다.

여기서 위젯에 트윈을 적용할 것이다. 그러나 위젯이 다른 게임 오브젝트와 완전히 동일한 방식으로 동작하는 것을 명심해야 한다. NGUI 위젯은 게임 오브젝트이기 때문이다.

Tween Scale 컴포넌트

앞에서는 Exit 버튼을 누르면 메인 메뉴 윈도우가 사라지도록 만들기 위해 `Tween Scale` 컴포넌트를 사용했다. Play 버튼을 누르면 동일하게 동작하도록 해보자. 다만, 이번에는 어떻게 이러한 트윈이 작동하는지를 이해하기 위해 코드를 통해서 만들 것이다.

DisappearOnClick 스크립트

먼저 새로운 DisappearOnClick.cs 스크립트를 만들 것이다. 이 스크립트가 추가된 게임 오브젝트를 클릭하면 타깃의 스케일이 {0.01, 0.01, 0.01}로 트윈된다.

1. UI Root ➤ Main ➤ Buttons ➤ Play 게임 오브젝트를 선택한다.
2. 인스펙터 뷰 아래쪽에 있는 Add Component 버튼을 클릭한다.
3. 검색창에 DisappearOnClick 버튼을 입력한다.
4. Enter 키를 두 번 눌러서 새로운 DisappearOnClick.cs 스크립트를 추가한다.
5. DisappearOnClick.cs 스크립트를 연다.

먼저, 다음과 같이 게임 오브젝트 `public target`을 추가해야 한다. 이 오브젝트는 트윈에 영향을 받는 타깃 오브젝트이고, 실수 `duration`은 트윈 속도를 설정하기 위한 변수이다.

```
// 스케일이 (0.01, 0.01, 0.01)로 트윈될 타깃 오브젝트를 선언한다.
public GameObject target;

// 트윈 지속시간을 설정하기 위한 실수 변수를 선언한다.
public float duration = 0.3f;
```

다음으로, 아래 `OnClick()` 메소드를 추가하자. 이 메소드는 `duration` 시간 동안 원하는 타깃을 {0.01, 0.01, 0.01}으로 트윈되게 하는 새로운 트윈을 생성한다.

```
// 이 오브젝트가 클릭되었을 때
private void OnClick()
{
  // 타깃에 트윈을 생성한다.
  TweenScale.Begin(target, duration, Vector3.one * 0.01f);
}
```

위 코드를 통해 타깃은 원하는 시간에 걸쳐서 0.01f를 향해서 스케일이 축소된다.

스크립트를 저장하자. 이제 인스펙터 뷰에서 변수를 할당하기만 하면 된다.

1. 유니티로 돌아가서 Play 버튼 게임 오브젝트를 선택한다.
2. UI Root > Main 오브젝트를 DisappearOnClic의 Target 필드로 드래그한다.

유니티 플레이 버튼을 눌러보자. 메인 메뉴의 Play 버튼을 클릭하면 `TweenScale.Begin()` 라인이 실행되어 메인 메뉴가 {0.01, 0.01, 0.01}로 스케일이 축소될 것이다.

간단한 트윈을 만드는 방법을 배웠으니, 이제 이펙트를 추가하는 방법을 살펴보자.

트윈 이펙트

앞에서 만든 트윈은 간단하게 동작하고, 일정한 속도로 일어난다. 트윈에 다양한 이펙트Tween effects를 추가하기 위해서는 먼저 이러한 트윈을 부모 클래스인 `UITweener`로서 저장해야 한다.

`Onclick()` 메소드를 다음 코드와 같이 생성된 트윈을 `UITweener`로서 저장하고, 이펙트를 설정하도록 수정하자.

```
// 새로운 타깃의 트윈을 얻는다.
UITweener tween =
TweenScale.Begin(target, duration, Vector3.one * 0.01f);

// 새로운 트윈 이펙트 메소드를 설정한다.
tween.method = UITweener.Method.EaseInOut;
```

이제 트윈은 EaseInOut 이펙트를 갖는다. 다음 스크린샷과 같이 다양한 트윈 이펙트 메소드가 존재한다.

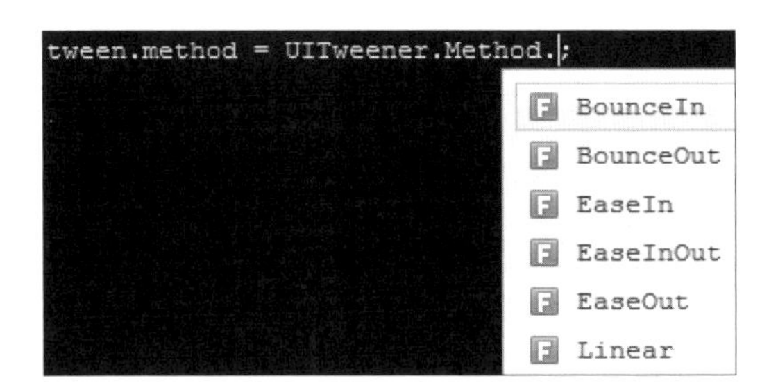

각각 이펙트를 적용해보자.

- BounceIn: 트윈 시작 부분에 바운스 효과
- BounceOut: 트윈 끝 부분에 바운스 효과
- EaseIn: 트윈 시작 부분에 부드럽게 가속하는 효과
- EaseInOut: 부드럽게 가속하고 감속하는 효과
- EaseOut: 트윈 끝 부분에 부드럽게 감속하는 효과
- Linear: 아무런 효과 없이 일정한 속도로 트윈

이제 코드를 통해서 트윈 이펙트를 주는 방법을 알았다. 다음으로 코드를 통해서 이벤트 딜리게이트Event delegate를 설정하는 방법을 살펴보자.

Time.timeScale 변수가 1이 아니더라도 트윈이 항상 같은 속도로 실행되기를 원한다면, 트윈의 ignoreTimeScale을 true로 설정하면 된다.

이벤트 딜리게이트

많은 NGUI 컴포넌트가 이벤트를 브로드캐스트하며, 그러한 이벤트가 발생하면 실행되는 이벤트 딜리게이트(콜백 메소드callback method)를 설정할 수 있다. 예를 들어서, 인스펙터 뷰에서 버튼 클릭 이벤트의 Notify와 Method 필드를 할당함으로써 이벤트 딜리게이트Event delegates를 설정할 수 있다.

어떠한 타입의 트윈이든지 트윈이 종료되었을 때 실행할 특정한 이벤트 딜리게이트를 설정할 수 있다. 이러한 작업을 코드를 통해서 수행할 방법을 살펴볼 것이다. 계속하기 전에, 먼저 콜백 메소드를 만들어야 한다. 새로운 씬을 로드하는 콜백 메소드를 만들자.

콜백 메소드

MenuManager.cs 스크립트를 열고, `static LoadGameScene()` 콜백 메소드를 추가하자.

```
public static void LoadGameScene()
{
  // 지금부터 게임 씬을 로드한다.
  Application.LoadLevel("Game");
}
```

스크립트를 저장하자. 위 코드는 게임 씬을 로드하도록 요청한다. 유니티가 런타임에 로드할 씬을 찾을 수 있도록, 게임 씬을 만들고 Build Setting에 Menu와 게임 씬을 추가해야 한다.

1. File > Build Settings로 이동한다.
2. Add Current 버튼을 클릭한다(현재 윈도우를 닫지 말자).
3. 유니티에서 File > New Scene으로 이동한다.
4. File > Save Scene as…로 이동한다.
5. 씬을 Game.unity로 저장한다.

6. Build Settings 윈도우에 있는 Add Current 버튼을 클릭하고, 윈도우를 닫는다.

7. File > Open Scene으로 이동해서 Menu.unity 씬을 다시 연다.

Build Setting에 씬이 둘 다 추가되었다. 이제 콜백 메소드와 이벤트를 링크할 준비가 끝났다.

콜백 메소드와 이벤트 링크

`LoadGameScene()` 콜백 메소드를 작성했으니, 이제 이것을 이벤트와 링크해야 한다. 두 가지 방법이 있는데, 먼저 이것을 코드만을 사용해서 링크하는 방법을 살펴볼 것이다. 그리고 나서 NGUI의 Notify와 Method 필드를 이용해서 더 유연한 시스템을 만들 것이다.

코드

특정 이벤트를 위해 콜백 메소드를 설정하기 위해서, 모든 NGUI 이벤트를 위한 일반적인 해결책이 존재한다. `EventDelegate.Set()` 메소드가 바로 그것이다. `EventDelegate.Add()`를 이용하면 여러 개의 콜백 메소드을 추가할 수도 있다.

DisappearOnClick.cs의 `OnClick()` 메소드 끝에 다음 코드를 추가하자.

```
// 트윈의 onFinished 이벤트에 LoadGameScene 콜백 메소드를 설정한다.
EventDelegate.Set(tween.onFinished, MenuManager.LoadGameScene);
```

위 코드 대신에 `SetOnFinished()` 메소드를 사용할 수도 있다. 이 편리한 메소드는 트윈에서만 사용이 가능하며, 더 간단한 코드로 같은 정확하게 같은 결과를 얻을 수 있다.

```
// onFinished 이벤트에 메소드를 할당하는 또 다른 방법
tween.SetOnFinished(MenuManager.LoadGameScene);
```

유니티 플레이 버튼을 눌러보자. 메인 메뉴의 Play 버튼을 클릭하면 트윈이 끝나자마자 게임 씬을 로드하는 것을 확인할 수 있을 것이다.

EventDelegate.Remove(eventDelegate, callback);를 호출하면 이미 존재하는 이벤트와 콜백 메소드 사이 링크를 제거할 수도 있다.

다음으로 인스펙터 뷰를 이용해서 이벤트와 콜백 메소드를 링크하는 방법을 살펴보자.

인스펙터

코드를 통해서 이벤트 딜리게이트를 설정하는 방법을 배웠으니, 이번에는 인스펙터 뷰 안에서 호출할 메소드를 선택하기 위한 변수를 생성하는 방법을 살펴보자.

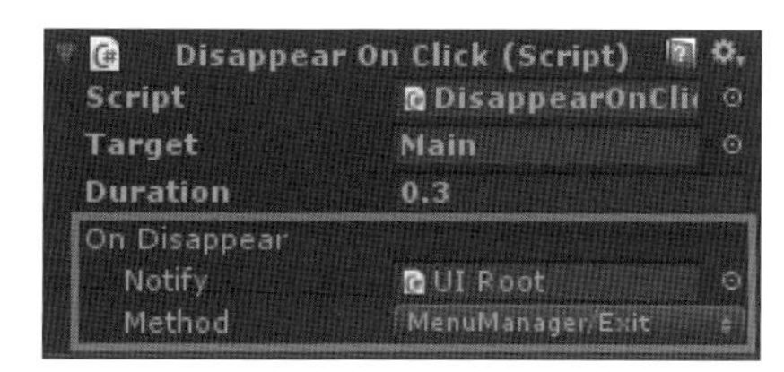

▲ 코드 수정 없이도 언제든지 타깃이 사라졌을 때 호출할 메소드를 설정할 수 있다

위 스크린샷에서 볼 수 있는 On Disappear 변수는 EventDelegate 타입이다. DisappearOnClick.cs 스크립트에 아래 코드와 같이 글로벌 변수를 추가하여 OnDisappear 변수를 선언할 수 있다.

```
// 인스펙터 뷰에서 설정될 이벤트 딜리게이트 변수를 선언한다.
public EventDelegate onDisappear;
```

다음으로 트윈의 onFinished 이벤트가 정의된 onDisappear 콜백을 호출하도록 OnClick() 메소드 마지막 라인을 수정하자.

```
// 트윈의 onFinished 이벤트를 선택된 콜백 메소드로 설정한다.
tween.SetOnFinished(onDisappear);
```

스크립트를 저장하고 유니티로 돌아가자. 메인 메뉴의 Play 버튼을 선택하면 새로운 On Disappear 필드가 나타난다.

MenuManager.cs 스크립트를 갖고 있는 UI Root 게임 오브젝트를 Notify 필드로 드래그하자. 한번 MenuManager ➤ LoadGameScene 메소드를 선택하려고 시도해보자. 놀랍게도 나타나지 않는다. 단지 스크립트의 `Exit` 메소드를 선택할 수 있을 뿐이다. 왜일까?

`LoadGameScene()` 메소드가 현재 `static`이기 때문이다. 이것을 인스펙터 뷰에서 항상 사용 가능하기를 원한다면, 이 메소드의 `static` 속성을 제거해야 한다.

1. MenuManager.cs 스크립트를 연다.
2. `LoadGameScene()` 메소드에서 `static` 키워드를 제거한다.

스크립트를 저장하고 유니티로 돌아가자. 이젠 `LoadGameScene()` 메소드를 드랍다운 리스트에서 선택할 수 있을 것이다.

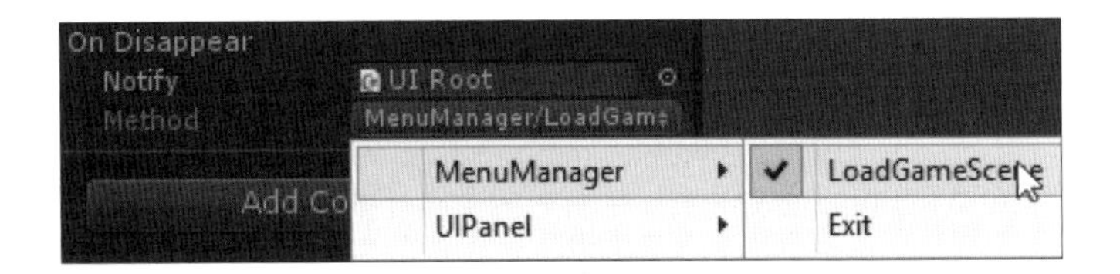

인스펙터 뷰를 통해 콜백 메소드를 설정하는데 성공했다. 메인 메뉴가 사라질 때 게임 씬이 로드될 것이다.

코드와 인스펙터 뷰를 통해서 이벤트 딜리게이트에 콜백 메소드를 할당하는 방법을 배웠다. 다음으로 키보드 키를 UI 요소에 할당하는 방법을 살펴보자.

키보드 키

이번에는 UI에 키보드 컨트롤을 추가하는 방법을 살펴보자. 먼저 버튼에 키를 바인드하는 방법을 살펴보고, 키보드 화살표를 이용한 이동 시스템을 추가할 것이다.

UIKey Binding 컴포넌트

위젯에 `UIKeyBinding` 컴포넌트를 추가하면 특정한 키를 할당할 수 있다. 메인 메뉴의 Exit 버튼에 키보드 Escape 키를 할당해보자.

1. UI Root > Main > Buttons > Exit 게임 오브젝트를 선택한다.
2. 인스펙터 뷰 아래쪽에 있는 Add Component 버튼을 클릭한다.
3. 검색창에 key를 입력하여 컴포넌트를 검색한다.
4. Key Binding을 선택한 후 Enter 키를 누르거나 마우스로 클릭한다.

다음으로 이 컴포넌트에서 사용 가능한 매개변수를 살펴보자.

매개변수

Exit 버튼에 다음 스크린샷과 같은 `UIKey Binding` 컴포넌트를 추가했다.

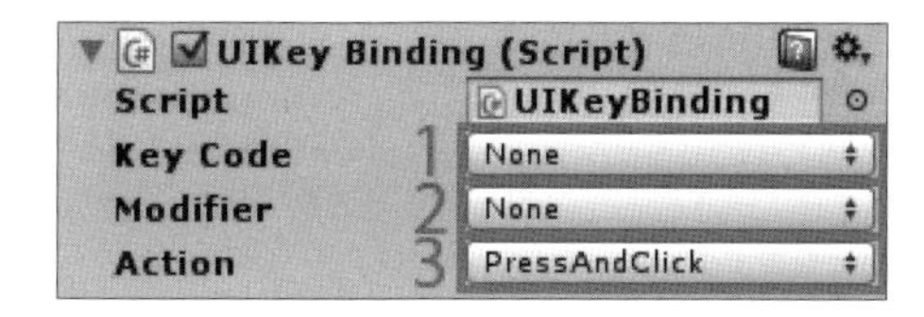

이 컴포넌트는 다음 세 가지 매개변수를 갖는다.

- Key Code: 동작에 어떤 키를 바인드하기를 원하는가?
- Modifier: 버튼 두 개 조합을 사용하기를 원한다면 사용 가능한 네 가지 모디파이어(Shift, Control, Alt, None) 중 하나를 선택할 수 있다.
- Action: 이 키에 어떠한 동작을 바인드할 것인가? PressAndClick을 선택하면 키를 누르면 버튼이 클릭되도록 할 수 있고, Select를 선택하면 버튼이 선택되도록 할 수 있다. 그리고 All을 선택하면 두 가지 방식 모두로 동작하도록 할 수 있다.

이제 이 컴포넌트를 설정해서 어떻게 동작하는지 살펴보자.

설정

단지 Key Code 필드를 Escape로 설정하기만 하면 된다. 유니티 플레이 버튼을 눌러보자. 키보드 Escape 키를 누르면 Exit 버튼이 눌러진 것과 같이 동작할 것이다.

이제 UI에 키보드와 컨트롤러 이동을 추가하는 방법을 살펴보러 가자.

UIKey Navigation 컴포넌트

`UIKey Navigation` 컴포넌트는 키보드 화살표 키나 컨트롤러의 방향 패드를 이용해서 오브젝트를 선택할 수 있도록 도와준다. 대부분의 위젯은 자동 설정으로도 충분하지만, 필요한 몇몇 동작을 위해서는 매개변수를 오버라이드하는 것이 필요하다.

닉네임 입력 필드는 `UIButton`과 `UIButton Scale` 컴포넌트 중 어떤 것도 갖지 않는다. 그래서 유저가 키보드 이동을 통해서 현재 이 필드가 선택했는지 확인할 수 없는 문제가 발생한다. 바로 이것을 고쳐보자.

UI Root ➤ Options ➤ Nickname ➤ Input 게임 오브젝트를 선택하자. 그리고 다음을 한다.

1. Button 컴포넌트(UIButton)를 추가한다.
2. Button Scale 컴포넌트(UIButton Scale)를 추가한다.
3. UISprite의 Pivot을 중앙으로 설정한다(중앙 바 + 중앙 바).
4. Box Collider의 Center를 {0, 0, 0}으로 리셋한다.

Nickname ➤ Input 게임 오브젝트는 다음 스크린샷과 같은 인스펙터 뷰를 가질 것이다.

이제 씬 안에 있는 대부분의 버튼에 Key Navigation 컴포넌트(UIKey Navigation)를 추가할 것이다. 먼저 계층 뷰 검색 바에 t:uibutton을 입력해서 UIButton 컴포넌트를 갖는 게임 오브젝트만을 검색하자.

위 검색 결과에서 다음 스크린샷과 같이 게임 오브젝트를 선택하자.

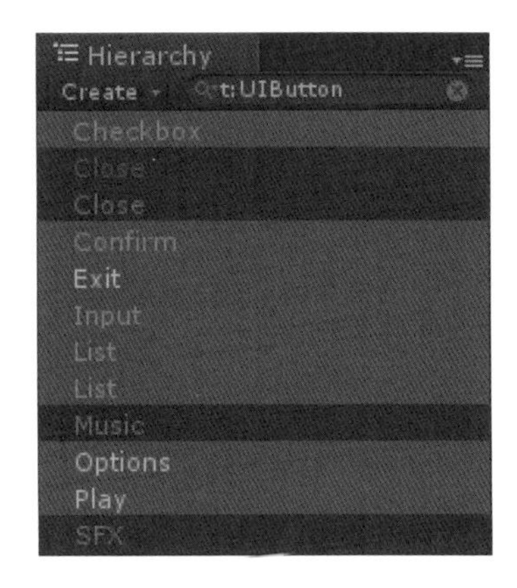

게임 오브젝트를 선택했다면, 다음 과정을 수행하자.

1. 인스펙터 뷰 아래쪽에 있는 Add Component 버튼을 클릭한다.
2. 검색창에 key를 입력하여 컴포넌트를 검색한다.
3. Key Navigation 컴포넌트를 선택한 후 Enter 키를 누르거나 마우스로 클릭한다.

선택한 오브젝트에 `UIKey Navigation` 컴포넌트를 추가하였다. 이제 이 컴포넌트의 매개변수를 살펴보자.

매개변수

오브젝트에 다음 스크린샷과 같이 `UIKey Navigation` 컴포넌트를 추가했다.

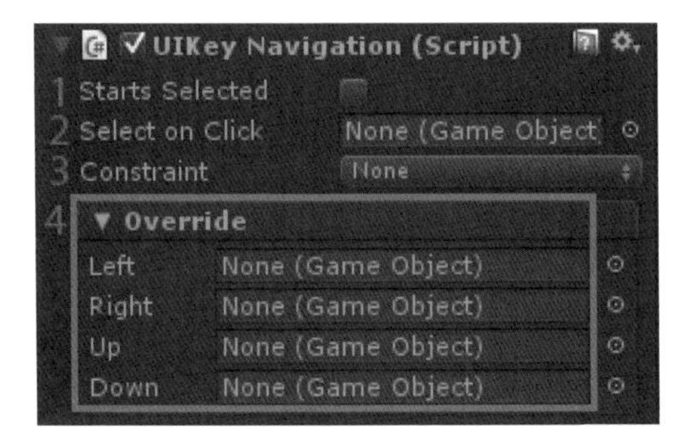

이 컴포넌트는 4개의 매개변수 그룹을 갖는다.

1. Starts Selected: 게임이 시작될 때 이 위젯이 기본적으로 선택되어 있는가?
2. Select on Click: 이 위젯이 클릭되었을 때(또는 Enter 키/Confirm 버튼이 클릭되었을 때) 어떤 위젯이 선택되어야 하는가? 이 옵션은 새로운 페이지가 표시되었을 때 특정한 위젯을 선택하기 위해 사용될 수 있다.
3. Constraint: 이 위젯에서 다른 위젯으로 이동을 제한하기 위해 사용된다.
    - None: 이 위젯으로부터 이동이 자유롭다.
    - Vertical: 이 위젯에서는 위 또는 아래쪽으로만 이동할 수 있다.
    - Horizontal: 이 위젯에서는 왼쪽 또는 오른쪽으로만 이동할 수 있다.
    - Explicit: Override에 설정된 특정 위젯으로만 이동할 수 있다.
4. Override: Left, Right, Up, Down 필드를 이용해서 특정한 오브젝트를 선택하도록 입력을 제한할 수 있다. Constraint 매개변수가 Explicit으로 설정되면, 여기서 설정한 위젯만이 선택될 수 있다. 그렇지 않은 경우에는 자동 설정이 동작하여 필드가 None으로 남겨지게 된다.

이제 이 컴포넌트를 설정해보면서 위 매개변수를 이해하고 테스트하자.

설정

일단 게임이 시작될 때 Play 버튼이 기본적으로 선택되어 있도록 설정해야 한다. 이를 위해서는 단지 UI Root ➤ Main ➤ Buttons ➤ Play 게임 오브젝트를 선택해서 UIKey Navigation의 Start Selected 옵션에 체크하기만 하면 된다.

유니티 플레이 버튼을 눌러보자. 대부분 정상적으로 동작하는 것을 확인할 수 있다. 그러나 자동 설정으로 인해 Exit 버튼이 선택되지 않는 문제가 발생한다. 왜 이러한 문제가 발생하는지 알아보고, 문제를 해결해보자.

Exit 버튼

이 문제는 Play와 Options 버튼 아래에 Exit 버튼이 있는 것을 고려하지 않아서 발생한다. `Override` 매개변수를 사용해서 강제로 Exit 버튼이 선택되도록 설정하면 문제를 해결할 수 있다.

1. UI Root > Main > Buttons > Play와 Options 버튼을 둘 다 선택한다.
2. UIKey Navigation 컴포넌트의 Down 필드에 Exit 버튼을 드래그한다.
3. Exit 버튼을 선택한다.
4. UIKey Navigation 컴포넌트의 Up 필드에 Play 버튼을 드래그한다.

유니티 플레이 버튼을 눌러보자. 이젠 `Override` 매개변수가 고려되어서 방향키를 이용해서 Exit 버튼을 선택할 수 있고, Play 버튼으로 돌아갈 수도 있다.

이제 Options 버튼이 선택된 상태에서 Enter 키를 눌러보자. 옵션 페이지가 나타날 때, 위젯에서 더 이상 다른 위젯으로 이동할 수 없을 것이다. 이 문제를 해결해보자.

Options 버튼

Options 버튼을 클릭하면, 옵션 페이지에서 아무것도 선택되지 않는다. `Select on Click` 매개변수를 사용해서 이 문제를 해결할 수 있다.

1. UI Root > Main > Buttons > Options 버튼을 선택한다.
2. Options > Language > List 게임 오브젝트를 Select on Click 필드로 드래그한다.

유니티 플레이 버튼을 눌러보자. 옵션 페이지가 표시되면, 언어 팝업 리스트가 기본적으로 선택되고, 방향키를 이용해서 다른 위젯으로 이동할 수 있을 것이다.

또한 Confirm 버튼을 누르면 Play 버튼이 선택되도록 해야 한다.

1. Options > Confirm 버튼을 선택한다.
2. Main > Buttons > Play 게임 오브젝트를 Select on Click 필드로 드래그한다.

이젠 Confirm 버튼을 누르면 Play 버튼이 자동으로 선택될 것이다. 그러나 아직 닉네임 입력 필드에 작은 문제가 존재한다.

닉네임 입력 필드

닉네임 입력 필드에 새로운 닉네임을 입력하는 중 Enter 키를 누르면, 입력 필드가 더 이상 선택되지 않고, 키보드로 더 이상 이동할 수가 없다.

이 문제는 입력 필드의 `On Submit` 이벤트 딜리게이드가 `UIInput/RemoveFocus` 메소드를 호출하기 때문에 발생한다. 다음과 같이 수정하자.

1. UI Root ➤ Options ➤ Nickname ➤ Input 게임 오브젝트를 선택한다.
2. 다음 스크린샷과 같이 On Submit 필드의 Notify 필드에 있는 버튼(1)을 클릭한다.

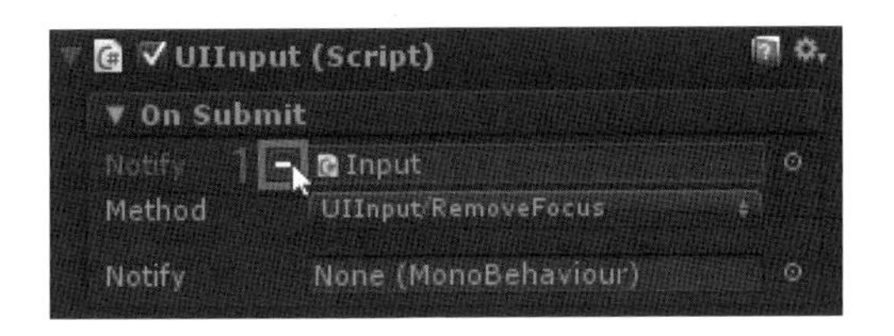

유니티 플레이 버튼을 눌러보자. 이젠 닉네임 입력 필드에서 Enter 키를 누르더라도 더 이상 필드로부터 포커스가 사라지지 않는다.

UI에서 키 이동과 관련된 주요 문제점을 모두 해결했다. 이번에는 방향키를 이용해서 볼륨 슬라이더를 각각 조절하는 방법에 대해 알아보자.

볼륨 슬라이더

마지막 문제는 볼륨 슬라이더를 방향키로 조절할 수 없는 것이다. 새로운 이동 방식인 깊이 이동을 만들고, 다음 동작이 가능하도록 설정하자.

1. 방향키로 Volume 박스를 선택한다.
2. 유저가 Enter 키를 누르면, Volume 박스로 진입한다.

3. 유저가 슬라이더 값을 왼쪽 또는 오른쪽 키로 조절할 수 있다.
4. Enter 키를 다시 누르면, 슬라이더 값의 변화가 갱신된다.

먼저 볼륨 박스를 옵션 페이지의 다른 버튼과 같이 만들어야 한다.

1. UI Root > Options > Volume 게임 오브젝트를 선택한다.
2. Button Scale 컴포넌트(UIButton Scale)를 추가한다.
3. Key Navigation 컴포넌트(UIKey Navigation)를 추가한다.
4. UI Root > Options > Volume > SFX 게임 오브젝트를 Select on Click 필드로 드래그한다.

유니티 플레이 버튼을 눌러보자. 방향키를 이용해서 볼륨 박스를 선택할 수 있고, 볼륨 박스를 선택한 상태에서 Enter 키를 누르면 SFX 슬라이더가 자동으로 선택될 것이다.

다음으로, 슬라이더로 이동한 후 Enter 키를 다시 누르면 기존 이동 깊이로 돌아오도록 만들 것이다.

1. UI Root > Options > Volume > SFX와 Music 게임 오브젝트를 둘 다 선택한다.
2. SFC와 Music 슬라이더가 선택된 상태에서
   - Button Scale 컴포넌트(UIButton Scale)를 추가한다.
   - Key Navigation 컴포넌트(UIKey Navigation)를 추가한다.
   - Constraint 매개변수를 Vertical로 바꾼다.
   - UI Root > Options > Volume 게임 오브젝트를 Select on Click으로 드래그한다.
3. UI Root > Options > Confirm 게임 오브젝트를 선택한다.
4. UI Root > Options > Volume 게임 오브젝트를 UIKey Navigation의 Right 필드로 그래그한다.

유니티 Play 버튼을 눌러보자. 볼륨 박스가 선택된 상태에서 Enter 키를 누르면 슬라이더 값을 오른쪽과 왼쪽 방향키로 조절할 수 있을 것이다. 또한 슬라이더가 선택된 상태에서 Enter 키를 다시 누르면 볼륨 박스로 돌아갈 것이다.

마우스와 키보드 동작

UIKey Navigation 컴포넌트는 키보드 또는 게임 패드뿐만 아니라, 마우스로도 동작한다.

옵션 저장

Saved As 매개변수가 PlayerName으로 설정되어 있기 때문에 플레이어 닉네임은 자동으로 PlayerPrefs 안에 저장된다. 또한 현재 UI에서 사용하는 언어는 언어 팝업 리스트에 추가된 Language Selection 컴포넌트 덕분에 저장된다.

이제 진행 바와 체크박스 상태 같은 다른 UI 값을 PlayerPrefs 안에 저장하기 위해 NGUI 컴포넌트를 사용할 것이다.

UISaved Option 컴포넌트

이 기능은 만들기 위해서는 NGUI 위젯에 UISaved Option 컴포넌트를 추가해야 한다. 다음 스크린샷과 같이 저장하기를 원하는 옵션에 해당하는 게임 오브젝트를 선택하자.

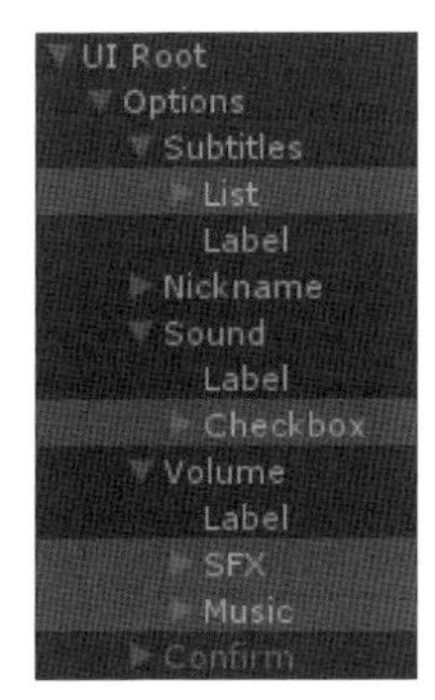

▲ 자막 리스트, 사운드 체크박스, 볼륨의 SFX, 음악 슬라이더 선택

선택한 상태에서 다음 과정을 수행하자.

1. 인스펙터 뷰의 아래쪽에 있는 Add Component 버튼을 클릭한다.
2. 검색창에 save를 입력하여 컴포넌트를 검색한다.
3. Saved Option 컴포넌트를 선택한 후 Enter 키를 누르거나 마우스로 클릭한다.

이제 선택된 게임 오브젝트에 `UISaved Option` 컴포넌트를 추가하였다.

설정

`UISaved Option` 컴포넌트가 갖는 매개변수는 오직 `Key Name` 하나다. 저장할 옵션을 위한 PlayerPrefs 키 이름을 정의해야 한다.

이제 모든 UI 요소가 적절한 PlayerPrefs 키 이름들 안에 값을 저장하도록 설정하자.

1. Options ➤ Subtitles ➤ List 게임 오브젝트를 선택하고, `UISaved Option`의 Key Name에 Subtitles를 입력한다.
2. Options ➤ Subtitles ➤ Checkbox 게임 오브젝트를 선택하고, `UISaved Option`의 Key Name에 Sound를 입력한다.
3. Options ➤ Volume ➤ SFX 게임 오브젝트를 선택하고, `UISaved Option`의 Key Name에 SFX를 입력한다.
4. Options ➤ Volume ➤ Music 게임 오브젝트를 선택하고, `UISaved Option`의 Key Name에 Music를 입력한다.

유니티 플레이 버튼을 눌러보자. 사운드 체크박스, 볼륨 슬라이드, 자막 팝업 리스트 상태가 저장되어서, 게임이 종료된 후에도 유지되는 것을 확인할 수 있다.

그런데 사운드 체크박스에 작은 문제가 생겼다.

사운드 체크박스

사운드 체크박스 상태를 저장하는 과정에서 문제가 생겼다. 사운드를 비활성화한 상태에서 플레이 모드를 종료하고 다시 플레이 모드로 들어가서 사운드 체크박스를 보면, 다음 스크린샷과 같은 문제와 마주치게 된다.

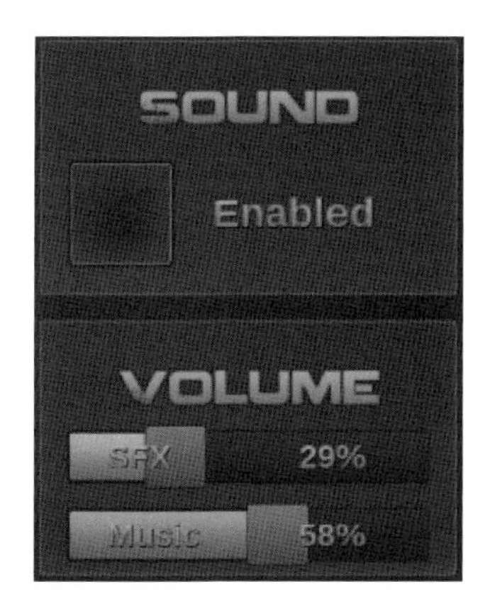

위 스크린샷에서 사운드가 비활성화 상태임에도 볼륨 박스가 표시되는 것을 확인할 수 있다. 거기다 더 심각하게도 사운드를 활성화하면 볼륨 박스가 사라진다.

이 문제는 체크박스 상태는 항상 최근 값이 저장되지만, 볼륨 박스를 숨기거나 표시하는 `UIPlay Tween` 컴포넌트는 오직 클릭 이벤트가 발생했을 때만 동작하기 때문이다.

체크박스의 `UIPlay Tween`이 `Start()`에서 체크박스가 체크되지 않은 상태일 때 정방향으로 동작하도록(볼륨 박스를 숨기도록) 설정해서 문제를 해결하자.

1. Options ➤ Sound ➤ Checkbox 게임 오브젝트를 선택한다
2. 인스펙터 뷰 아래쪽에 있는 Add Component 버튼을 클릭한다.
3. 검색창에 ToggleInit을 입력해서 컴포넌트를 검색한다. 일치하는 결과가 없을 것이다.
4. New Script 옵션을 선택한 후 Enter 키를 누르거나 마우스로 클릭한다.
5. 대화상자에서 Language가 CSharp인지 확인한 후, Enter 키를 누른다.

이제 ToggleInit.cs 스크립트를 열고 `Start()` 메소드를 다음과 같이 수정한다.

```
// 시작할 때
void Start () {
  // 추가된 UIToggle을 얻는다.
  UIToggle toggle = GetComponent<UIToggle>();

  // 체크되지 않은 UIToggle이 있다면…
  if(toggle != null && !toggle.value)
  {
    // …실행할 트윈을 얻는다.
    UIPlayTween tweenToPlay = GetComponent<UIPlayTween>();

    // 실행할 트윈이 있다면…
    if(tweenToPlay != null)
    {
      // … 트윈을 실행한다.
      tweenToPlay.Play(true);
    }
  }
}
```

스크립트를 저장하자. 위 코드는 체크박스가 체크되지 않은 상태일 때(`toggle.value == false`) 볼륨 박스가 페이드 아웃(트윈을 정방향으로 실행)되게 해준다.

잘 동작하는지 테스트해보자. 체크박스가 체크되지 않은 상태로 저장되면, 사운드가 비활성화된 상태로 남아 있고, 볼륨 슬라이더는 표시되지 않을 것이다.

다음으로 중요한 문제에 대해 살펴보자. 씬이 바뀌는 가운데 UI 지속성에 관한 것이다.

지속되는 UI

UI는 게임 오브젝트로 구성되었기 때문에 새로운 씬을 로드하면 파괴된다. 결국 메인 메뉴의 Play 버튼을 클릭해서 게임 씬에 진입할 때 앞에서 만들었던 UI 오브젝트는 모두 폐기처분된다.

이 문제를 해결하기 위해 싱글톤Singleton 메소드를 사용할 것이다. 이 메소드는 점수, 남은 생명 등과 같은 정보를 저장하고, 중요한 UI 요소가 씬이 바뀌는 동안에도 유지되도록 하기 위해 자주 사용된다. 또한 싱글톤은 게임이 실행되는 동안에도 이러한 변수에 쉽게 접근할 수 있게 해준다.

싱글톤

싱글톤Singleton 패턴은 클래스가 단 하나의 객체만을 생성하도록 제한한다. 이것은 서로 다른 씬 전체에 걸쳐서 사용 가능한 어떠한 일반적인 동작을 갖기 위해 하나의 오브젝트가 요구될 때 유용하다.

유니티에서 싱글톤은 단 한 번만 인스턴스를 생성할 수 있는 클래스이다. 이것은 씬 내부 게임 오브젝트에 추가되어서 `DontDestroyOnLoad()` 속성을 이용해 씬이 바뀌더라도 파괴되지 않게 해준다. 또한 게임 오브젝트뿐만 아니라 그것에 추가된 모든 컴포넌트, 자식 오브젝트도 씬이 바뀌는 동안에 유지된다. 필요하다면 코드를 통해서 직접 오브젝트를 파괴할 수도 있지만, 일반적으로는 애플리케이션이 종료될 때 파괴된다.

또한 싱글톤은 `MySingleton.Instance.anyVariable`과 같이 인스턴스의 변수 또는 메소드에 쉽게 접근할 수 있도록 그것의 인스턴스를 향한 `static` 레퍼런스 포인터를 갖는다.

씬에 클래스 인스턴스가 존재하지 않는 상태에서 `MySingleton.Instance`와 같이 메소드나 변수에 접근하려고 하면, 자동으로 인스턴스를 생성할 것이다.

이것은 프로젝트 내내 글로벌 변수와 일반적인 요소에 대단히 유용하고 효과적이다.

Singleton 클래스

이제 싱글톤을 상속해야 하는 어떠한 요소로부터 `Singleton` 클래스를 만들 것이다. 새로운 C# 스크립트인 Singleton.cs를 만들자. 이것을 열고, 클래스 선언 부분을 다음과 같이 바꾸자.

```
// MonoBehivior 클래스를 상속하고 T 매개변수로부터 다른 하나를 얻는다.
public class Singleton<T> : MonoBehaviour where T : MonoBehaviour
```

Singleton 클래스가 MonoBehavior를 상속받도록 선언해서 Coroutines와 같은 필요한 기능에 계속 접근할 수 있도록 한다. 그리고 어떤 클래스가 싱글톤이어야 하는지 알기 위해 MoniBehavior를 매개변수 T로써 얻는다.

기본적으로 존재하는 메소드인 Start()와 Awake() 둘 다 제거하자. 여기서는 필요하지 않다.

이제 새로운 Singleton 클래스에 필요한 글로벌 변수를 선언하자.

```
// T 클래스의 현재 인스턴스를 저장할 것이다.
private static T _instance;

//앱이 현재 닫히고 있는 중인지 알기 위해 사용할 것이다.
private static bool appIsClosing = false;
```

필요한 변수를 선언했으니, 오버라이드된 getter 메소드를 이용해서 T의 static 인스턴스를 선언하자. 오버라이드된 getter 메소드는 인스턴스에 접근할 때마다 다음과 같이 동작한다.

- 앱이 현재 닫히는 중이라면 null을 반환하고 아무것도 하지 않는다. 그리고 앱이 스스로 닫히게 한다.
- T 컴포넌트가 씬에 없으면 새로 만들고, 그것을 사용한다.
- 씬에 이미 컴포넌트가 존재한다면 새로 만들지 않고, 이미 존재하는 것을 사용한다.

이것은 씬에 T의 유일한 인스턴스가 항상 존재하고, 필요하다면 언제든지 인스턴스를 생성할 수 있다는 것을 의미한다.

위 코드에 이어서 다음 public static 글로벌 변수를 추가하자.

```
// T의 public 인스턴스, 어디에서든 접근 가능하다.
public static T Instance
{
```

```
    // 오버라이드된 getter 메소드를 사용한다.
    get
    {
      // 앱이 닫히는 중이라면…
      if (appIsClosing)
      {
        //... null을 반환하고, 더 이상 진행하지 않는다.
        return null;
      }

      // _instance가 할당되지 않았다면…
      if (_instance == null)
      {
        //... 씬에 이미 인스턴스가 존재하는지 확인한다.
        _instance = (T) FindObjectOfType(typeof(T));

        // 존재하지 않는다면? 새로 만든다!
        if (_instance == null)
        {
          // 새로운 게임 오브젝트를 생성한다...
          GameObject newSingleton = new GameObject();

          //... 이것에 T 컴포넌트를 추가한다.
          _instance = newSingleton.AddComponent<T>();

          // 이것의 이름을 T 클래스의 이름으로 바꾼다.
          newSingleton.name = typeof(T).ToString();
        }
        // 이것을 DontDestroyOnLoad로 표시한다.
        DontDestroyOnLoad(_instance);
      }
      // 마지막으로 _instance를 반환한다.
      return _instance;
    }
  }
```

지금부터 Singleton 클래스를 상속받는 어떤 스크립트에 AnyScript.Instance와 같이 접근하면, 그것의 인스턴스를 새로 생성하거나 이미 존재하는 것을 얻은 다음 DontDestroyOnLoad로 표시하여서 씬이 바뀌더라도 유지될 것이다.

보안을 위해서 인스턴스를 DontDestroyOnLoad로 표시하는 것은 Start()에서 할 것이다. 그리고 씬에서 스크립트의 또 다른 인스턴스가 발견된다면 이미 하나가 존재하므로 파괴할 것이다. Singleton.cs 스크립트에 다음 Start() 메소드를 추가하자.

```
// 모든 싱글톤 클래스에서 시작될 때
public void Start()
{
  // 씬 안의 모든 싱글톤의 인스턴스를 얻는다.
  T[] allInstances = FindObjectsOfType(typeof(T)) as T[];

  // 하나 이상 인스턴스가 존재한다면
  if(allInstances.Length > 1)
  {
    // 발견된 인스턴스에 각각에 대해...
    foreach(T instanceToCheck in allInstances)
    {
      // 발견된 인스턴스가 현재 인스턴스가 아니라면
      if(instanceToCheck != Instance)
      {
        // 파괴한다.
        Destroy(instanceToCheck.gameObject);
      }
    }
  }
  // 존재하는 인스턴스를 DontDestroyOnLoad로 표시한다.
  DontDestroyOnLoad((T) FindObjectOfType(typeof(T)));
}
```

MenuManager.cs 스크립트에 Start() 메소드가 없어야 한다. 그렇지 않으면 이것이 Singleton.cs의 Start() 메소드를 오버라이드해서 DontDestroyOnLoad 속성이 적용되지 않을 것이다.

MenuManager 또는 Singleton 클래스를 상속받는 다른 스크립트 안에서 Start() 메소드가 필요하다면, 그것의 첫 번째 Start() 명령어는 다음과 같아야 한다.

base.Start();

이렇게 하면 Singleton 클래스의 Start() 메소드는 항상 앞에서 만든 커스텀 클래스의 Start() 명령어가 실행되기 전에 실행될 것이다.

이제부터는 굳이 코드를 통해서 스크립트에 접근하지 않더라도, 씬이 바뀌어도 계속해서 유지될 것이다.

마지막으로 Singleton.cs 스크립트에서 해결해야 하는 문제가 있다. 유니티가 종료되면 오브젝트가 랜덤한 순서로 파괴되는 것이다. 어떤 스크립트가 `MenuManager.Instance`가 파괴된 후에 이것을 호출한다면, 이는 에디터 씬에 이상한 유령 오브젝트가 생성할 것이다. 그리고 이 유령 오브젝트는 플레이 모드가 종료되더라도 여전히 남아 있을 것이다.

`bool appIsClosing` 변수를 사용해서 이러한 유형 오브젝트가 생성되는 것을 방지하자. Singleton.cs 스크립트에 다음과 같이 `OnApplicationQuit()` 메소드를 추가하자.

```
// 애플리케이션이 종료될 때
void OnApplicationQuit()
{
  //... appIsClosing을 true로 설정한다.
  appIsClosing = true;
}
```

애플리케이션이 종료되고 있을 때는 싱글톤이 더 이상 인스턴스를 생성하지 않고 `null`을 반환할 것이다. 이젠 버그 유령을 피해서 깔끔하게 애플리케이션을 종료할 수 있게 되었다.

다음으로 앞에서 만든 Singleton.cs를 이용해서 MenuManager.cs 스크립트를 구현해보자.

MenuManager 구현

`MenuManager` 클래스가 `Singleton` 클래스를 상속하도록 해야 한다. MenuManager.cs 스크립트를 열어보자.

```
public class MenuManager : MonoBehavior {
```

앞의 클래스 선언 부분을 다음과 같이 바꾸자.

```
public class MenuManager : Singleton<MenuManager> {
```

이제 UI Root 게임 오브젝트와 이것의 모든 자식 오브젝트는 씬이 바뀌더라도 유지될 것이다. 유니티 플레이 버튼을 눌러보자. 메인 메뉴의 Play 버튼을 누르더라도 UI 루트가 유지되는 것을 계층 뷰를 통해 확인할 수 있다. 하지만 게임 뷰로 진입하더라도 환영 인사 텍스트가 여전히 표시되는 문제가 생겼다.

환영 인사 텍스트 제거

이젠 메인 메뉴가 씬이 바뀌는 동안에도 파괴되지 않는다. 그러나 환영 인사 텍스트가 게임 씬 안에서도 계속해서 표시된다. Play 버튼의 두 번째 `DisappearOnClick` 컴포넌트를 사용해서 이것을 사라지게 만들자.

1. UI Root ➤ Main ➤ Buttons ➤ Play 게임 오브젝트를 선택한다.
2. 인스펙터 뷰 아래쪽에 있는 Add Component 버튼을 클릭한다.
3. 검색창에 dis를 입력하여 컴포넌트를 검색한다.
4. Disappear On Click 컴포넌트를 선택한 후 Enter 키를 누르거나 마우스로 클릭한다.
5. UI Root ➤ Welcome 게임 오브젝트를 Target 필드로 드래그한다.

Play 버튼이 눌러질 때 이전 UI가 유지되더라도 게임 씬에 아무것도 표시되지 않는다. 이젠 유지된 UI 요소에 접근할 수 있고, 메인 메뉴와 옵션 페이지를 아무 때나 표시할 수 있을 것이다.

요약

4장에서는 코드를 통해서 NGUI 이벤트 시스템을 이용하는 방법을 배웠다. EventDelegate.Set()을 사용해서 콜백 메소드를 이벤트에 할당하였고, 코드만을 이용해서 이펙트를 갖는 트윈을 생성했다. 툴팁 레퍼런스 오브젝트도 만들었으며, 로컬라이즈된 툴 팁을 표시하기 위해 OnTooltip() 이벤트 메소드를 사용했다.

public EventDelegate 변수를 이용하면 인스펙터 뷰를 통해서 간단한 드래그-앤-드랍으로 이벤트에 콜백 메소드를 할당할 수 있다는 것을 배웠다. 이러한 콜백 메소드가 public과 non-static 메소드인 경우에만 인스펙터 뷰를 통해 접근할 수 있다는 것을 명심하자.

메인 메뉴와 옵션 페이지에서 키보드와 컨트롤러가 호환되도록 UIKey Binding과 UIKey Navigation 컴포넌트를 사용하고 설정했다.

마지막으로 MenuManager이 Singleton 클래스를 상속받도록 해서 씬이 바뀌더라도 UI Root 게임 오브젝트가 유지되게 했다.

다음은 애셋과 폰트를 이용해서 UI를 커스터마이즈하는 방법을 배울 시간이다. 5장으로 이동하자.

5

아틀라스와 폰트 커스터마이제이션

이제까지 만들었던 모든 위젯에는 NGUI 기본 아틀라스를 사용했다. 5장에서는 새로운 아틀라스Atlas를 만들고 애셋Asset을 추가하는 방법을 배울 것이다. 구체적으로 다음의 주제들을 살펴볼 것이다.

- 아틀라스 이해하기
- 새로운 아틀라스 만들기
- 아틀라스에 스프라이트(노멀, 슬라이스, 타일) 추가하기
- 다이나믹 폰트와 비트맵 폰트 이해하기
- 프로젝트에 새로운 커스텀 폰트를 추가하기
- 스크린에 큰 텍스처를 아틀라스에 저장하지 않고 표시하기

이러한 새로운 애셋들을 메인 메뉴의 play, options, exit 버튼에 아이콘을 추가하기 위해 사용할 것이다. 또한 윈도우의 배경을 다르게 바꾸고 UI에 새로운 폰트를 추가할 것이다.

텍스처 아틀라스

텍스처 아틀라스는 하위 이미지를 포함하는 커다란 이미지다. 이러한 하위 이미지는 게임 안의 2D 또는 3D 오브젝트를 위한 실제 텍스처이고, 오브젝트의 텍스처 좌표를 수정하여 렌더링될 수 있다. 텍스처 좌표는 텍스처 아틀라스의 어느 부분이 사용되어야 하는지 알려준다.

텍스처 아틀라스를 사용하면 성능을 향상시킬 수 있다. 자주 사용되는 20개의 텍스처를 GPUGraphics Processing Unit에 의해 처리되는 커다란 하나의 텍스처로 저장하는 것은, 20개의 텍스처를 따로 처리하는 것 보다 빠르다. 이 방법은 20개의 다른 텍스처들을 단 한 번의 드로우 콜로 렌더링할 수 있게 한다.

이 텍스처들은 다양한 크기를 가질 수 있다. 하지만 16×16, 32×32, 64×64와 같이 2의 거듭제곱 크기를 갖는 텍스처를 사용하면 GPU가 더 쉽게 처리할 수 있다. 텍스처들이 GPU로 보내지기 전에 특정한 순서로 정렬되어야 하기 때문이다.

유니티 텍스처 크기의 최대값은 4096×4096이다. 따라서 NGUI 아틀라스의 최대 크기 또한 4096×4096픽셀이다. 이는 버튼, 아이콘 등과 같이 반복되어 사용되는 UI 요소들에 충분한 크기이다.

폰트도 아틀라스에 저장할 수 있다. 아틀라스에 저장된 모든 문자들은 비트맵 텍스처에 저장되고, 동일한 아틀라스에 있는 다른 스프라이트와 함께 동일한 드로우 콜로 렌더링된다.

UI의 이미지 배경과 같은 큰 텍스처를 표시해야 할 경우에는 이 텍스처를 아틀라스에 추가하는 대신 `UITexture` 컴포넌트를 사용하는 것을 추천한다.

아틀라스 프리팹

NGUI에서 아틀라스 프리팹은 스프라이트와 폰트를 포함한다. 이것은 다음 요소들로 구성된다.

- 모든 스프라이트와 폰트를 포함하는 커다란 텍스처 파일
- 텍스처 파일이 할당된 머티리얼Material과 특정한 셰이더

아틀라스 프리팹은 `UIAtlas` 컴포넌트를 갖는다. 이 컴포넌트는 큰 텍스처 안에 있는 스프라이트의 위치와 크기 정보를 저장한다.

이 프리팹 덕분에 여러 개의 머티리얼과 각각의 작은 텍스처들을 사용하는 방법 대신 모든 스프라이트에 동일한 머티리얼과 아틀라스(큰 텍스처)를 사용할 수 있다.

새 아틀라스 생성

새로운 스프라이트와 폰트를 갖는 아틀라스를 만들어보자. 일단 Atlas Maker를 사용할 것이다.

Atlas Maker

먼저, Atlas Maker를 열어보자.

1. 다음 스크린샷과 같이 NGUI > Open > Atlas Maker로 이동한다.

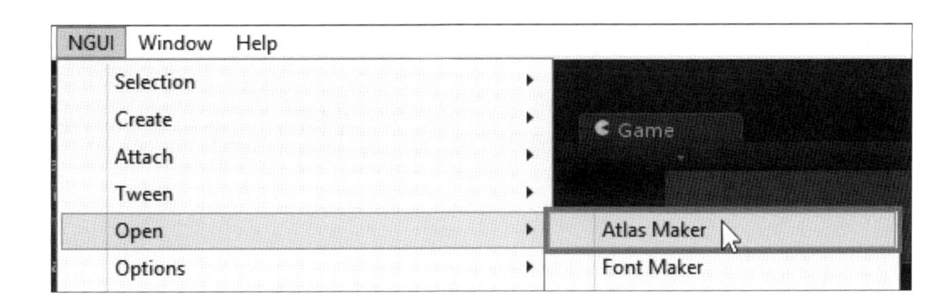

2. 다음 스크린샷과 같은 윈도우가 나타날 것이다.

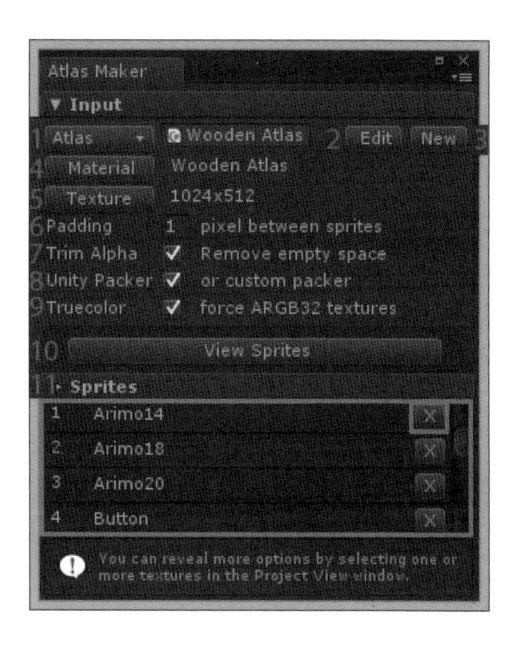

앞의 스크린샷과 같이 Atlas Maker 윈도우는 다음의 매개변수들을 갖는다.

1. Atlas: 이것은 현재 선택된 아틀라스 프리팹이다. 이 버튼을 클릭하면 원하는 아틀라스를 선택할 수 있다.
2. Edit: 이 버튼은 프로젝트 뷰에서 아틀라스가 선택되지 않은 경우에만 표시된다. 클릭하면 자동으로 아틀라스 프리팹을 선택하고 인스펙터 뷰에 매개변수들을 표시한다.
3. New: 이 버튼은 현재 아틀라스 프리팹을 선택 해제하고, 매개변수를 초기화한다. 그리고 새로운 Create 버튼을 표시한다. 새로운 아틀라스를 만들기 위해 사용할 것이다.
4. Material: 이 버튼을 누르면 아틀라스를 사용하는 모든 요소를 드로우하기 위해 사용된 머티리얼이 선택되고, 인스펙터 뷰에서 이것의 매개변수를 조작할 수 있다. 일반적으로 Unlit shader를 빠르게 사용하려고 이렇게 한다. 기본적으로는 Unlit – Transparent Colored를 통해 사용할 수 있다.

5. Texture: 이 버튼을 누르면 아틀라스의 텍스처를 선택할 수 있고, 인스펙터 뷰에 임포트 매개변수가 표시된다.
6. Padding: 각 스프라이트를 분리하는 거리를 픽셀 단위로 입력한다.
7. Trim Alpha: 이 옵션을 켜면 적은 공간을 사용하기 위해 투명한 픽셀을 갖는 스프라이트를 잘라낸다.
8. Unity Packer: 이 옵션을 켜면 아틀라스가 유니티 기본 Texture Packer를 이용해서 처리된다. 외부 Texture Packer를 사용하는 경우에는 이 옵션을 꺼야 한다.
9. Truecolor: 높은 퀄리티와 색 충실도를 위해 ARGB32 텍스처를 사용하도록 설정한다.
10. View Sprites: 이 버튼을 클릭해서 모든 스프라이트를 다른 윈도우로 표시할 수 있다. 이렇게 표시된 스프라이트 프리뷰 윈도우에서 더블클릭으로 스프라이트를 선택할 수 있고, 선택된 스프라이트의 매개변수들이 인스펙터 뷰에 표시될 것이다.
11. Sprites: 아틀라스에 포함된 스프라이트의 리스트를 나타낸다. 표시된 스프라이트를 클릭해서 선택하거나 X 버튼을 눌러서 삭제할 수 있다.

Atlas Maker를 살펴보았으니, 이것을 사용해서 아틀라스를 만들어보자.

새 아틀라스

이제 새로운 Game 아틀라스를 만들 것이다. 이 아틀라스는 앞으로의 게임을 위해 커스텀 아틀라스와 폰트를 가질 것이다. 일단 동일한 씬 안에서 여러 아틀라스를 사용하는 방법을 살펴보기 위해 기본 Wooden Atlas의 애셋을 계속해서 사용할 것이다. 새 아틀라스를 만들기 전에, 아틀라스에 채워 넣을 스프라이트가 필요하다.

필요한 애셋

http://goo.gl/zbspHe에서 Assets.zip 파일을 다운로드할 수 있다.

파일을 다운로드하고 프로젝트 폴더에 바로 압축을 풀자. 책에 나온 예제를 위해 필요한 모든 애셋들이 *YourProject*/Assets/Resources/Textures와 Fonts 폴더에 추가되었을 것이다.

필요한 애셋들을 얻었으니 이제 새 아틀라스를 만들어보자.

Game 아틀라스

먼저, Atlas Maker 윈도우의 Input 그룹에 이미 아틀라스가 선택되어 있다면 다음 스크린샷과 같이 New 버튼(1)을 클릭해야 한다.

아틀라스가 선택되어 있지 않다면, New 버튼이 비활성화되어 있을 것이다. 안전하게 다음 단계로 이동하자.

새 아틀라스를 만들기 위해 Icon_Play 스프라이트를 사용할 것이다. 프로젝트 뷰에서 Assets/Resources 폴더로 이동해 Icon_Play 파일을 선택하자. 플레이 아이콘 파일을 선택하면 다음 스크린샷과 같이 Atlas Maker 윈도우의 Create 버튼이 활성화되고, Icon_Play 스프라이트가 추가될 것임을 알려줄 것이다.

Create 버튼을 클릭하면 아틀라스 프리팹을 저장할 위치를 선택할 수 있는 Save As 윈도우가 나타난다.

1. Assets/Resources 폴더로 이동한다.
2. 새 Atlas 폴더를 만들어서 들어간다.
3. 프리팹 파일 이름으로 Game을 입력하고, Save 버튼을 클릭한다.

Game 아틀라스가 만들어져서 자동으로 선택되었을 것이다. 프로젝트 뷰에서 Game 머티리얼, 아틀라스 프리팹, 텍스처를 확인할 수 있다.

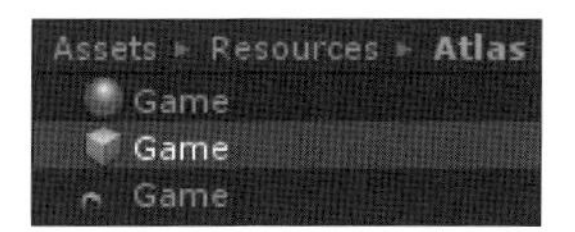

Atlas Maker 윈도우에서 View Sprites 버튼을 클릭하자. 다음 스크린샷과 같이 Icon_Play 스프라이트가 들어 있는 스프라이트 선택 윈도우가 나타날 것이다.

아틀라스에 더 많은 스프라이트를 추가하기 전에 Play 버튼에 이 플레이 아이콘을 추가해보자.

원하는 만큼 아틀라스를 만들 수 있지만, 여러 개의 아틀라스를 동시에 렌더링하는 것은 드로우 콜의 수를 늘린다는 것을 기억하자.

플레이 아이콘

새로운 플레이 아이콘을 추가해보자. Play 버튼에 새로운 아이콘을 표시하기 위해 스프라이트 위젯을 자식 오브젝트로 만들고 설정할 것이다.

1. UI Root > Main > Buttons > Options 게임 오브젝트를 선택한다.
2. Alt + Shift + S 단축키를 눌러서 새로운 스프라이트를 만든다.

3. 생성된 스프라이트 게임 오브젝트의 이름을 Icon으로 바꾼다.
4. 인스펙터 뷰에서 UISprite 컴포넌트에 있는 Atlas 버튼을 클릭한다.
5. Select an Atlas 팝업 윈도우에서 Game 아틀라스를 선택한다.
6. 인스펙터 뷰에서 UISprite 컴포넌트에 있는 Sprite 버튼을 클릭한다.
7. Icon_Play 스프라이트를 더블클릭해서 선택한다.

이제 다음 스크린샷과 같이 Play 버튼에 새로운 플레이 아이콘이 생겼을 것이다.

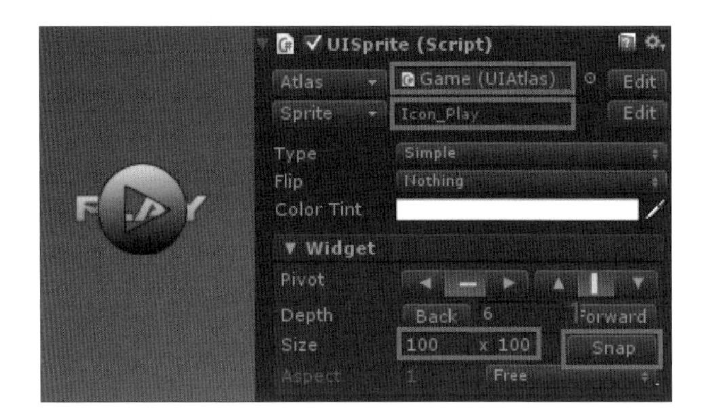

위의 스크린샷과 같이 플레이 아이콘이 다소 작을 수도 있다. 플레이 아이콘의 원래 크기는 384×384 이지만 표시되는 크기는 100×100픽셀이기 때문이다.

여기서 Snap 버튼(1)을 사용하면 된다. 이 버튼을 클릭하면 플레이 아이콘의 크기가 다음 스크린샷처럼 원래 크기로 바뀐다.

이 아이콘은 흑백이므로 NGUI 컬러 틴트로 색상을 바꿀 수 있다. 버튼의 배경에 맞게 녹색을 띄도록 만들자.

1. Main > Buttons > Play > Icon 게임 오브젝트를 선택한다.
2. Color Tint를 {R: 175, G: 255, B: 190, A: 255}로 설정한다.

첫 번째 커스텀 애셋을 UI에 추가하는 데 성공했다. 이젠 더 많은 스프라이트를 Game 아틀라스에 추가해보자.

아틀라스에 스프라이트 추가

Game 아틀라스에 더 많은 스프라이트를 추가해보자. 세 가지 종류의 스프라이트를 추가할 것이다.

- Simple: 플레이 아이콘과 같이 화면에 그냥 표시되는 이미지이다.
- Sliced: 9개의 부분으로 나누어진 이미지이다. 코너를 잡아당겨서 늘리지 않아도 이미지의 크기를 조절할 수 있다.
- Tiled: 타일 패턴이 계속해서 반복된다.

심플 스프라이트부터 시작해보자.

심플 스프라이트

Options와 Exit 버튼에 아이콘을 추가해보자. 사용할 심플 스프라이트는 다음 그림과 같이 생겼다.

먼저 Game 아틀라스에 위의 새로운 스프라이트를 갱신하자.

아틀라스 갱신

Game 아틀라스에 새로운 스프라이트를 추가하자.

1. NGUI ➤ Open ➤ Atlas Maker로 이동한다.

프로젝트 뷰 안에서 마우스 오른쪽 클릭을 하면 표시되는 메뉴에서 Atlas Maker를 선택할 수도 있다.

2. 다음 스크린샷과 같이 Game 아틀라스가 선택된 상태인지 확인한다.

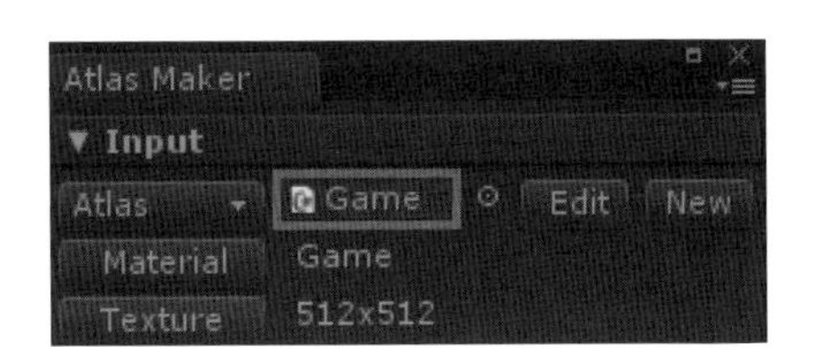

이제 프로젝트 뷰에서 Assets/Resources/Textures에 위치한 Icon_Options와 Icon_Exit 파일을 모두 선택하자.

프로젝트 뷰에서 텍스처 파일들을 선택하면 Atlas Maker에 다음 스크린샷과 같이 Add/Update 버튼이 나타날 것이다.

Add/Update 버튼을 클릭하면 선택한 텍스처 파일들이 Game 아틀라스로 추가될 것이다. 이제 이렇게 추가한 텍스처를 씬에 추가해보자.

옵션 아이콘

Play 버튼에 아이콘을 추가한 것과 비슷하게, Options 버튼에 새로운 아이콘을 표시하기 위해 스프라이트 위젯을 자식 오브젝트로 만들 것이다.

1. UI Root > Main > Buttons > Play 게임 오브젝트를 선택한다.
2. Alt + Shift + S 단축키를 눌러서 새로운 스프라이트를 만든다.
3. 생성된 스프라이트 게임 오브젝트의 이름을 Icon으로 바꾼다.
4. 스프라이트를 Game 아틀라스에 있는 Icon_Options로 바꾼다.
5. Size가 384×384 인지 확인한다(Snap 버튼을 사용할 수 있다).
6. Color Tint를 {R: 255, G: 255, B: 180, A: 255}로 설정한다.

이제 게임 뷰의 Options 버튼이 다음 스크린샷처럼 바뀌었을 것이다.

Exit 버튼 아이콘도 바꿔보자.

종료 아이콘

Exit 버튼에도 스프라이트 위젯을 자식 오브젝트로 만들자.

1. UI Root > Main > Buttons > Exit 게임 오브젝트를 선택한다.
2. Alt + Shift + S 단축키를 눌러서 새로운 스프라이트를 만든다.

3. 생성된 스프라이트 게임 오브젝트의 이름을 Icon으로 바꾼다.
4. 스프라이트를 Game 아틀라스에 있는 Icon_Exit로 바꾼다.
5. UISprite 컴포넌트에 있는 Snap 버튼을 클릭하고 Size가 256×256인지 확인한다.
6. Aspect를 BasedOnHeight로 바꾼다.
7. Height를 118로 설정한다. Width는 자동으로 같은 값으로 설정될 것이다.
8. Transform을 {-288, 0, 0}으로 설정한다.
9. Color Tint를 {R: 255, G: 190, B: 190, A: 255}로 설정한다.

이번에는 아이콘을 복사해서 버튼의 오른쪽으로 이동시키자.

1. Ctrl + D 단축키를 눌러서 Icon 게임 오브젝트를 복사한다.
2. Tranform을 {288, 0, 0}으로 설정한다.
3. UISprite 컴포넌트의 Flip을 Horizontally로 바꾼다.

이제 Exit 버튼이 아래와 같이 바뀌었을 것이다.

아틀라스에 심플 스프라이트를 갱신하고 씬에 추가하는 방법을 배웠다. 이번에는 슬라이스 스프라이트를 추가하고 설정하는 방법을 살펴보자.

슬라이스 스프라이트

이제 Game 아틀라스에 슬라이스 스프라이트를 추가하는 방법을 배울 것이다. 먼저 Game 아틀라스에 이것을 추가하고, 그 다음에 슬라이싱 매개변수를 설정할 것이다.

아틀라스 갱신

아틀라스에 새로운 슬라이스 스프라이트 두 개를 갱신하자.

1. NGUI ➤ Open ➤ Atlas Maker로 이동해서 Atlas Maker를 연다.
2. 프로젝트 뷰에서 Assets/Resources/Textures에 위치한 Background_Window와 Background_Button 텍스처 파일을 모두 선택하자.
3. Atlas Maker에서 Add/Update을 클릭한다.

새로운 스프라이트들이 Game 아틀라스에 추가되었으니, 이제 이것들의 슬라이싱 매개변수를 설정해보자.

버튼 배경

먼저 Play 버튼 배경을 Background_Button 스프라이트로 바꾸어 볼 것이다.

1. UI Root ➤ Main ➤ Buttons ➤ Play 게임 오브젝트를 선택한다.
2. UISprite 컴포넌트의 Atlas를 Game 아틀라스로 바꾼다.
3. Sprite를 Background_Button 스프라이트로 바꾼다.

`UISprite` 컴포넌트의 Type이 Sliced로 설정되어 있더라도, 버튼 배경은 심플 스프라이트로 설정된 것처럼 늘어난다. 이것은 보기에 좋지 않다.

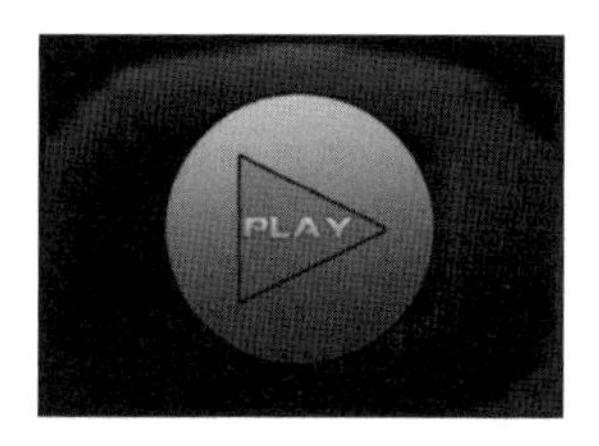

이것은 스프라이트의 슬라이싱 매개변수가 설정되어 있지 않기 때문이다. 수정해보자.

Play 버튼을 선택하고 Sprite 필드 옆에 있는 Edit 버튼(1)을 클릭한다.

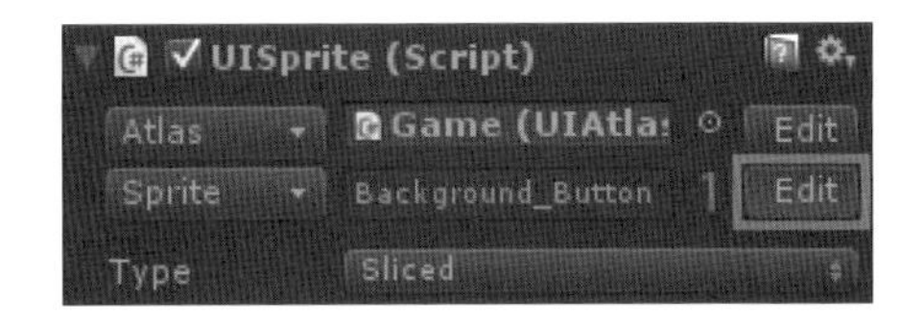

인스펙터 뷰에 스프라이트의 매개변수가 나타날 것이다.

스프라이트 매개변수

이제 다음 스크린샷처럼 인스펙터 뷰에 스프라이트 매개변수가 나타났을 것이다.

설정하기 전에 먼저 이 매개변수들이 무엇인지 알아보자.

1. Atlas Type: 아틀라스 타입을 선택한다.
   - Normal: 기본값으로, 보통의 아틀라스처럼 동작한다.
   - Reference: 다른 아틀라스를 가리키는 레퍼런스로 아틀라스로서, 런타임에 또 다른 아틀라스로 변경될 수 있다.
2. Material: 애셋을 랜더링하기 위해 사용할 머티리얼을 드래그해서 선택할 수 있다.
3. TP Import: 아틀라스를 만들기 위해 Texture Packer와 같은 외부 프로그램을 사용할 때 유용하다. 스프라이트 리스트가 들어있는 .txt 파일을 드래그해서 놓으면 모든 스프라이트들이 자동으로 추가된다.
4. Pixel Size: `MakePixelPerfect()`가 실행되면 위젯의 차원에 곱해질 인수이다. 예를 들어, Pixel Size가 0.5인 경우에는 512×512 스프라이트가 256×256 크기의 공간을 차지한다.
5. Sprite Details: 선택한 스프라이트의 매개변수를 설정할 수 있다.
   - Dimensions: 아틀라스 내에서 스프라이트의 위치와 크기이다.
   - Border: 9-슬라이스 스프라이트에서 사용된다. 이 매개변수는 크기가 커지거나 작아지거나 오직 한 방향으로만 늘어나야 하는 부분들이 어디에 있는지 정의한다.
   - Padding: 각 면을 위한 픽셀 오프셋이다. 피벗을 조절하기 위해 사용된다.
   - Duplicate: 아틀라스 안에 있는 스프라이트의 복사본을 만든다.
   - Save As…: 현재 스프라이트를 추출해서 .png 파일로 저장한다.
6. Modify: 스프라이트에 직접 효과를 줄 수 있다.
   - Background: 사용 가능한 효과에 사용될 배경 색상이다.
   - Effects buttons: 이 버튼을 사용하면 스프라이트에 그림자, 테두리 또는 윤곽선과 같은 효과를 줄 수 있다. 이 효과는 Background 색상을 사용할 것이다. 한번 효과를 적용하면 되돌릴 수 없으므로, 효과를 주기 전에 Duplicate를 사용해서 복사본을 만드는 것을 추천한다.

7. Return to Play: 스프라이트 매개변수 디스플레이에 접근하기 전에 작업했던 오브젝트로 돌아가게 해준다. 지금은 이 버튼을 누르면 Play 버튼으로 돌아갈 것이다.

이제 스프라이트 매개변수가 무엇인지 살펴보았으니 9-슬라이스 스프라이트를 갖도록 설정해보자.

9-슬라이스 설정

9-슬라이스 스프라이트를 사용하기 위해 설정해야 하는 매개변수는 `Border`이다. 다음 스크린샷처럼 Left, Right, Button, Top 매개변수를 모두 10으로 설정한다.

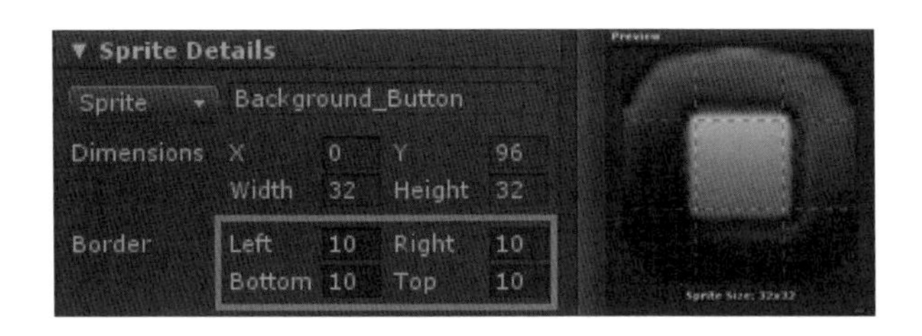

위 스크린샷에서 보이는 것처럼 프리뷰 윈도우가 각 면을 10픽셀로 슬라이스하는 점선을 표시할 것이다. 이제 Play 버튼이 좀 더 나아졌다.

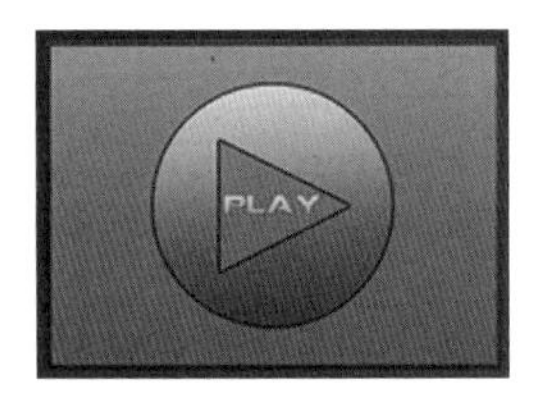

이제 씬의 모든 버튼을 위한 배경을 바꿀 수 있다.

1. 계층 뷰에서 검색창에 t:uibutton을 입력해서 모든 `UIButton`을 표시한다.
2. 검색 결과에서 Checkbox를 제외한 모든 게임 오브젝트를 선택한다.
3. 인스펙터 뷰에서 UISprite 컴포넌트에 있는 Atlas 버튼을 클릭하고 Game 아틀라스를 선택한다.

4. Sprite 버튼을 눌러서 스프라이트 선택 윈도우를 표시한다.
5. Background_Button 스프라이트를 더블클릭해서 선택한다.

또한 사운드 체크박스와 닉네임 입력 필드를 위한 배경도 설정해보자.

1. UI Root ➤ Options ➤ Sound ➤ Checkbox ➤ Background를 선택한다.
2. Ctrl 키를 누른 상태에서 Options ➤ Nickname ➤ Input을 추가 선택한다.
3. UISprite 컴포넌트의 아틀라스를 Game 아틀라스로 바꾼다.
4. Sprite를 Background_Button 스프라이트로 바꾼다.

이제 모든 버튼은 Background_Button 스프라이트를 사용하고, 같은 모양을 갖는다. 다음으로 타일 스프라이트를 사용하는 방법을 배우자.

타일 스프라이트

타일 스프라이트는 무한히 반복될 수 있는 패턴과 같다. 이것은 나무와 같은 다른 머티리얼을 모방하는 데 유용하다. 먼저 아틀라스에 텍스처 파일을 추가하고, 씬의 위젯에 할당할 것이다.

아틀라스 갱신

이번에는 메인 메뉴 배경에 나무로 된 느낌을 주기 위해 오버레이 텍스처를 사용할 것이다.

1. NGUI ➤ Optn ➤ Atlas Maker로 이동해서 Atlas Maker를 연다.
2. 프로젝트 뷰에서 Assets/Resources/Textures/Overlay_Wood를 선택한다.
3. Atlas Maker에 있는 Add/Update 버튼을 클릭한다.

Game 아틀라스에 타일 스프라이트를 추가했다. 이제 이것을 씬에 사용하고 메인 윈도우에 나무로 된 느낌을 주러 가보자.

나무 텍스처

앞에서 추가한 타일 텍스처를 사용해서 나무로 된 느낌을 만들어보자.

1. UI Root > Main > Background > Stripes 게임 오브젝트를 선택한다.
2. 이것의 이름을 Wood로 바꾼다.
3. UISprite 컴포넌트의 아틀라스를 Game 아틀라스로 바꾼다.
4. Sprite를 Overlay_Wood 스프라이트로 바꾼다.
5. Depth가 -4로 설정되어 있는지 확인한다.
6. Color Tint를 {R: 255, G: 190, B: 150, A: 210}으로 설정한다.

이제 다음 스크린샷처럼 메인 메뉴가 나무로 된 느낌의 오버레이 텍스처를 가질 것이다.

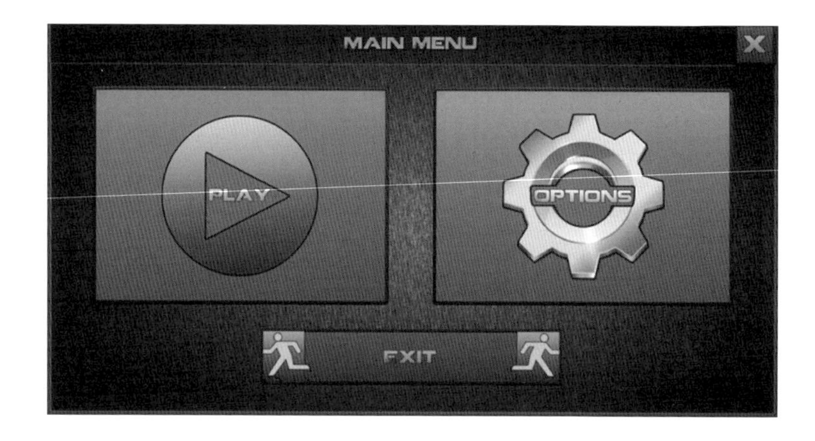

Options 페이지 배경에도 이것을 적용해보자.

1. UI Root > Main > Background > Wood 게임 오브젝트를 선택한다.
   - `UISprite` 컴포넌트의 이름 위에서 마우스 오른쪽 버튼을 클릭한다.
   - 마우스 오른쪽 또는 왼쪽 버튼을 클릭해서 Copy Component 옵션을 선택한다.

2. UI Root ➤ Options ➤ Background ➤ Stripes 게임 오브젝트를 선택한다.
   ○ 이름을 Wood로 바꾼다.
   ○ UISprite 컴포넌트의 이름 위에서 마우스 오른쪽 버튼을 클릭한다
   ○ 마우스 오른쪽 또는 왼쪽 버튼을 클릭해서 Paste Component Values 옵션을 선택한다.

Paste Component Values 옵션은 앵커에도 복사된다. 이것은 Options 페이지 배경이 메인 메뉴 배경에 앵커가 설정된 것을 의미한다. 이것을 수정해보자.

1. UI Root ➤ Options ➤ Background ➤ Wood 게임 오브젝트를 선택한다.
2. 앵커의 Target 필드에 UI Root ➤ Options ➤ Background를 드래그한다.

스프라이트가 반복될 때마다 작은 검은색 선이 나타나는 것을 확인할 수 있다. 이것은 배경에 검은 격자 무늬를 나타나게 하며, 타일 스프라이트 각 면의 Border 값을 1로 설정해서 사라지게 할 수 있다.

1. UI Root ➤ Main ➤ Background ➤ Wood 게임 오브젝트를 선택한다.
2. UISprite 컴포넌트의 Sprite 필드 옆에 있는 Edit 버튼을 클릭한다.
3. 4개의 Border 매개변수를 모두 1로 설정한다.

이제 나무 텍스처가 완벽하게 타일링되었다. 심플, 슬라이스, 타일 스프라이트를 추가하는 방법을 모두 배웠으니, 이젠 폰트에 대해 살펴볼 차례이다.

폰트

폰트는 UI와 기본 NGUI 비트맵 폰트에 사용된다. NGUI에서는 비트맵 또는 다이나믹 포맷의 커스텀 폰트를 자유롭게 추가할 수 있다. Font Maker와 Assets.zip 파일에 있는 폰트를 사용하는 방법을 배워보자.

.zip 파일 안에는 두 개의 폰트가 들어 있었고, Assets/Resources/Fonts 폴더에 추가되었다. 여기서는 다이나믹 폰트인 Gooddog과 비트맵 폰트인 Lato를 사용할 것이다. 먼저 비교적 사용하기 쉬운 다이나믹 폰트로 시작해보자.

폰트가 필요하다면 www.fontsquirrel.com, www.google.com/fonts나 www.dafont.com에서 다운로드할 수 있다.

다이나믹 폰트

다이나믹 폰트Dynamic Font는 어떠한 크기로 표시되더라도 계단 현상이 일어나지 않는다. 하지만 이 폰트는 어떠한 아틀라스에도 포함되지 않기 때문에, 씬에 추가되면 적어도 하나의 드로우 콜이 더 필요하게 된다.

다이나믹 폰트는 .ttp 또는 .otf 폰트 소스 파일을 사용하며, 어떠한 조작도 필요 없이 단지 Asset 폴더에 추가하기만 하면 된다. 그러면 자동으로 레이블을 위한 폰트 선택 윈도우에 추가된다. 다이나믹 폰트를 사용해보자.

UI Root ➤ Main ➤ Buttons ➤ Play ➤ Label로 이동해서 UI Label 컴포넌트에 다음을 수행한다.

1. NGUI 버튼을 클릭하고, 타입을 Unity로 바꾼다.
2. Font 버튼을 클릭한다.
3. 폰트 선택 윈도우에서 Show All 버튼을 클릭한다.
4. GoodDog.otf를 선택한다.
5. Font Size를 80으로 바꾼다.
6. Effect 매개변수를 None에서 Outline으로 바꾼다.
7. Outline 색상을 검은색으로 바꾼다.
8. Outline 옵션의 X, Y 값을 1로 설정한다.

이제 다음 스크린샷처럼 Play 버튼이 새로운 폰트를 가질 것이다.

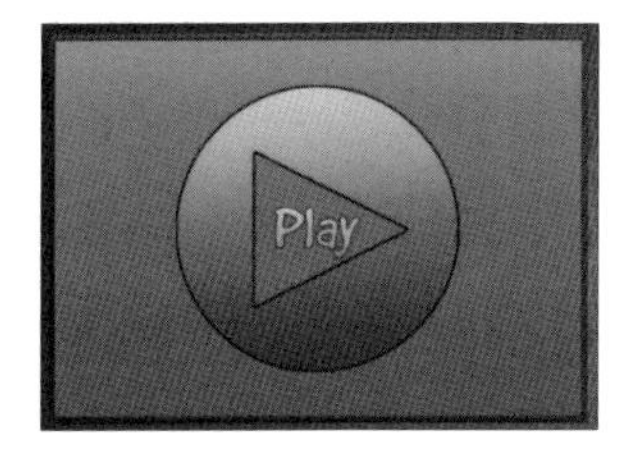

이와 같이 다이나믹 폰트는 쉽게 추가될 수 있다. 단지 폰트 선택 윈도우에 있는 폰트 리스트를 새로고침하기만 하면 새로운 폰트가 나타난다. 다음으로 비트맵 폰트를 만드는 방법을 살펴보자.

비트맵 폰트

비트맵 폰트Bitmap Font는 아틀라스 안에 포함되기 때문에 렌더링할 때 추가로 드로우 콜을 필요로 하지 않는다. 아틀라스가 씬에서 스프라이트를 표시하기 위해 이미 적어도 한 번의 드로우 콜을 사용한 것을 고려하더라도 말이다.

모든 문자는 아틀라스 안에 있는 스프라이트에 포함된다. 일단 Font Maker로 문자를 포함할 스프라이트를 만들고, 이것을 Game 아틀라스에 추가할 것이다.

Font Maker를 사용해서 다이나믹 폰트를 비트맵 폰트로 변환해야 한다. 이 도구는 각 폰트 문자를 아틀라스 안에 있는 하나의 스프라이트에 추가한다. 이것을 이용해서 다이나믹 폰트 Lato.otf를 Game 아틀라스 안에 포함된 비트맵 폰트로 변환할 것이다.

폰트 메이커

NGUI 플러그인에 포함되어 있는 폰트 메이커Font Maker는 소스 폰트 파일로부터 폰트 프리팹을 만들어서 새로운 폰트를 만드는 것을 도와준다. 이 폰트 프리팹은 `UIFont` 컴포넌트를 가지며, 자연스럽게 UIFont라고도 불린다.

NGUI ➤ Open ➤ Font Maker로 이동해서 폰트 메이커를 열자. 프로젝트 뷰에서 마우스 오른쪽 버튼을 클릭하고 NGUI ➤ Open Bitmap Font Maker로 이동해서 열 수도 있다. 다음 스크린샷과 같은 윈도우가 나타날 것이다.

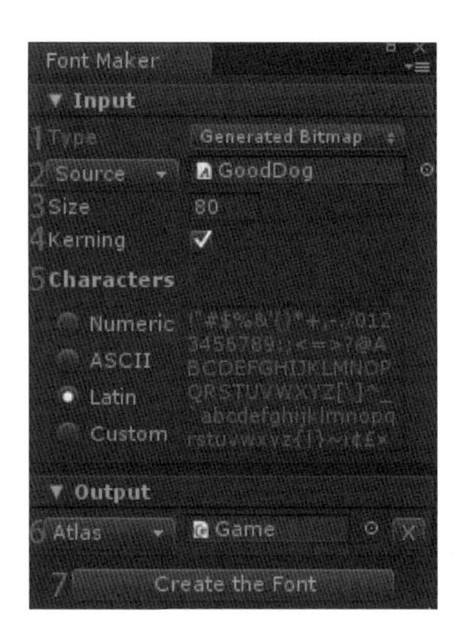

폰트 메이커의 매개변수들을 살펴보자.

1. Type: 새로운 폰트 프리팹을 만들기 위한 세 가지 입력 타입들을 선택한다.
   - Generated Bitmap: 이미 존재하는 다이나믹 폰트에서 비트맵 폰트가 생성된다.
   - Imported Bitmap: 비트맵 폰트가 특정한 비트맵에서 생성된다. 이러한 비트맵은 BMFont 또는 GlyphDesigner와 같은 소프트웨어에서 생성될 수 있다.
   - Dynamic: 다이나믹 폰트 프리팹이 생성된다. 그러나 GoodDog를 사용하면서 보았듯이, 다이나믹 폰트는 UILabel에서 직접 참조할 수 있으므로 폰트 프리팹을 만들 필요가 없다.
2. Source: 변환할 소스 폰트 파일을 선택한다.
3. Size: 비트맵 폰트를 생성할 것이기 때문에, 기본 폰트 사이즈를 직접 설정해야 한다. 레이블 폰트 사이즈를 기본값보다 늘릴 경우 계단 현상이 발생한다는 것을 기억해야 한다.

4. Kerning: 폰트로부터 커닝 값을 가져온다. 이전 문자의 커서 위치를 조정하기 위해 폰트의 특정 부분만을 가져오기를 원한다면 체크해야 한다.

커닝은 유니티의 제한으로 인해 비트맵 폰트에서만 사용 가능하다. 커스텀 폰트에서 어떠한 문자들 사이에 특수한 공간을 넣으려고 한다면, 다이나믹 폰트 대신 비트맵 폰트를 사용해야만 한다.

5. Characters: 사용 가능한 문자 집합 중 하나를 선택한다. 또한 Custom을 선택해서 선택한 문자열 집합만을 추가할 수 있다.
6. Atlas: 폰트 문자를 포함할 아틀라스를 선택할 수 있다.
7. Create the Font: 이 버튼을 클릭하면 원하는 위치에 생성된 폰트 프리팹을 저장하기 위한 탐색창이 열린다.

이제 첫 번째 비트맵 폰트를 만들어보자.

1. Font Maker Input Type을 Generated Bitmap으로 설정한다.
2. Source 버튼을 클릭하고 소스에서 Lato.ttf를 선택한다.
3. Size를 50으로 설정한다.
4. Kerning 옵션을 체크해서 문자 간격 값을 가져온다.
5. 특수 문자를 위해 문자 타입을 Latin으로 바꾼다.
6. 출력을 위해 Atlas 버튼을 누르고, Game 아틀라스를 선택한다.
7. Create the Font 버튼을 클릭한다.
8. save as 윈도우에서 Assets/Resources/Fonts 폴더로 접근한다.
9. 이름을 Lato로 입력하고, Save 버튼을 눌러서 저장한다.

이제 Lato 폰트 프리팹이 Resources/Fonts 폴더에 나타나서 자동으로 선택되었을 것이다. Game 아틀라스는 이제 모든 문자를 포함하는 Lato 스프라이트를 갖는다.

인스펙터 뷰를 보면 `UIFont` 컴포넌트를 갖는 새로운 폰트 프리팹이 보일 것이다. 이것은 자동으로 설정되어 있다.

UIFont 컴포넌트

새로 만들어진 Lato 폰트 프리팹은 다음 스크린샷과 같은 `UIFont` 컴포넌트를 갖는다.

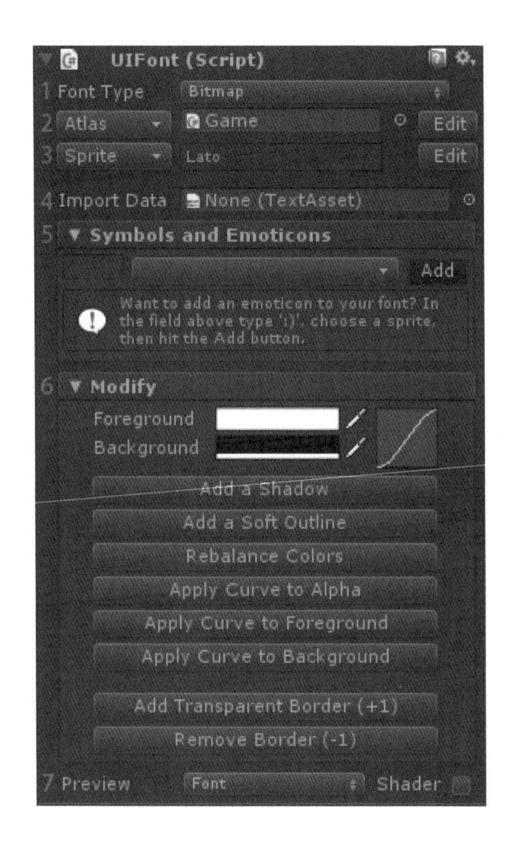

이 컴포넌트는 텍스트를 출력하기 위해 필수적인 요소들을 포함한다. 이것의 매개변수를 살펴보자.

1. Font Type: 폰트 프리팹을 위한 적절한 타입을 선택한다.
    - Bitmap: 사용할 Lato 비트맵 폰트에 적합하다.
    - Reference: 폰트가 다른 폰트를 가리키는 것을 의미한다. 예를 들어, 이 Lato 폰트가 처음에 고해상도 모바일 디바이스를 위한 크기 70인 Lato_HD 폰트를 가리키고 있더라도, 저해상도 모바일 디바이스에서는 크기 30인 Lato_SD 폰트를 가리키도록 간단하게 변경할 수 있다.
    - Dynamic: 이전에 사용한 Gooddog 다이나믹 폰트에 적합하다.
2. Atlas: 폰트 비트맵이 저장될 아틀라스가 표시되어 있어야 한다.
3. Sprite: 모든 문자를 포함하는 폰트 스프라이트를 선택한다.
4. Import Data: 폰트를 사용하기 위해 Glyph Designer 또는 GMFont를 사용했다면, 폰트 데이터를 가져오기 위해 .FNT 파일을 드래그한다.
5. Symbols and Emoticons: 폰트를 위한 이모티콘을 추가할 수 있다. 첫 번째 필드에 문자를 입력하고, 버튼으로 스프라이트를 선택한다. Add 버튼을 누르면 완료된다.
6. Modify: 스프라이트에서 한 것과 비슷하게, 폰트에 Shadow, Outline 등과 같은 효과를 추가할 수 있다.
7. Preview: 인스펙터 뷰 아래에 있는 프리뷰 윈도우에서 미리보기 원하는 것을 선택할 수 있다. 아무것도 보지 않음, 폰트, 전체 아틀라스

이제 폰트 프리팹이 어떻게 동작하는지 알았으니, 새로운 폰트를 사용해보자.

> 비트맵 폰트 문자를 가져오고, 생성하고, 수정하기 위해 BMFont(무료), Glyph Designer(유료)를 사용할 수 있다. 이러한 소프트웨어는 문자의 스프라이트를 수정해서 효과를 적용할 수 있고, Adobe Photoshop과 같은 이미지 처리 소프트웨어를 통해 문자 하나 하나를 수정할 수도 있다.

툴팁 레이블

이제 새로운 Lato 폰트를 툴팁의 레이블에 적용해보자.

1. UI Root > Tooltip > Label 게임 오브젝트를 선택한다.
2. Font 버튼을 클릭하고 새로운 Lato 폰트를 선택한다.
3. Font Size를 Lato 폰트 사이즈와 일치하게 50으로 설정한다.

툴팁에 Lato 폰트가 추가되었을 것이다. 다음으로 아틀라스 안에 저장하지 않는 큰 텍스처를 표시하는 방법을 알아보자.

큰 텍스처 표시

배경과 같은 큰 텍스처를 아틀라스에 추가하는 것은 좋은 생각이 아니다. 아틀라스의 공간을 낭비할 뿐만 아니라 배경은 그리 자주 사용되지 않기 때문에 성능 면에서도 바람직하지 못하다.

큰 텍스처를 표시하는 간단한 방법은 `UITexture` 컴포넌트를 사용하는 것이다.

UITexture 컴포넌트

메뉴의 배경을 표시하기 위해 `UITexture` 컴포넌트를 사용하자.

1. UI Root 게임 오브젝트를 선택한다.
   - Alt + Shift + N 단축키를 눌러서 빈 자식 게임 오브젝트를 만든다.
2. UI Root > GameObject를 선택한다.
   - 이름을 Background로 바꾼다.
3. 인스펙터 뷰에 있는 Add Component 버튼을 클릭한다.
4. 검색창에 texture를 입력해서 컴포넌트를 검색한다.
5. NGUI Texture를 선택해서 Enter 키를 누르거나 마우스로 클릭한다.

Background 게임 오브젝트에 `UITexture` 컴포넌트를 추가했다. 이 컴포넌트의 매개변수를 살펴보고 설정해보자.

매개변수

새로 추가한 `UITexture` 컴포넌트는 아래와 같이 8개의 매개변수를 갖는다.

1. Texture: 표시할 텍스처 파일
2. Material: 텍스처를 랜더링할 머티리얼
3. Shader: 머티리얼을 랜더링하는 데 사용할 셰이더
4. UV Rect: 텍스처를 위한 UV 좌표: Type(6)에서 선택된 타입에 따라서 X, Y 오프셋, Width, Height 값이 잘라내기 또는 타일링에 사용된다.
5. Fixed Aspect: 이것을 체크하면 표시된 텍스처가 소스 파일의 종횡비를 유지하게 한다.
6. Type: UISprite 컴포넌트와 같이, 스프라이트의 타입을 설정할 수 있다. Normal, Sliced, Tiled, filled, Advanced
7. Flip: 수평 방향 또는 수직 방향 또는 양방향으로 뒤집거나, 뒤집지 않고 표시할지 설정한다.
8. Color Tint: 텍스처의 색상을 설정한다.

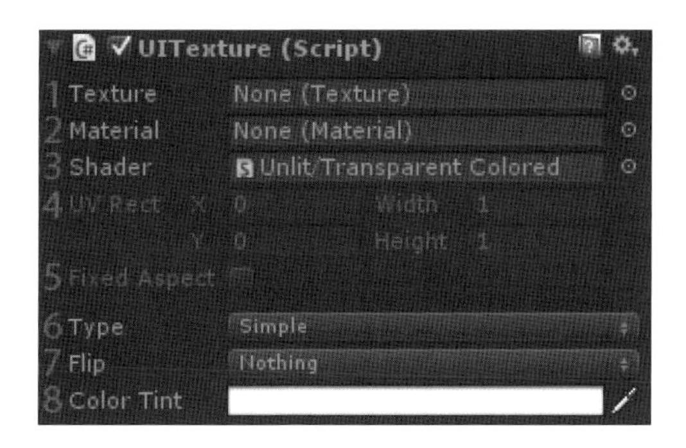

이제 UI 배경을 표시하도록 설정해보자.

설정

UI 배경으로 사용할 큰 텍스처를 표시하기 위해 UITexture 컴포넌트를 설정할 것이다.

1. UI Root > Background 게임 오브젝트를 선택한다.
2. Resources/Textures/Poly_Background를 Texture 필드로 드래그한다.
3. 스프라이트 Type를 Simple로 남겨둔다.
4. 위젯 Depth를 -5로 바꾼다.
5. Size를 1920×1080으로 설정한다.

다음 스크린샷처럼 전체 UI 배경으로 다각형 배경 이미지가 표시될 것이다.

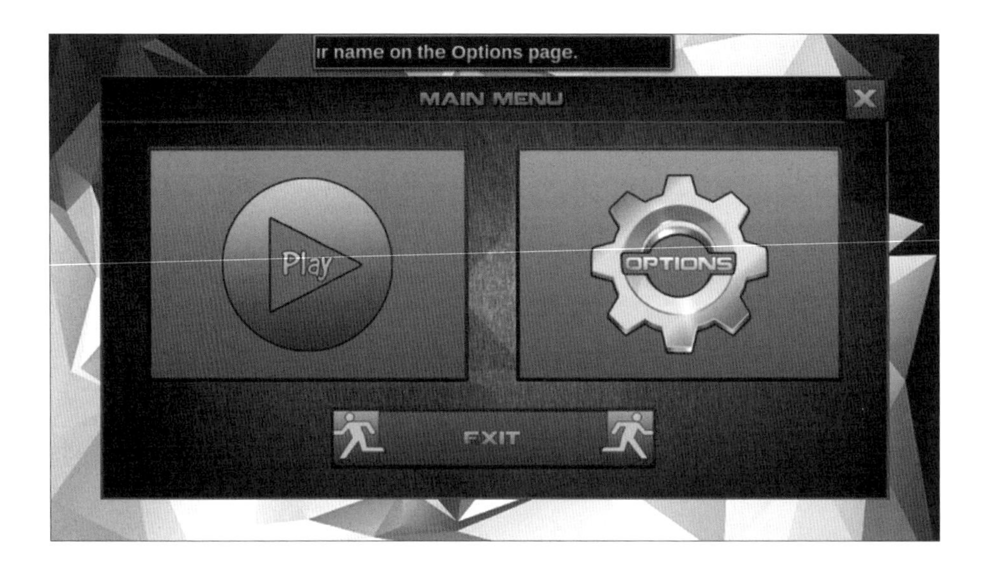

메뉴가 훨씬 나아졌다. 이제 5장에서 배운 것들을 정리할 시간이다.

요약

5장에서는 아틀라스와 폰트 커스터마이제이션에 대하여 배웠다. Atlas Maker 윈도우를 사용해서 Game 아틀라스를 만드는 방법을 배웠다. 또한 이것을 사용해서 아틀라스에 커스텀 스프라이트를 추가했다.

슬라이스와 타일 스프라이트의 `Border` 매개변수를 설정해서 버튼과 윈도우의 모양을 바꾸었다.

다이나믹 폰트를 간단히 추가하는 방법을 배웠고, Font Maker 도구를 사용해서 비트맵 폰트를 만들었다. 비트맵 폰트는 이 폰트가 들어있는 아틀라스가 씬에서 이미 사용되고 있다면, 드로우 콜을 추가하지 않는다는 것을 기억하자.

마지막으로, 배경으로 사용할 큰 텍스처를 표시하기 위해 `UITexture` 컴포넌트를 사용했다. 이 컴포넌트는 아틀라스 안에 저장되지 않은 텍스처를 간단히 표시할 수 있도록 해준다.

이제 6장으로 넘어가자. 6장에서는 NGUI를 사용해서 인게임 UI 요소를 만드는 방법을 배울 것이다.

6 인게임 UI

이제까지는 메뉴를 만들었지만, 6장에서는 2D와 3D 공간에서 인게임 UI 요소에 초점을 둘 것이다. 다음 방법을 통해 UI 요소들을 표시하는 방법을 살펴보자.

- 메인 캐릭터 위에서 따라다니는 플레이어 이름
- 상호작용하는 3D 오브젝트 위에 있는 2D 진행 바
- 월드 안에 있는 드래그 앤 드롭 3D 오브젝트
- 땅을 클릭해서 플레이어를 이동
- 3D 공간 오브젝트 위 2D 버튼
- 2D 버튼을 활성화/비활성화 설정

간단한 게임 패키지를 이용해서 설명할 것이다. 이 게임 패키지는 다운로드해서 프로젝트에 추가할 수 있다. 먼저 어떤 게임인지 살펴보자.

게임

6장에서는 이미 존재하는 게임 프로젝트에 UI 요소를 추가할 것이다. 먼저, 게임 방식에 대해 알아볼 것이다. 그리고 나서 6장에서 필요한 애셋을 다운로드하고 추가할 것이다.

게임 방식

플레이어는 작은 프로브를 조종한다. 프로브는 3D 공간을 돌아다니며 4개의 원소(불, 물, 번개, 얼음)를 수집한다.

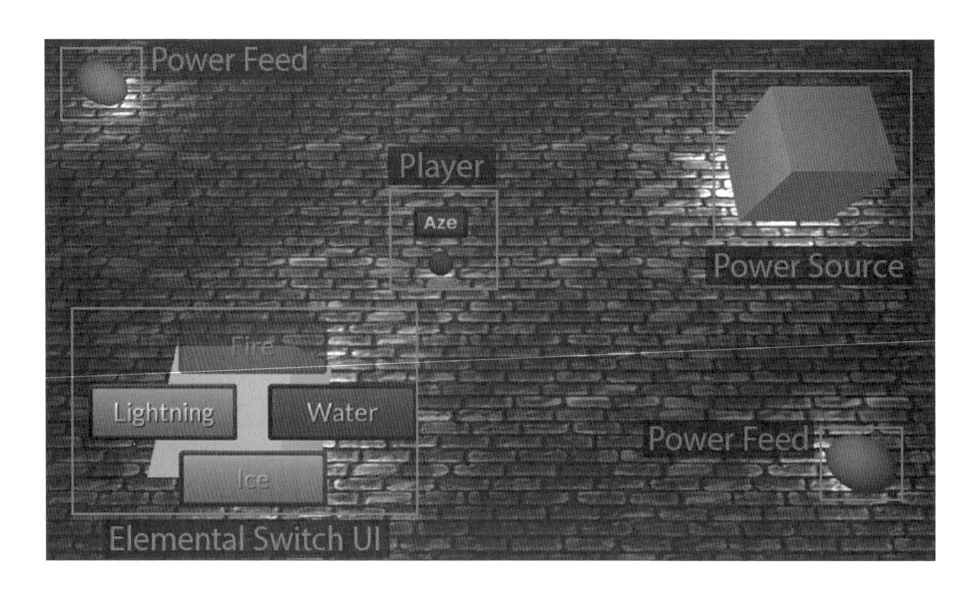

플레이어의 오브젝트는 파워 소스Power Source에서 원소를 수집하고, 이것을 정확한 파워 피드Power Feed에 전달한다. 파워 피드는 계속해서 씬에 나타난다. 예를 들어 우물에서 물을 얻고 성장시키려는 작은 나무에 전달하거나, 얼어붙은 폭포를 녹여서 다시 흐르게 하기 위해 불을 옮겨야 한다.

각 파워 소스는 드래그 앤 드롭으로 움직일 수 있고, 오른쪽 클릭은 원소 전환 UIElemental Switch UI를 표시한다. 이 UI에서 플레이어는 파워 소스를 현재 원소에서 다른 3개 원소로 바꿀 수 있다.

예를 들어 앞의 스크린샷에서 플레이어가 번개를 수집해야 한다면 원소 전환 UI에서 불 왼쪽에 있는 번개 버튼을 클릭하면 된다. 원소 전환에는 몇 초 정도가 걸리며, 진행 바가 표시된다.

파워 피드는 제한 시간을 갖기 때문에, 파워 소스를 플레이어와 파워 피드 가까이로 움직여서 시간을 절약해야 한다.

이제 게임 UI를 만들기 위해 필요한 애셋을 얻어보자.

필요한 애셋

몇몇 게임 요소는 NGUI와 링크되지 않지만, 여기서는 그런 요소를 만드는 방법을 배울 필요가 없다. 필요한 애셋을 다운로드하고 추가해보자.

유니티 패키지 추가

먼저, http://goo.gl/aJZbxq에서 유니티 패키지를 다운받자. 다운로드가 끝나면, Chapter6_Game.unitypackage 파일을 더블클릭해서 연다.

임포트 윈도우가 나타날 것이다. 모든 파일이 체크되었는지 확인하고, Import 버튼을 클릭한다.

이제 새로운 게임 씬과 인게임 UI를 만드는 데 필요한 요소들이 추가되었다.

계속하기 전에 새로운 게임 씬을 열어보자.

깔끔하고 안전하게 시작하기를 원한다면, 6장까지 진행되어 있는 전체 프로젝트를 다운로드할 수 있다. 이 프로젝트는 Chapter6_Game.unitypackage가 이미 포함되어 있으며, http://goo.gl/dq6Ng0에서 다운로드할 수 있다.

법적 이유로 Assets/NGUI 폴더는 프로젝트에 포함되어 있지 않다. 따라서 NGUI 패키지를 프로젝트 안에 추가하거나, 현재 프로젝트에 있는 Assets/NGUI 폴더를 복사해서 붙여넣기해야 한다.

드래그할 수 있는 파워 소스

파워 소스는 프리팹이다. 씬에 이미 두 개의 파워 소스 인스턴스가 존재한다. UIDragObject 컴포넌트를 사용하면 간단하게 그것들을 드래그할 수 있게 만들 수 있다.

UICamera 컴포넌트

먼저 땅이나 파워 소스와 같은 3D 월드 오브젝트의 이벤트를 발생시키기 위해서 GameCamera 오브젝트에 UICamera 컴포넌트를 추가해야 한다. 다음 과정을 수행하자.

1. GameCamera 게임 오브젝트를 선택한다.
2. 인스펙터 뷰에서 Add Component 버튼을 클릭한다.
3. 검색창에 uicam을 입력해서 컴포넌트를 찾는다.
4. NGUI Event System(UICamera)를 선택하고 Enter 키를 누르거나 마우스로 클릭한다.
5. 추가한 UICamera 컴포넌트의 Event Type을 3D World로 설정한다.
6. Event Mask가 2DUI가 아니라 Everything으로 설정되어 있는지 확인한다.

이제 GameCamera 게임 오브젝트가 3D 오브젝트의 이벤트를 발생시킬 준비가 되었다. 이제 파워 소스를 드래그 가능한 오브젝트로 만들어보자.

UIDragObject 컴포넌트

3D 월드에서 파워 소스를 드래그하기 위해 UIDragObject 컴포넌트를 사용해보자.

1. 프로젝트 뷰에서 Assets/Resourced/Prefabs/PowerSource를 선택한다.
2. 인스펙터 뷰에서 Add Component 버튼을 클릭힌다.
3. 검색창에 obj를 입력해서 컴포넌트를 검색한다.
4. Drag Object를 선택하고 Enter 키를 누르거나 마우스로 클릭한다.

추가된 PowerSource 프리팹에 추가된 `UIDrag Object` 컴포넌트를 다음과 같이 설정한다.

1. Resources/Prefabs/PowerSource(자기 자신)을 Target 필드로 드래그한다.
2. Movement를 {1, 0, 1}로 설정해서 X, Z 축으로 이동을 제한한다.
3. Drag Effect를 None으로 설정해서 더 정확하고 즉각적으로 드래그할 수 있게 만든다.

`Drag Object` 컴포넌트를 설정했다. 그러나 이전에 배웠듯이 이벤트를 사용하는 NGUI 컴포넌트는 `Box Collider`를 필요로 한다.

BoxCollider 컴포넌트

`UIDragObject` 컴포넌트가 동작하기 위해서는 `UICamera` 이벤트를 받기 위해 `Box Collider`가 필요하다.

1. 프로젝트 뷰에서 Resources/Prefabs/PowerSource를 선택한다.
2. 인스펙터 뷰에서 Add Component 버튼을 클릭한다.
3. 검색창에 box를 입력해서 컴포넌트를 검색한다.
4. Box Collider를 선택하고 Enter 키를 누르거나 마우스로 클릭한다.
5. Size를 {4, 4, 4}로 설정한다.

이제 `Box Collider`와 `UIDragObject` 컴포넌트가 모두 추가되었다. 유니티 플레이 버튼을 눌러보자. 씬에 있는 파워 소스를 드래그 앤 드롭할 수 있을 것이다.

다음으로 땅이나 상호작용하는 요소를 클릭하면 플레이어가 움직이도록 만들어 보자.

플레이어 움직이기

플레이어는 파란 구체로 표시된다. 이것을 땅이나 상호작용하는 요소를 클릭하면 그쪽으로 움직이도록 할 것이다. Player 게임 오브젝트에 추가된 PlayerController.cs 스크립트가 이러한 이동을 처리하는 메소드 `SetDestination()`을 갖는다.

땅과 상호작용하는 요소에서 발생하는 `OnPress()` 이벤트를 받고 플레이어가 클릭된 위치로 도달하도록 `SetDestination()` 메소드를 호출하게 하기 위해 NGUI 이벤트를 사용할 수 있다.

땅 클릭해서 움직이기

다운로드한 패키지에 포함된 ApproachOnClick.cs 스크립트가 도움이 될 것이다. 마우스 왼쪽 버튼을 눌러서 접근하려는 오브젝트에 이 스크립트를 추가해보자.

1. 프로젝트 뷰에서 Assets/Resources/Prefabs/Ground를 선택한다.
2. 인스펙터 뷰에서 Add Component 버튼을 클릭한다.
3. 검색창에 app을 입력해서 컴포넌트를 검색한다.
4. Approach On Click을 선택해서 Enter 키를 누르거나 마우스로 클릭한다.
5. 추가된 컴포넌트 이름에서 마우스 오른쪽 버튼을 누른다.
6. Edit Script를 클릭해서 이 스크립트를 연다.

스크립트가 열리면 이것이 기본적인 변수와 메소드를 갖는 것을 확인할 수 있다. 플레이어가 마우스 왼쪽 버튼을 누르고 떼었을 때 이것을 처리하기 위한 `OnPress()` 메소드를 추가하자.

```
// 오브젝트에서 Press 이벤트가 발생한다면
void OnPress(bool pressed)
{
  // 오브젝트 위에서 마우스 버튼이 눌려진 상태라면
  if(pressed)
  {
    // 마우스 왼쪽 버튼을 누른 상태라면, 이것은 유효한 이동 요청이다.
```

```
    validMoveRequest = (UICamera.currentTouchID == -1);
  }

  // 마우스 버튼이 더 이상 눌러진 상태가 아니라면
  else
  {
    // 움직임 요청이 아직 유효하다면
    if(validMoveRequest)
    {
      // 오브젝트 피벗을 목적지로 설정한다.
      Vector3 destination = transform.position;

      // boot 타입 변수인 precise가 체크되었다면…
      if(precise)
      {
        // … 클릭된 위치를 목적지로 설정한다.
        destination = UICamera.lastWorldPosition;
      }
      // 플레이어가 정지 거리까지 이동하도록 요청한다.
      PlayerController.Instance.SetDestination(
        gameObject, destination, stoppingDistance);
    }
  }
}
```

스크립트를 저장하고 유니티로 돌아오자. 땅을 다음과 같이 설정해야 한다.

1. Assets/Resources/Prefabs/Ground를 선택한다.
2. Approach On Click 컴포넌트를 다음과 같이 설정한다.
   - Precise 옵션을 체크한다.
   - Stopping Distance를 0.5로 설정한다.
3. 인스펙터 뷰에서 Add Component 버튼을 클릭한다.
4. 검색창에 box를 입력해서 컴포넌트를 검색한다.
5. Box Collider를 선택하고 Enter 키를 누르거나 마우스로 클릭한다.
6. Size를 {10, 0.1, 10}으로 설정한다.

이제 ApproachOnClick 컴포넌트와 Box Collider 컴포넌트가 이벤트를 받을 수 있게 되었다.

유니티 플레이 버튼을 눌러보자. 땅을 클릭하면 플레이어가 정확히 클릭된 위치로 이동하여 요청된 위치에서 0.5 유닛 떨어진 위치에서 정지할 것이다.

이것은 앞의 코드에서 precise를 true(Ground 프리팹의 경우)로 설정된 경우에 목적지가 UICamera.lastWorldPosition으로 설정되도록 했기 때문이다.

지금은 파워 소스와 같이 상호작용하는 요소를 클릭하면 플레이어가 이것으로 이동하려 하지 않는다. 왜냐하면 이 오브젝트는 땅 위에 있고, ApproachOnClick 컴포넌트를 갖지 않기 때문이다. 이것을 수정해보자.

오브젝트로 이동

땅을 클릭해서 이동할 수 있게 되었으니, 이제 상호작용하는 요소를 클릭하는 경우를 처리해보자. 플레이어가 파워 소스를 클릭하면 그것으로 이동하도록 만들어 보자.

플레이어가 클릭한 오브젝트의 피벗 포인트로 이동한 후, 땅에서 좀 더 먼 거리에서 정지하도록 설정해보자. 프로젝트 뷰에서 Resources/Prefabs/PowerSource와 PowerFeed 프리팹을 선택하자.

1. 인스펙터 뷰에서 Add Component 버튼을 클릭한다.
2. 검색창에 app을 입력해서 컴포넌트를 검색한다.
3. Approach On Click을 선택하고 Enter 키를 누르거나 마우스로 클릭한다.

precise 변수가 체크되지 않은 상호작용하는 요소를 클릭하면 목적지가 오브젝트의 피벗 포인트에서 설정된 정지 거리만큼 떨어진 곳으로 설정된다.

기본값은 커다란 파워 소스에 적당하다. 더 작은 오브젝트인 파워 피드에 맞도록 정지 거리를 설정하자.

1. 프로젝트 뷰에서 Resources/Prefabs/PowerFeed를 선택한다.

2. Approach On Click의 Stopping Distance를 2로 바꾼다.

유니티 플레이 버튼을 눌러보자. 파워 소스나 파워 피드를 클릭하면 플레이어가 그것으로 이동해서 부딪히지 않도록 적당한 거리에 멈출 것이다.

하지만 약간의 문제가 있다. 파워 소스를 드래그해서 놓으면 플레이어가 마치 그것을 클릭한 것처럼 이동한다.

이것은 `OnPress(false)` 이벤트가 파워 소스에서 발생하면 목적지가 설정되도록 했기 때문이다. 드래그하는 경우에는 움직이지 않도록 만들어야 한다.

ApproachOnClick.cs 스크립트를 열어서 `OnDrag()` 메소드를 추가한다.

```
// 이 오브젝트에서 드래그 이벤트가 발생하면
public void OnDrag(Vector2 delta)
{
  // 오브젝트가 드래그 가능하다면
  if(isDraggable)
  {
    // … 오브젝트가 움직인다. 유효하지 않은 이동 요청으로 표시하자.
    validMoveRequest = false;
  }
}
```

유니티 플레이 버튼을 눌러보자. 이제 파워소스를 움직이더라도 플레이어가 그것을 향해 움직이지 않는다.

위에서 추가한 코드에서 오브젝트가 드래그되면 `validMoveRequest`를 `false`로 설정해서 이동 요청을 취소하도록 했기 때문이다.

`OnPress()`와 `OnDrag()` 이벤트를 받아서 캐릭터를 움직이고, 드래그 가능한 오브젝트를 만드는 방법을 살펴보았다. 다음으로 플레이어 이름을 캐릭터 위에 표시해보자.

플레이어 이름 표시

다음 스크린샷처럼 저장된 플레이어 이름을 캐릭터 위에 표시하는 방법을 살펴보자.

▲ 캐릭터 위에 플레이어 이름 표시

이름 레이블을 표시하려면 2D UI 요소들만을 렌더링하는 2D UI 루트 요소를 설정하고 이것이 플레이어를 따라다니게 해야 한다.

인게임 2D UI 루트

이제 3D 월드에 몇 개의 인게임 2D UI 요소를 추가할 것이다. 오직 인게임 2D UI에서만 사용될 새로운 2D UI 루트 요소를 만들어보자.

1. NGUI > Create > 2D UI로 이동해서 새로운 2D UI 요소를 만든다.
2. 계층 뷰에서 UI Root (2D) 게임 오브젝트를 선택한다.
3. 이름을 InGame2DUI로 바꾼다.
4. UIRoot 컴포넌트를 다음과 같이 설정한다.
    - Scaling Stype을 Constrained로 바꾼다.
    - Content Width를 1920으로 설정한다.
    - Content Height를 1080으로 설정한다.
    - 높이의 Fit 옵션을 체크된 상태로 둔다.

다음으로 모든 2D UI 요소를 갖는 새로운 레이어를 만들어보자.

1. Edit ➤ Project Settings ➤ Tags and Layers로 이동한다.

유니티 윈도우 오른쪽 위 구석에 있는 Layers 드랍 다운 리스트를 열고, Edit Layer를 클릭해도 된다.

2. User Layer 9 옆의 필드에 InGame2DUI를 입력한다.
3. InGame2DUI 게임 오브젝트를 선택한다.
4. 레이어를 InGame2DUI로 바꾼다.

모든 자식 오브젝트의 레이어를 변경할지 묻는 팝업창이 표시될 것이다. Yes, change children 버튼을 클릭한다.

InGame2DUI 게임 오브젝트가 `InGame2DUI` 레이어에 포함되도록 설정되었다. 이제 이 레이어가 UI 카메라에 의해 렌더링되도록 해야 한다.

1. InGame2DUI ➤ Camera 게임 오브젝트를 선택한다.
2. 이것에 추가되어 있는 Camera 컴포넌트를 다음과 같이 설정한다.
   ○ Culling Mask를 InGame2DUI만을 표시하도록 바꾼다.

3D 월드 오브젝트에 추가된 2D 위젯을 표시할 준비가 끝났다. 이제 플레이어 이름 위젯을 만들 수 있다.

닉네임 프리팹

플레이어 닉네임을 표시하기 위한 프리팹을 만들어보자.

1. InGame2DUI 게임 오브젝트를 선택한다.
2. Alt + Shift + N 단축키를 눌러서 새로운 자식 게임 오브젝트를 만든다.
3. 새 자식 오브젝트 이름을 Nickname으로 바꾼다.

4. InGame2DUI ➤ Nickname을 선택한다.
5. Alt + Shift + L 단축키를 눌러서 새로운 레이블을 만든다.

이제 Nickname ➤ Label을 다음과 같이 설정하자.

1. 폰트 타입을 Unity(다이나믹)가 아니라 NGUI(비트맵)로 설정한다.
2. Font를 Arimo20으로 바꾸고, Font Size를 40으로 설정한다.
3. Text를 PlayerName으로 바꾼다.
4. Overflow 매개변수를 ResizeFreely로 설정한다.
5. Color Tint를 {R: 255, G: 230, B: 130, A: 255}로 바꾼다.
6. Depth를 1로 바꾼다.

게임 뷰 가운데에 노란 레이블이 생겼을 것이다. 이제 레이블에 사용할 배경을 만들고 설정하자.

1. InGame2DUI ➤ Nickname 게임 오브젝트를 선택한다.
2. Alt + Shift + S 단축키를 눌러서 새로운 자식 스프라이트를 만든다.
3. Atlas를 Game 아틀라스로 바꾼다.
4. Sprite를 Background_Button 스프라이트로 바꾼다.
5. Type이 Sliced로 설정되어 있는지 확인한다.
6. Size를 255×60으로 설정한다.
7. Color Tint를 {R: 130, G: 100, B: 80, A: 255}로 바꾼다.
8. Depth를 0으로 감소시킨다.
9. Anchors를 Unified로 설정한다.
10. Nickname ➤ Label을 Target 필드로 드래그한다.

닉네임 디스플레이가 다음 스크린샷처럼 보일 것이다.

이제 닉네임 디스플레이에 PlayerName 대신 플레이어의 저장된 닉네임이 표시되도록 만들자.

PlayerName 컴포넌트

저장된 플레이어 닉네임을 가져와서 레이블에 할당하기 위해, PlayerName.cs 커스텀 스크립트를 만들어서 추가할 것이다.

1. InGame2DUI ➤ Nickname ➤ Label 게임 오브젝트를 선택한다.
2. 인스펙터 뷰에서 Add Component 버튼을 클릭한다.
3. 검색창에 PlayerName을 입력하고 Enter 키를 누른다.
4. Language가 CSharp으로 설정되어 있는지 확인하고, Enter 키를 누른다.
5. 새로 추가된 PlayerName.cs 스크립트를 연다.

새로운 PlayerName.cs 스크립트에서 기본적으로 있는 메소드를 다음 코드로 바꾼다.

```
private void Start () {
  // 레이블을 얻는다.
  UILabel label = GetComponent<UILabel>();

  // 레이블 텍스트를 저장된 PlayerPref로 설정한다.
  label.text = PlayerPrefs.GetString("PlayerName");
}
```

스크립트를 저장하고 유니티로 돌아와서 플레이 버튼을 눌러보자. 닉네임 디스플레이가 플레이어가 입력했던 닉네임으로 바뀐 것을 확인할 수 있을 것이다.

메인 메뉴에 있는 닉네임 입력 필드가 PlayerName으로 설정된 Save as 매개변수를 갖는데, 이것은 입력된 텍스트가 PlayerPrefs에 PlayerName을 키로 갖는 string으로 저장되는 것을 의미한다.

위 코드에서 PlayerPrefs.GetString() 메소드와 PlayerName 키를 이용해서 string 타입 플레이어 이름을 PlayerPrefs에서 가져오는 것을 알 수 있다.

다음으로 플레이어 이름 위젯이 캐릭터를 따라다니도록 만들어보자.

FollowObject 컴포넌트

닉네임 디스플레이가 플레이어를 따라다니게 하기 위해, 새로운 FollowObject.cs 스크립트를 추가하자.

1. InGame2DUI > Nickname 게임 오브젝트를 선택한다.
2. 인스펙터 뷰에서 Add Component 버튼을 클릭한다.
3. 검색창에 FollowObject를 입력하고 Enter 키를 누른다.
4. Language가 CSharp으로 설정되어 있는지 확인하고, Enter 키를 누른다.
5. 새로 추가된 FollowObject.cs 스크립트를 연다.

새로운 FollowObject.cs 스크립트에 다음과 같이 필요한 변수들을 선언한다.

```
// 따라다니기를 원하는 타깃
public Transform target;
// 적용할 마지막 오프셋
public Vector3 offset;
// 따라다닐 오브젝트를 비추는 메인 카메라
public Camera mainCamera;
// 위젯을 렌더링할 수직방향 카메라
public Camera uiCamera;
```

스크립트를 저장하고 유니티로 돌아오자. 코드를 더 추가하기 전에 변수를 할당할 것이다.

1. InGame2DUI ➤ Nickname 게임 오브젝트를 선택한다.
2. Player 게임 오브젝트를 Target 필드로 드래그한다.
3. Offset을 {0, 0.15, 0}으로 설정한다.
4. GameCamera를 Main Camera 필드로 드래그한다.
5. InGame2DUI ➤ Camera를 UI Camera 필드로 드래그한다.

이제 FollowObject 컴포넌트 설정이 끝났다. FollowObject.cs 스크립트를 열고 비어 있는 Update() 메소드를 다음과 같이 위젯 위치를 갱신하도록 바꾸자.

```
// 매 프레임마다 위젯 위치를 갱신한다.
void Update()
{
  if(target != null)
  {
    // 타깃 위치를 메카님 스크린 좌표로 변환한다.
    Vector3 finalPos =
      mainCamera.WorldToScreenPoint(target.position);
    // 이것을 UI Camera 월드 좌표로 변환한다.
    finalPos = uiCamera.ScreenToWorldPoint(finalPos);
    // 이것은 수직 카메라이다. Z 축은 여기서 사용하지 않는다.
    finalPos = new Vector3(finalPos.x, finalPos.y, 0);
    // 최종 위치를 타깃에 오프셋과 함께 적용한다.
    transform.position = finalPos + offset;
  }
}
```

위 코드에서 먼저 플레이어 좌표를 메인 카메라로부터의 스크린 좌표로 변환했다. 그리고 나서 이것을 UI Camera 월드 좌표로 다시 변환하였다.

마지막으로 계산된 위치를 요청된 오프셋과 함께 오브젝트에 적용하였다. 이렇게 함으로써 이 컴포넌트를 3D 월드 오브젝트 옆에 X, Y, Z 오프셋을 갖도록 UI 요소를 표시하기 위해 사용하였다. 여기서는 오프셋 좌표가 {0, 0.15, 0}으로 닉네임이 캐릭터 위에 표시된다.

스크립트를 저장하고 유니티로 돌아와서 플레이 버튼을 눌러보자. 이제 플레이어가 움직이더라도 닉네임이 여전히 머리 위에 0.15만큼의 Y 오프셋 거리만큼 떠 있을 것이다.

다음으로 파워 소스 원소를 전환하기 위한 UI 시스템을 만들어보자.

파워 소스 원소 전환

파워 소스 원소가 다음의 네 가지 원소 사이에서 전환되도록 만들 것이다.

- 불
- 물
- 얼음
- 번개

이를 위해서 플레이어가 파워 소스를 마우스 오른쪽 버튼으로 클릭하면 다음과 같은 원소 선택 메뉴가 표시되도록 할 것이다.

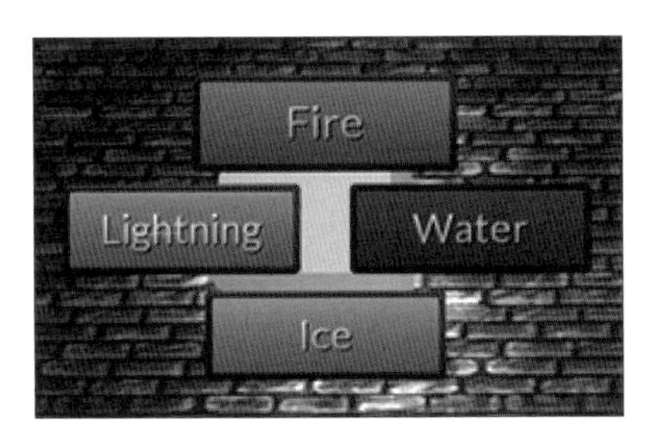

이것을 표시하기 위한 코드를 구현하기 전에, 먼저 필요한 버튼을 만들 것이다.

원소 전환 UI

이전 스크린샷과 같은 원소 전환 UI를 만들어보자. 먼저 불 원소 버튼을 만들고 이것을 프리팹으로 만들어서 다른 3개의 버튼을 만들 것이다.

불 버튼

불 원소 버튼을 만드는 것부터 시작해보자.

1. InGame2DUI 게임 오브젝트를 선택한다.
2. Alt + Shift + N 단축키를 눌러서 새로운 빈 게임 오브젝트를 만든다.
3. 이름을 ElementSwitch로 바꾼다.
4. 프로젝트 뷰에 있는 검색창에 buttond를 입력한다.
5. Control - Simple Button 프리팹을 새로운 ElementSwitch 게임 오브젝트로 드래그한다.
6. 새로운 버튼 이름을 ElementalButton으로 바꾼다.
7. Transform 위치를 {0, 0, 0}으로 초기화한다.

이제 이 버튼을 원소 버튼 선택해서 원소 버튼이 되도록 설정해보자.

1. UISprite 컴포넌트를 다음과 같이 설정한다.
   - Atlas를 Game 아틀라스로 바꾼다.
   - Sprite를 Background_Button 스프라이트로 바꾼다.
   - Type이 Sliced로 설정되어 있는지 확인한다.
   - Color Tint를 {R: 255, G: 180, B: 100, A: 255}로 설정한다.
   - Size를 300×110으로 설정한다.
2. 이번에는 UIButton 컴포넌트를 다음과 같이 설정한다.
   - Hover 색상을 {R: 255, G: 200, B: 150, A: 255}로 설정한다.
   - Pressed 색상을 {R: 50, G: 50, B: 50, A: 255}로 설정한다.
   - Disabled 색상을 {R: 80, G: 80, B: 80, A: 140}으로 설정한다.

호버링 효과를 더 확실하게 만들기 위해, `UIButton Scale` 컴포넌트를 추가하자.

1. InGame2DUI ➤ ElementalSwitch ➤ ElementalButton을 선택한다.
2. 인스펙터 뷰에서 Add Component 버튼을 클릭한다.
3. 검색창에 scale을 입력해서 컴포넌트를 검색한다.
4. Button Scale을 선택하고 Enter 키를 누르거나 마우스로 클릭한다.

이번에는 버튼 레이블이 더 잘 보이도록 바꾸자.

1. InGame2DUI ➤ ElementalSwitch ➤ ElementalButton ➤ Label을 선택한다.
2. 폰트 타입을 Unity(다이나믹)가 아니라 NGUI(비트맵)로 설정한다.
3. Font를 Lato 폰트로 바꾼다.
4. Font Size를 50으로 설정한다.
5. Text를 Fire로 바꾼다.
6. Effect를 Shadow로, X, Y 값은 2로 설정한다.
7. 레이블의 Color Tint를 {R: 255, G: 220, B: 160, A: 255}로 설정한다.

원소 버튼을 만들었으니, 이제 이것을 프리팹으로 만들 수 있다.

1. ElementalSwitch ➤ ElementalButton을 프로젝트 뷰의 Assets/Resources/Prefabs 폴더로 드래그한다.
2. InGame2DUI ➤ ElementalSwitch ➤ ElementalButton의 이름을 Fire로 바꾼다.

이제 다른 세 개의 원소 버튼도 만들 수 있다.

나머지 원소 버튼

ElementalButton 프리팹을 이용해서 먼저 불 원소 버튼을 만들었다. 이제 다른 세 개의 원소 버튼도 만들자(얼음, 번개, 물).

얼음 버튼

다음 단계를 따라서 얼음 원소 버튼을 만들자.

1. InGame2DUI ➤ ElementalSwitch ➤ Fire를 선택한다.
2. Ctrl + D 단축키를 눌러서 이것을 복제한다.
3. 생성된 오브젝트 이름을 Ice로 바꾼다.
4. Transform 위치를 {0, -260, 0}으로 설정한다.
5. UIButton 컴포넌트를 다음과 같이 설정한다.
   - Normal 색상을 {R: 170, G: 255, B: 250, A: 255}로 설정한다.
   - Hover 색상을 {R: 255, G: 255, B: 255, A: 255}로 설정한다.
6. 자식 Label 게임 오브젝트를 선택하고, UILabel 컴포넌트를 다음과 같이 설정한다.
   - Text를 Ice로 바꾼다.
   - Color Tint를 {R: 190, G: 255, B: 255, A: 255}로 설정한다.

이제 얼음 버튼을 만들었다. 다음으로 번개 버튼을 만들자.

번개 버튼

다음 단계를 따라서 번개 원소 버튼을 만들자.

1. InGame2DUI ➤ ElementalSwitch ➤ Ice을 선택한다.
2. Ctrl + D 단축키를 눌러서 이것을 복제한다.
3. 생성된 오브젝트 이름을 Lightning로 바꾼다.
4. Transform 위치를 {-180, -130, 0}으로 설정한다.
5. UIButton 컴포넌트를 다음과 같이 설정한다.
   - Normal 색상을 {R: 110, G: 255, B: 255, A: 255}로 설정한다.
   - Hover 색상을 {R: 0, G: 255, B: 255, A: 255}로 설정한다.

6. 자식 Label 게임 오브젝트를 선택하고, UILabel 컴포넌트를 다음과 같이 설정한다.
   - Text를 Lightning로 바꾼다.
   - Color Tint를 {R: 255, G: 255, B: 255, A: 255}로 설정한다.

이제 번개 버튼을 만들었다. 다음으로 물 버튼을 만들자.

물 버튼

다음 단계를 따라서 얼음 원소 버튼을 만들지.

1. InGame2DUI ➤ ElementalSwitch ➤ Lightning을 선택한다.
2. Ctrl + D 단축키를 눌러서 이것을 복제한다.
3. 생성된 오브젝트 이름을 Water로 바꾼다.
4. Transform 위치를 {180, -130, 0}으로 설정한다.
5. UIButton 컴포넌트를 다음과 같이 설정한다.
   - Normal 색상을 {R: 90, G: 130, B: 255, A: 255}로 설정한다.
   - Hover 색상을 {R: 0, G: 90, B: 255, A: 255}로 설정한다.
6. 자식 Label 게임 오브젝트를 선택하고, UILabel 컴포넌트를 다음과 같이 설정한다.
   - Text를 Water로 바꾼다.
   - Color Tint를 {R: 200, G: 235, B: 255, A: 255}로 설정한다.

네 개의 원소 버튼을 모두 만들었다. 이제 원소 전환 UI가 플레이어가 클릭한 파워 소스를 따라다닐 수 있게 만들어보자.

FollowObject 컴포넌트

플레이어가 파워 소스를 마우스 오른쪽 버튼으로 클릭하면 원소 전환 UI가 위에 나타나서 따라다닐 것이다. `FollowObject` 컴포넌트를 이용해서 이를 구현해보자.

1. InGame2DUI ➤ ElementalSwitch 게임 오브젝트를 선택한다.
2. 인스펙터 뷰에서 Add Component 버튼을 클릭한다.
3. 검색창에 fol을 입력해서 컴포넌트를 검색한다.
4. Follow Object를 선택해서 Enter 키를 누르거나 마우스로 클릭한다.

이 컴포넌트가 올바른 카메라와 오프셋 값을 갖도록 설정하자.

1. Offset 벡터를 {0, 0.25, 0}으로 설정한다.
2. GameCamera를 Main Camera 필드로 드래그한다.
3. InGame2DUI ➤ Camera를 UI Camera 필드로 드래그한다.

원소 전환 UI가 `FollowObject` 컴포넌트를 갖도록 설정되었다. 다음으로 파워 소스를 마우스 오른쪽 버튼으로 클릭하면 이것이 표시되도록 만들어보자.

GameManager 컴포넌트

원소 전환 UI를 표시하는 것과 같은 글로벌 게임 동작을 처리하기 위해 이미 존재하는 GameManager.cs 싱글톤 스크립트를 사용할 것이다.

1. 계층 뷰에서 GameManager 게임 오브젝트를 선택한다.
2. GameManager 컴포넌트를 마우스 오른쪽 버튼으로 클릭해서 Edit Script를 선택한다.

GameManager.cs 스크립트에서 원소 전환 UI 요소를 저장하기 위해 다음과 같이 `public` 변수를 선언한다.

```
// 여기에 저장된 원소 전환 UI가 필요할 것이다.
public GameObject elementalSwitchUI;
// 이것에 추가된 FollowObject가 필요할 것이다.
private FollowObject elementalFollowObject;
// UIButton 배열을 선언하자.
UIButton[] allButtons;
```

스크립트를 저장하고 유니티로 돌아오자. 이제 elementalSwitchUI를 할당할 것이다.

1. GameManager 게임 오브젝트를 선택한다.
2. InGame2DUI > ElementalSwitch를 Elemental Switch UI 필드로 드래그한다.

이번에는 GameManager.cs 스크립트로 돌아가서 다음과 같은 Start() 메소드를 추가하자.

```
// At Start
void Start () {
  // 원소 전환 UI의 FollowObject를 얻는다.
  elementalFollowObject =
    elementalSwitchUI.GetComponent<FollowObject>();

  // 원소 전환 UI를 숨긴다.
  elementalSwitchUI.SetActive(false);

  // 모든 원소 버튼을 얻는다.
  allButtons =
  elementalSwitchUI.GetComponentsInChildren<UIButton>(true);
}
```

위 코드에서 elementalSwitchUI의 FollowObject 컴포넌트를 얻고, 이것을 숨긴다. 마지막으로 GetComponentsInChildren() 메소드를 사용해서 모든 버튼을 얻는다. 이 메소드의 매개변수가 true로 설정되면 버튼이 계층 뷰에서 비활성화 된 상태이더라도 얻는다.

모든 것이 올바르게 초기화되었다. 이번에는 새로운 ShowElementalSwitch() 메소드를 추가해서 원소 전환를 표시하거나 숨길 수 있도록 해보자.

```
// 원소 전환 UI를 표시하거나 숨긴다.
public void ShowElementalSwitch(Transform targetObject)
{
  // 따라다닐 타깃 오브젝트가 null이 아니라면
  if(targetObject != null)
  {
```

```
        // 원소 전환 UI를 활성화한다.
        elementalSwitchUI.SetActive(true);
        // 이것이 타깃을 따라다니도록 한다.
        elementalFollowObject.target = targetObject;
        // 크기를 {0,0,0}으로 설정한다.
        elementalSwitchUI.transform.localScale =
        new Vector3(0.01f, 0.01f, 0.01f);
        // 스케일 트윈을 시작한다.
        TweenScale.Begin(elementalSwitchUI, 0.2f, Vector3.one);
    }

    // 타깃 오브젝트가 null이라면
    else
    {
        // 원소 전환 UI를 비활성화한다.
        elementalSwitchUI.SetActive (false);
    }
}
```

위 메소드에서 원소 전환 UI를 표시하도록 요청할 수 있다. 이것은 위치가 매개변수로 전달된 `target`을 따라다닐 것이다. `target`이 `null`이라면, 메소드는 원소 전환 UI를 숨길 것이다.

다음으로 PowerSource 프리팹에 있는 PowerSource.cs 스크립트를 수정해서 파워 소스를 마우스 오른쪽 버튼으로 클릭하면 원소 전환 UI가 표시되도록 요청하게 만들어보자.

PowerSource 컴포넌트

PowerSource 프리팹의 PowrSource.cs 스크립트를 수정해서 마우스 오른쪽 버튼으로 클릭하면 원소 전환 UI를 표시하게 요청하도록 만들어보자.

1. 프로젝트 뷰에서 Assets/Resources/PowerSource 프리팹을 선택한다.
2. 인스펙터 뷰에서 PowerSource 컴포넌트를 마우스 오른쪽 버튼으로 클릭하고 Edit Script를 선택한다.

스크립트가 NGUI 요소와 연결되지는 않은 몇 개의 기본적인 변수와 메소드를 가지고 있는 것을 확인할 수 있다. 그것들을 여기서 자세히 다루지는 않을 것이지만 주석을 보면 이해할 수 있을 것이다.

원소 전환 메뉴를 표시하도록 아래 OnPress() 메소드를 추가하자.

```
// 파워 소스에서 OnPress 이벤트가 발생하면
void OnPress(bool pressed)
{
  // 파워 소스에서 마우스 버튼을 누른 상태라면
  if(pressed)
  {
    // 마우스 왼쪽 버튼을 눌렀다면
    if(UICamera.currentTouchID == -1)
    {
      // 원소 전환 UI가 위에 나타나면
      if(GameManager.Instance.GetElementalSwitchUITarget() == transform)
      {
        // 원소 전환 UI를 숨기도록 요청하자.
         GameManager.Instance.ShowElementalSwitch(
           null);
      }
      // 오브젝트가 드래그 가능하게 만든다.
      dragObject.dragMovement = new Vector3(1,0,1);
    }

    // 마우스 오른쪽 버튼을 눌렀고 파워 소스가 사용 가능하다면
    else if(UICamera.currentTouchID == -2 && available)
    {
      // 원소 전환 UI가 표시되도록 요청하자.
      GameManager.Instance.ShowElementalSwitch(transform);
      // 오브젝트가 드래그 불가능하도록 만든다.
      dragObject.dragMovement = Vector3.zero;
    }
  }
}
```

앞의 코드에서 마우스 오른쪽 버튼을 클릭했는지 확인하기 위해 UICamera.currentTouchID를 사용했다. 이 경우 원소 전환 UI를 표시하고 dragMovement를 0으로 설정해서 오른쪽 클릭으로는 드래그가 불가능하도록 만들었다.

반대로 원소 전환 UI를 숨기고 다시 드래그가 가능하도록 요청한다. 또한 원소 전환 UI를 표시하기 전에 파워 소스가 사용 가능한지 확인한다. 사용 가능하다는 것은 원소 타입을 아직 변경하지 않았음을 의미한다.

이제 플레이어가 파워 소스가 아닌 아무 오브젝트나 마우스 오른쪽 버튼으로 클릭하면 원소 전환 메뉴가 사라지도록 만들어보자. 이를 위해서 새로운 컴포넌트를 만들자.

원소 전환 UI 숨기기

땅이나 파워 피드 같은 다른 오브젝트를 마우스 오른쪽 버튼으로 클릭하면 원소 전환 UI가 사라지도록 만들어보자. 이를 위해 새로운 DisableOnClick 컴포넌트를 만들 것이다.

1. 프로젝트 뷰에서 Assets/Resources/Ground 프리팹을 선택한다.
2. 인스펙터 뷰에서 Add Component 버튼을 클릭한다.
3. 검색창에 DisableOnClick을 입력하고 Enter 키를 누른다.
4. Language가 CSharp로 설정되었는지 확인하고 Enter 키를 누른다.
5. 새로 추가된 DisableOnClick.cs 스크립트를 연다.

새로운 DisableOnClick.cs 스크립트에 다음과 같이 필요한 변수들을 선언하자.

```
// 비활성화할 타깃
public GameObject target;
// 왼쪽 클릭인지 오른쪽 클릭인지
public bool leftClick;
```

스크립트를 저장하고 유니티로 돌아가서 target 변수를 설정하자.

1. 계층 뷰에서 Ground 게임 오브젝트를 선택한다.
2. InGame2DUI ➤ ElementSwitch를 Target 필드로 드래그한다.

그리고 DisableOnClick.cs 스크립트로 돌아가서 요청된 클릭이 발생하면 타깃을 비활성화하는 새로운 OnPress() 메소드를 추가하자.

```
// OnPress 이벤트가 발생하면
public void OnPress(bool pressed)
{
  // 마우스 버튼이 눌린 상태라면
  if(pressed)
  {
    // 터치 ID를 얻는다.
    int touchID = UICamera.currentTouchID;

    // 터치 ID가 설정과 일치한다면
    if((touchID == -1 && leftClick) ||
    (touchID == -2 && !leftClick))
    {
      // 타깃을 비활성화한다.
      target.SetActive(false);
    }
  }
}
```

스크립트를 저장하고 유니티로 돌아가자. 이 컴포넌트를 파워 피드에 복사해서 파워 피드를 마우스 오른쪽 버튼으로 클릭하는 경우에도 원소 전환 UI를 숨기도록 만들자.

1. 계층 뷰에서 Ground 게임 오브젝트를 선택한다.
2. Disable On Click 컴포넌트 이름 위에서 마우스 오른쪽 버튼을 클릭하고 Copy Component를 선택한다.
3. 프로젝트 뷰에서 Assets/Resources/Prefabs/PowerFeed를 선택한다.
4. 인스펙터 뷰에서 아무 컴포넌트 이름 위에서 마우스 오른쪽 버튼을 클릭한다.

5. Paste Component As New 옵션을 선택한다.
6. 계층 뷰에서 PowerFeeds: Feed1과 Feed2를 둘 다 선택한다.
7. InGame2DUI ➤ ElementSwitch 게임 오브젝트를 Target 필드로 드래그한다.

이제 유니티 플레이 버튼을 눌러보자. 파워 소스를 마우스 오른쪽 버튼으로 클릭하면 원소 전환 UI가 서서히 나타나고, 파워 소스가 드래그되거나 아무데나 오른쪽 클릭하면 사라지는 것을 확인할 수 있을 것이다.

원소 전환 충전 과정

`PowerSource` 컴포넌트가 원소를 다른 원소로 전환하는 기능을 제공하지만, 플레이어가 원소가 전환되는 중이라는 것을 알 수 있도록 UI 요소를 추가하면 더 좋을 것이다. 원소가 전환되는 과정이 얼마나 시간이 걸리는지 알려주는 진행 슬라이더를 추가할 것이다.

Progress 프리팹

Progress 프리팹을 만들어보자. 이 프리팹은 게임 안에서 여러 진행 상황을 보여주는 슬라이더이다. 여기서는 다음 스크린샷처럼 원소 전환에 걸리는 시간을 대략적으로 알려줄 것이다.

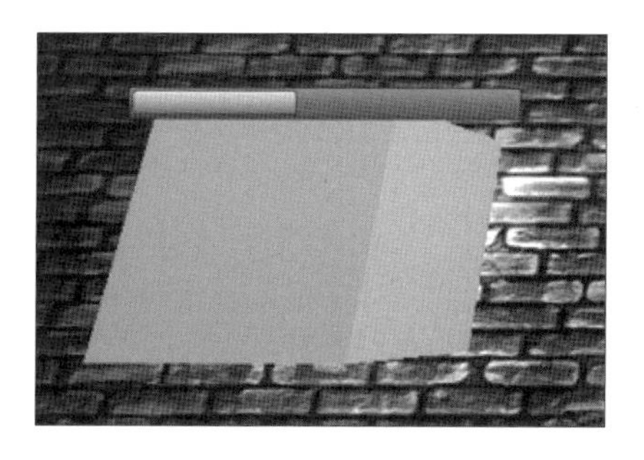

다음 과정을 통해 Progress 프리팹을 만들어보자.

1. 프로젝트 뷰에서 검색창에 progress를 입력한다.
2. Control - Simple Progress Bar를 InGame2DUI로 드래그한다.
3. 새로운 인스턴스를 선택해서 이름을 Progress로 바꾼다.
4. UISprite 컴포넌트를 다음과 같이 설정한다.
   - Size를 400×35로 바꾼다.
   - Color Tint를 {R: 180, G: 180, B: 180, A: 220}으로 설정한다.
5. UISlider 컴포넌트를 다음과 같이 설정한다.
   - Value를 0으로 설정한다.
6. `Foreground` 자식 게임 오브젝트를 선택해서 UISprite 컴포넌트를 다음과 같이 설정한다.
   - Color Tint를 {R: 255, G: 230, B: 200, A: 255}로 설정한다.
7. `Thumb` 자식 게임 오브젝트를 선택해서 삭제한다.
8. Progress 게임 오브젝트를 Assets/Resources/Prefabs 폴더로 드래그해서 프리팹으로 만든다.
9. 프리팹이 준비되었다. 씬에 있는 InGame2DUI ➤ Progress를 삭제한다.

이제 Progress 프리팹이 준비되었으니, 이것이 작동하도록 코드를 통해 구현해보자.

Progress 슬라이더 구현

진행 슬라이더가 파워 소스의 현재 `energy` 값을 갱신하도록 만들기 위해 `PowerSource` 컴포넌트를 사용할 것이다. `energy`는 `float` 타입 변수로서 0과 1 사이 값을 갖기 때문에 슬라이더에 사용하기 적합하다.

1. PowerSource ➤ Source1 게임 오브젝트를 선택한다.
2. PowerSource 컴포넌트 이름에서 마우스 오른쪽 버튼을 클릭하고 Edit Script를 선택한다.

PowerSource.cs 스크립트 안에는 이미 `SwitchElementRoutine()` 코루틴으로 시작하는 `SwitchElement()` 메소드가 존재할 것이다. 지금은 이 코루틴이 `yield return null` 명령어만을 갖고 있기 때문에 아무것도 하지 않는다.

코루틴 내부를 다음 코드로 바꾸어서 에너지가 매 프레임마다 증가하는 동시에 슬라이더도 갱신되도록 만들어보자.

```
// 원소 전환 메뉴를 숨긴다.
GameManager.Instance.ShowElementalSwitch(null);
// 에너지를 0으로 설정한다.
energy = 0;
// 충전 중에는 비활성화되도록 만든다.
available = false;
// 충전 중에는 드래그할 수 없도록 만든다.
dragObject.enabled = false;
// 관련된 조명을 비활성화한다.
light.enabled = false;
// 새로운 슬라이더를 만든다.
CreateProgressSlider();

// 에너지가 가득 차기 전까지, 매 프레임마다
while (energy < 1)
{
  // 약간의 에너지를 더한다.
  energy += (Time.deltaTime / switchDuration);
  // 관련된 진행 슬라이더를 갱신한다.
  progressSlider.value = energy;
  // 다음 프레임까지 대기한다.
  yield return null;
}
// 충전이 끝나면 에너지가 확실하게 1로 설정되도록 한다.
energy = 1;
// 파워 소스 타입을 새로운 것으로 설정한다.
SetNewElement(newElement);
// 다시 활성화한다.
available = true;
// 다시 드래그가능하게 만든다.
```

```
dragObject.enabled = true;
// 조명을 다시 활성화한다.
light.enabled = true;
// 슬라이더 객체를 파괴한다.
Destroy (progressSlider.gameObject);
```

CreateProgressSlider() 메소드를 호출하는 부분을 보았다. 이번에는 진행 바의 인스턴스를 만들기 위한 코드를 추가하자.

```
// 진행 슬라이더를 만들기 위한 메소드
private void CreateProgressSlider()
{
  // 새로운 진행 슬라이더 인스턴스를 만든다.
  GameObject progressObject;
  progressObject = NGUITools.AddChild(uiRoot2D,
  Resources.Load("Prefabs/Progress") as GameObject);
  // 새로 만든 진행 슬라이더 오브젝트의 UISlider 컴포넌트를 얻는다.
  progressSlider = progressObject.GetComponent<UISlider>();
  // 슬라이더에 FollowObject 컴포넌트를 추가한다.
  progressSlider.gameObject.AddComponent(typeof(FollowObject));
  // 새로 추가한 FollowObject 컴포넌트를 얻고, 저장한다.
  FollowObject sliderFollowObject =
  progressSlider.GetComponent<FollowObject>();
  // 이것이 파워 소스를 따라다니도록 설정한다.
  sliderFollowObject.target = transform;
  sliderFollowObject.mainCamera =
  GameObject.Find("GameCamera").camera;
  sliderFollowObject.uiCamera =
  NGUITools.FindCameraForLayer(9);
  sliderFollowObject.offset = new Vector3(0,0.25f,0);
}
```

마지막으로 원소 전환 버튼을 파워 소스에 연결해서, 원소 전환 버튼을 누르면 파워 소스 원소가 바뀌도록 요청하게 만들어보자.

원소 버튼과 연결

UI에 있는 원소 전환 버튼을 클릭하면 현재 원소 전환 메뉴가 표시된 파워 소스 원소의 전환이 시작되도록 하고 싶다. 이를 위해서 `GameManager` 컴포넌트를 다음과 같이 수정할 것이다.

GameManager.cs 스크립트를 열고, 다음 변수를 선언한다.

```
// 원소 전환 UI가 표시된 현재 파워 소스
public PowerSource currentPowerSource;
```

각 원소 전환 버튼을 클릭하면 호출된 네 개의 간단한 메소드를 추가해보자.

```
// 불 버튼이 클릭되었을 때 실행된다.
public void FirePressed()
{
  // 파워 소스 원소가 전환되도록 요청한다.
  currentPowerSource.SwitchElement(Elements.Type.Fire);
}

// 얼음 버튼이 클릭되었을 때 실행된다.
public void IcePressed()
{
  // 파워 소스 원소가 전환되도록 요청한다.
  currentPowerSource.SwitchElement(Elements.Type.Ice);
}

// 번개 버튼이 클릭되었을 때 실행된다.
public void LightningPressed()
{
  // 파워 소스 원소가 전환되도록 요청한다.
  currentPowerSource.SwitchElement(Elements.Type.Lightning);
}

// 물 버튼이 클릭되었을 때 실행된다.
public void WaterPressed()
{
  // 파워 소스 원소가 전환되도록 요청한다.
  currentPowerSource.SwitchElement(Elements.Type.Water);
}
```

그리고 코드 마지막 줄에 `curretnPowerSource` 변수를 원소 전환 UI가 표시된 파워 소스로 설정한다.

`ShowElementalSwitch()` 메소드 첫 번째 줄에 있던 `if(targetObject != null)` 조건문처럼 다음 명령어를 추가하자.

```
// 원소 전환 UI의 현재 파워 소스를 설정한다.
currentPowerSource = targetObject.GetComponent<PowerSource>();
```

모드 코드 파일을 저장하고 유니티도 돌아가자. 네 개의 버튼에 각 메소드를 할당해야 한다.

1. InGame2DUI > ElementSwitch > Fire 게임 오브젝트를 선택한다.
2. UIButton 컴포넌트를 다음과 같이 설정한다.
   - GameManager를 On Click의 Notify 필드로 드래그한다.
   - Method를 GameManager > FirePressed로 설정한다.

위 과정을 다른 세 개의 원소 버튼에 반복한다. 유니티 플레이 버튼을 눌러보자. 원소 버튼을 누르면 진행 바가 나타나면서 충전이 시작되고, 충전 과정이 끝나면 스스로 바뀌는 것을 확인할 수 있을 것이다.

충전 과정에는 파워 소스를 드래그할 수 없고, 원소 전환 UI가 나타나지 않는다. 이미 존재하는 코드가 새 원소에 해당하는 조명 색상과 메시 머티리얼을 처리한다.

다음으로 몇 가지 문제점을 해결하기 위해 코드를 통해 버튼을 비활성화하는 방법을 배워보자.

사용 불가능한 버튼

현재 네 개의 원소 버튼 모두가 항상 활성화되어 있다. 이것은 불 원소를 갖는 파워 소스가 같은 불 원소로 전환될 수 있다는 것을 의미한다.

파워 소스가 불 원소를 갖는다면 불 원소 버튼은 표시되더라도 클릭할 수 없어야 한다. 이것을 단지 게임 오브젝트 자체를 비활성화해서 해결할 수도 있겠지만, 그러면 버튼이 표시되지 않을 것이다. 다음 스크린샷처럼 버튼을 아예 사라지게 하는 것이 아니라, 플레이어가 버튼이 있지만 클릭할 수 없다는 것을 알려주기 위해 버튼을 투명한 회색으로 표시하고 싶다.

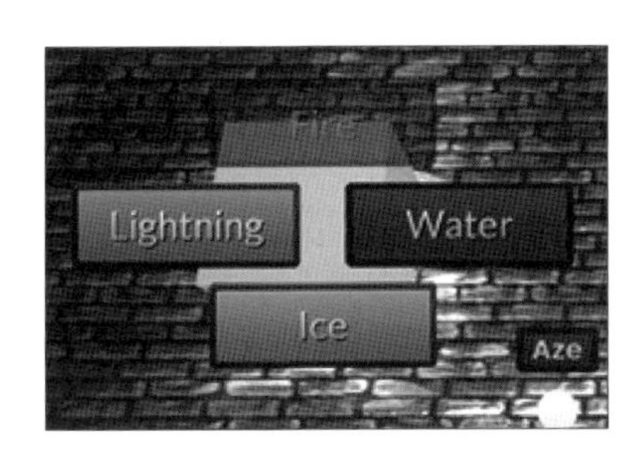

코드를 통해 어떻게 이렇게 만들 수 있는지 살펴보자.

EnableAllButtons() 메소드

먼저 `GameManager` 컴포넌트에 모든 버튼을 활성화하는 메소드를 추가해야 한다. 그리고 나서 파워 소스의 현재 원소 버튼을 비활성화할 것이다.

GameManager.cs 스크립트를 열고 다음과 같이 새로운 `EnableAllButtons()` 메소드를 추가하자.

```
// 모든 원소 버튼을 활성화한다.
public void EnableAllButtons()
{
  // 각 원소 버튼에서
  foreach(UIButton currentButton in allButtons)
  {
    // 활성화 상태로 표시한다.
    currentButton.isEnabled = true;
    // 색상을 갱신한다.
    currentButton.UpdateColor(true);
  }
}
```

앞의 메소드는 모든 원소 전환 버튼을 활성화한다.

SetButtonState() 메소드

GameManager.cs 스크립트에 SetButtonState() 메소드를 추가해보자. 이 메소드는 원소 전환 UI에 있는 원소 버튼을 활성화하거나 비활성화할 것이다. GameManager.cs 스크립트를 열고 다음과 같이 새로운 SetButtonState() 메소드를 추가하자.

```
// 원소 버튼을 활성화 / 비활성화하기 위해 사용한다.
public void SetButtonState(Elements.Type type, bool state)
{
  // allButtons[] 각 버튼에서
  foreach (UIButton currentButton in allButtons)
  {
    // currentButton이 활성화 / 비활성화하려는 버튼이라면
    if (currentButton.name == type.ToString())
    {
      // isEnabled 상태를 바꾼다.
      currentButton.isEnabled = state;
      // 색상을 갱신한다.
      currentButton.UpdateColor(true);
      return;
    }
  }
}
```

위 메소드는 파워 소스의 원소 버튼을 비활성화하기 위해 사용할 수 있다. UpdateColor() 메소드는 버튼 색상을 이전에 설정했던 투명한 갈색인 Disabled 색상으로 갱신한다. Disabled 색상을 원소 전환 UI를 만들 때 설정했었다.

버튼 상태 변경

버튼 상태가 바뀌도록 구현해보자. PowerSource.cs 스크립트를 열고 OnPress() 메소드 안에서 GameManager.Instance.ShowElementalSwitch(transform) 바로 위에 다음과 같이 새로운 코드를 추가하자.

```
// 모든 버튼을 다시 활성화한다.
GameManager.Instance.EnableAllButtons();
// 파워 소스 원소에 해당하는 버튼을 비활성화한다.
GameManager.Instance.SetButtonState(type, false);
```

이제 현재 원소에 해당하는 원소 전환 버튼이 비활성화되어서, 투명한 회색으로 표시될 것이다.

파워 소스를 새로운 원소로 전환하면 원소 전환 UI 버튼이 그에 따라서 갱신된다.

메인 메뉴에서 시작

일단 게임이 시작되면 메뉴 씬에서 게임 씬으로 아무 문제 없이 넘어가야 한다.

메뉴 씬을 열어보자. 메인 메뉴의 배경 텍스처가 게임 씬이 로드되면 페이드 아웃되고, 게임이 진행되는 동안에는 메인 메뉴의 요소가 표시되지 않도록 만들 것이다.

MenuManager.cs 스크립트를 열고 다음과 같이 글로벌 변수를 선언하자.

```
// UI 카메라가 필요하다.
public Camera uiCamera;
// UI 배경이 필요하다.
public GameObject background;
```

스크립트를 저장하고 유니티로 돌아와서, 새로 생긴 두 변수를 다음과 같이 설정하자.

1. UI Root 게임 오브젝트를 선택해서 Menu Manager 컴포넌트를 다음과 같이 설정한다.
   - UI Root ➤ Camera를 UI Camera 필드로 드래그한다.
   - UI Root ➤ Background를 Background 드래그한다.

MenuManager.cs 스크립트로 돌아가서 다음과 같은 EnterGame() 코루틴을 추가하자.

```
// EnterGame 코루틴
private IEnumerator EnterGameRoutine()
{
  // UI 배경을 페이드 아웃
  TweenAlpha.Begin(background, 0.5f, 0);
  // 트윈이 종료되기를 기다린다.
  yield return new WaitForSeconds(0.5f);
  // 카메라를 비활성화해서 메인 메뉴 UI를 숨긴다.
  uiCamera.enabled = false;
}
```

게임 씬이 로드되면 코루틴이 시작되어야 한다. MenuManager.cs 스크립트에 있는 LoadGameScene() 메소드에서 Application.LoadLevel("Game") 바로 밑에 다음 코드를 추가하자.

```
// EnterGameRoutine을 시작한다.
StartCoroutine("EnterGameRoutine");
```

유니티 플레이 버튼을 눌러보자. 메인 메뉴 Play 버튼을 클릭해서 게임을 시작하면 배경이 메이드 아웃되고 UI 카메라가 비활성화될 것이다.

이제 6장에서 배운 것들을 정리할 시간이다.

요약

6장에서는 인게임 2D UI를 만들고 간단한 게임 예제에서 구현하는 방법을 배웠다. UIDragObject 컴포넌트를 사용해서 파워 소스를 3D 공간에서 드래그할수 있게 만들었고, Movement 벡터 매개변수를 사용해서 수평면에서만 움직이도록 제한하였다.

플레이어가 땅이나 다른 상호작용하는 요소를 클릭하면 캐릭터가 이동하도록 3D 월드 요소에서 발생하는 NGUI OnPress() 이벤트를 사용했다.

플레이어가 불, 얼음, 번개, 물 버튼을 사용해서 파워 소스의 현재 원소를 전환할 수 있게 하기 위해서 원소 전환 UI를 만들었다. 현재 원소에 해당하는 버튼은 isEnabled 변수를 사용해서 투명한 회색으로 표시되게 하였다.

2D UI 위젯이 3D 씬에 있는 오브젝트를 설정한 Offset만큼 떨어져서 따라다니게 하기 위해, 새로운 FollowObject 컴포넌트를 만들어서 사용했다. 이것을 원소 전환 UI가 관련된 파워 소스 위에 표시되게 만들기 위해 사용했다.

원소 전환에 걸리는 시간에 대한 피드백을 플레이어에게 제공하기 위해 파워 소스에 진행 바를 추가했다.

마지막으로, 게임이 실행될 때 메인 메뉴의 배경 텍스처가 페이드 아웃되도록 만들었다.

지금까지 3D 환경에 인게임 2D UI를 통합하는 방법을 살펴보았다. 7장에서는 3D UI 요소를 추가하는 방법을 살펴볼 것이다.

7
3D UI

7장에서는 UI와 게임 환경에서 사용할 3D 위젯을 만들어 볼 것이다. 다음과 같은 위젯을 만들 것이다.

- 3D 스코어 카운터
- 3D 정지 버튼
- 3D 원근감 효과를 갖는 3D 정지 메뉴
- 게임이 정지된 동안 플레이어에게 플레이할 수 없다는 것을 알리기 위한 인터랙션 오버라이드
- 땅 위에 3D로 표시되는 현재 레벨 이름
- UI 요소의 조명 효과
- 키 바인딩

7장이 끝날 때 즈음에는 3D UI를 만들고 게임 환경의 인게임 3D 요소에 조명 효과를 추가하는 방법을 알게 될 것이다.

3D UI 소개

지금까지는 2D UI 요소와 수직 카메라에 의해 표시되는 평평한 위젯을 만들었다. 수직 카메라는 z축의 영향을 받지 않기 때문에 이러한 것들을 만들 때에는 카메라에서 위젯이 얼마나 떨어져 있는지 고려하지 않아도 되었다.

하지만 3D UI 요소는 원근감을 고려해서 표시되어야 한다. 이것은 z축이 카메라로부터 위젯이 멀리 떨어져 있거나 가까이 있도록 느끼게 만드는 것을 의미한다.

회전 또한 적용되어야 한다. 이것은 위젯이 3D 환경의 일부처럼 보이도록 만들 것이다.

여기서는 3D UI 요소를 만들 것이다. 먼저, 3D UI 루트가 무엇인지 설명하고, 만들어 볼 것이다.

3D UI 루트

2D와 3D 레이어를 분리하면 각 레이어 위젯을 렌더링하는 카메라를 활성화/비활성화해서 간단하게 숨기거나 표시할 수 있다.

따라서 2D UI를 갖는 UI 루트와는 별개로 3D UI를 갖는 또 다른 `UI Root`를 고려해보자. 3D 정지 메뉴를 표시하기 위해 2D UI를 숨겨야 한다면, 다음과 같이 설정하면 될 것이다.

1. 인게임 2D UI를 갖고 렌더링하는 2D UI 루트를 비활성화한다.
2. 3D 정지 메뉴를 갖고 렌더링하는 3D UI 루트를 활성화한다.

UI 루트가 스크린에 따라서 위젯 크기를 조절하기 때문에, 같은 씬에는 오직 하나의 UI 루트 인스턴스가 동작한다. NGUI 플러그인은 2D UI 루트가 존재하는 씬 안에서 새로운 3D UI 루트를 만들도록 허락하지 않는다. 따라서 3D UI 루트를 만들기 전에 `InGame2DUI` 루트를 비활성화해야 한다.

1. InGame2DUI를 선택하고 비활성화한다.
2. NGUI ➤ Create ➤ 3D UI로 이동해서 새로운 3D UI를 만든다.
3. 새로운 UI Root (3D) 게임 오브젝트를 선택한다.
4. 이름을 InGame3DUI로 바꾼다.
5. UIRoot 컴포넌트를 다음과 같이 설정한다.
    1. Scaling Style을 Constrained로 설정한다.
    2. Content Width를 1920으로 설정한다.
    3. Content Height를 1080으로 설정한다.
    4. 높이 Fit 옵션을 체크한다.

이제 3D UI 요소를 가질 새로운 레이어를 만들어보자.

1. Edit ➤ Project Settings ➤ Tags and Layers를 선택한다.
2. User Layer 10 옆 필드에 3DUI를 입력한다.
3. InGame3DUI 게임 오브젝트를 선택한다.
4. 레이어를 3DUI로 바꾼다.

유니티에서 모든 자식 오브젝트의 레이어도 바꿀 것인지 묻는 팝업이 표시될 것이다. Yes, change children 버튼을 클릭한다.

InGame3DUI가 3DUI 레이어에 포함되도록 설정하였다. 이번에는 이 레이어가 UICamera에 의해 렌더링되도록 설정해보자.

1. InGame3DUI ➤ Camera 게임 오브젝트를 선택한다.
2. Camera 컴포넌트에서 Culling Mask를 3D UI만을 표시하도록 설정한다.

이제 3D UI 루트가 만들어지고 설정되었다. InGame2DUI 루트를 다시 활성화해서 컬링 마스크가 변경되지 않았음을 확인해보자.

1. InGame2DUI 게임 오브젝트를 선택하고 활성화한다.
2. InGame2DUI ➤ Camera 게임 오브젝트를 선택한다.
3. `Camera`에서 Culling Mask가 InGame2DUI로 설정되어 있는지 확인한다.

3D 위젯을 표시할 준비가 완료되었다.

스케일 조정

3D UI에서의 스케일 조정은 풀스크린 3D 위젯이 실제로 전체 스크린을 차지하게 만드는 과정이다. 1920×1080 크기의 스케일 조정을 위한 스프라이트를 만들어서 이것이 제대로 게임 뷰에 맞는지 확인할 것이다.

1. InGame3DUI 게임 오브젝트를 선택한다.
2. Alt + Shift + S 단축키를 눌러서 새로운 자식 스프라이트를 만든다.
3. Atlas를 SciFi 아틀라스로 설정한다.
4. Sprite를 Dark 스프라이트로 바꾼다.
5. Type이 Sliced인지 확인한다.
6. Color Tint로 흰색을 설정한다.
7. Size를 1920×1080으로 바꾼다.

1920×1080 크기의 가상 스크린을 갖는다. 현재 3D UI 설정에서 1920×1080 슬라이스 스프라이트가 스크린보다 훨씬 큰 것을 확인할 수 있다. UI 스케일을 조정하는 방법을 찾아야 한다.

이 문제를 해결하기 위해, 카메라를 위젯에서 더 멀어지도록 움직여서 UI가 표시되는 크기를 줄일 수 있다.

1. InGame3DUI ➤ Camera를 선택한다.
2. Transform 위치를 {0, 0, -935}로 설정한다.

1920×1080 스프라이트가 스크린 밖으로 나가지 않고 딱 맞는다. 이젠 조정용으로 만들었던 스프라이트를 삭제해도 된다.

게임 씬의 계층 뷰가 아래의 스크린샷과 같은 요소들을 가질 것이다.

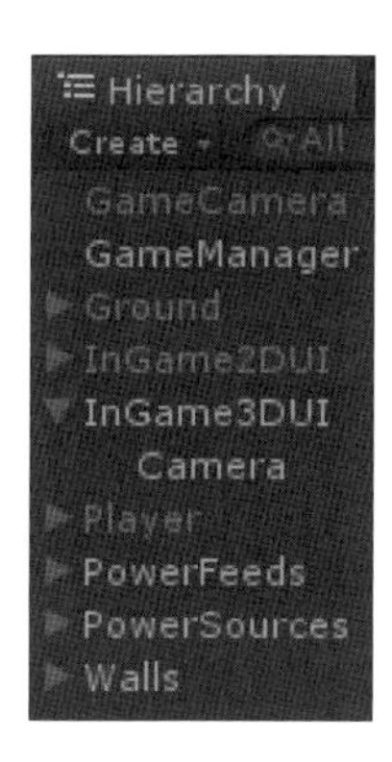

유니티 4.5 이상에서는 요소들이 더 이상 알파벳 순서로 정렬되지 않기 때문에 순서가 다를 수도 있다.

UI 스케일이 조정되었으니, 이제 첫 번째 3D 위젯을 만들어보자.

스코어 카운터

첫 번째 3D 위젯으로 스크린 오른쪽 위에 스코어 카운터를 만들 것이다.

위 스크린샷에서 보이는 것처럼, 스코어 카운터는 y축 방향으로 20도 회전된 약간의 3D 효과를 갖는다.

텍스트 레이블

스코어 카운터 레이블을 만드는 것으로 시작해보자.

1. InGame3DUI 게임 오브젝트를 선택한다.
2. Alt + Shift + N 단축키를 눌러서 새로운 게임 오브젝트를 만든다.
3. 새로운 오브젝트 이름을 Score로 바꾼다.
4. Ali + Shift + N 단축키를 눌러서 새로운 레이블을 만든다.

이제 새로운 레이블을 설정해보자.

1. 새로운 InGame3DUI ➤ Score ➤ Label 게임 오브젝트를 선택한다.
2. 폰트 타입을 Unity로 설정하고, Lato 폰트를 사용한다.
3. Font Size를 60으로 설정하고, Normal(Bold가 아님) 스타일을 사용한다.
4. Text 값을 999999로 바꾼다.
5. Overflow 매개변수를 ResizeFreely로 바꾼다.
6. 검은 Shadow 효과의 X, Y 값을 1로 설정한다.
7. Color Tint를 {R: 255, G: 255, B: 150, A: 255}로 설정한다.
8. Pivot를 Right로 바꾼다(가운데 바 옆에 있는 오른쪽 화살표를 클릭).
9. Depth를 2로 설정한다.

오른쪽으로 설정된 피벗을 갖는 레이블을 만들었다. 이번에는 이 레이블 주위를 덮을 배경 스프라이트를 추가해보자.

배경

스코어 카운터가 더 잘 보이도록 어두운 색의 투명 배경 스프라이트를 추가해보자.

1. InGame3DUI ➤ Score 게임 오브젝트를 선택한다.
2. Alt + Shift + S 단축키를 눌러서 새로운 스프라이트를 만든다.

3. 새로운 스프라이트 이름을 Background로 바꾼다.
4. Atlas를 SciFi 아틀라스로 바꾼다.
5. Sprite를 Dark 스프라이트로 바꾼다.
6. Type이 Sliced인지 확인한다.
7. 레이블 뒤에 표시되도록 Depth를 0으로 설정한다.
8. Size를 235×80으로 바꾼다.
9. Color Tint를 {R: 160, G: 120, B: 30, A: 150}으로 바꾼다.

이제 배경이 레이블 주변을 덮도록 앵커를 설정해보자.

1. Anchor Type을 Unified로 바꾼다.
2. Score ➤ Label 게임 오브젝트를 Target 필드로 드래그한다.

스코어 레이블 안의 숫자를 추가하거나 제거하면, 배경이 이에 따라서 레이블 크기에 맞게 조절되는 것을 확인할 수 있을 것이다.

이번에는 스프라이트가 더 잘 보이는 가장자리를 갖도록 테두리를 추가해보자.

테두리 스프라이트

기존 배경 스프라이트를 사용해서 테두리 스프라이트를 만들어보자.

1. InGame3DUI ➤ Score ➤ Background 게임 오브젝트를 선택한다.
2. Ctrl + D 단축키를 눌러서 복제한다.
3. 새로운 게임 오브젝트 이름을 Border로 바꾼다.
4. Sprite를 Highlight 스프라이트로 바꾼다.
5. Fill Center 매개변수의 체크를 해제한다.
6. 배경 위에 표시되도록 Depth를 1로 설정한다.
7. Color Tint를 {R: 255, G: 255, B: 0, A: 255}로 바꾼다.
8. Score ➤ Background를 Anchor Target 필드로 드래그한다.

이번에는 스코어 카운터를 올바른 위치에 놓아보자.

위치와 회전

스코어 카운터가 스크린 오른쪽 위 구석에 앵커링되고 약간 회전되도록 만들어보자.

1. InGame3DUI ➤ Score 게임 오브젝트를 선택한다.
2. 3D 효과를 주기 위해 Transform 회전을 {0, 20, 0}으로 설정한다.
3. 인스펙터 뷰에서 Add Component 버튼을 클릭한다.
4. 검색창에 anc를 입력해서 컴포넌트를 검색한다.
5. Anchor를 선택하고 Enter 키를 누르거나 마우스로 클릭한다.

Score 게임 오브젝트에 추가한 `UIAnchor` 컴포넌트를 다음과 같이 설정한다.

1. Size를 TopRight로 바꾼다.
2. Reletive Offset를 {-0.09, -0.08}로 바꾼다.

이제 스크린 오른쪽 위 구석에 3D 스코어 카운터가 생겼다. 이번에는 스코어를 어떻게 증가시키는지 알아보자.

> 모든 위젯은 앵커링 시스템을 내장하고 있으므로 UIAnchor는 레거시 컴포넌트이다. 하지만 이것이 존재하고 위젯이 아닌 오브젝트를 앵커링하기 위해 사용할 수 있다는 점에서 유용하다.

ScoreController 컴포넌트

스코어 카운터의 동작을 제어하기 위해, 플레이어의 현재 스코어가 변경되면 스코어 카운터의 레이블을 갱신시켜주는 `ScoreScontroller` 컴포넌트를 만들 것이다.

스코어가 변경된다는 것을 나타내는 피드백은 분명하게 나타나야만 한다. 따라서 간단한 스케일 애니메이션을 이용해서 이것을 나타낼 것이다. 먼저 스코어 크기를 증가시키고, 일정 시간에 걸쳐서 스코어 값을 증가시킨 후에, 증가가 완료되면 다시 스코어 크기를 원래대로 돌려놓는다.

먼저 새로운 ScoreController 컴포넌트를 만들어보자.

1. InGame3DUI ➤ Score 게임 오브젝트를 선택한다.
2. 인스펙터 뷰에서 Add Component 버튼을 클릭한다.
3. 검색창에 ScoreController를 입력해서 컴포넌트를 검색한다.
4. Language가 CSharp로 설정되어 있는지 확인하고 Enter 키를 누른다.
5. 새로 추가된 ScoreController.cs 스크립트를 연다.

새로운 ScoreController.cs 스크립트에서 다음과 같이 글로벌 변수를 선언한다.

```
// 스코어 레이블을 저장해야 한다.
private UILabel label;
// 표시될 스코어를 따로 저장해야 한다.
private int previousScore;
// private _currentScore 값
private int _currentScore;
```

또한 스코어가 변경될 때마다 perviousScore 값과 레이블 텍스트를 갱신하기 위한 커스텀 setter 메소드를 갖는 public current Score 변수를 추가한다.

```
// 커스텀 setter를 갖는 public currentScore
public int currentScore
{
  get
  {
    return _currentScore;
  }

  set
  {
    // 이전 스코어를 현재 스코어로 갱신한다.
    previousScore = _currentScore;
    // private _currentScore 값을 갱신한다.
```

```
    _currentScore = value;
    // 레이블을 새로운 스코어로 갱신한다.
    UpdateLabel();
  }
}
```

다음으로 컴포넌트가 시작될 때 변수가 올바르게 초기화되도록 만들자. 기본적인 Start() 메소드를 다음과 같이 변경한다.

```
// At start
private void Start ()
{
  // 스코어 카운터 레이블을 얻는다.
  label = GetComponentInChildren<UILabel>();
  // currentScore 값을 0으로 설정한다.
  currentScore = 0;
}
```

변수가 올바르게 초기화되었다면, currentScore 변수의 getter 메소드 마지막 줄에서 호출되는 UpdateLabel() 메소드를 추가하자.

```
// 스코어 레이블을 갱신하는 메소드
public void UpdateLabel()
{
  // 레이블을 갱신하기 위한 코루틴을 작동시킨다.
  StartCoroutine(UpdateLabelRoutine());
}
```

위 UpdateLabel() 메소드는 UpdateLabelRoutine 코루틴을 시작시킨다. 실제로 레이블을 갱신하는 이 코루틴을 추가해보자.

```
// 레이블을 갱신하는 코루틴
private IEnumerator UpdateLabelRoutine()
{
  // 스코어 레이블 스케일을 1.2로 증가시킨다.
  UITweener tween =
    TweenScale.Begin(label.gameObject, 0.1f, Vector3.one * 1.2f);
  // 스케일 트윈이 끝날 때까지 기다린다.
```

```
  yield return new WaitForSeconds(0.1f);
  // 이전 스코어와 새로운 스코어의 차이를 계산한다.
  int scoreDelta = currentScore - previousScore;
  // 이전 스코어가 현재 스코어보다 작은 동안
  while(previousScore < currentScore)
  {
    // ...previousScore 값을 증가시킨다.
    previousScore += Mathf.CeilToInt(scoreDelta * Time.deltaTime *3.5f);
    // 레이블을 previousScore 값으로 설정한다.
    label.text = previousScore.ToString();
    // 다음 프레임을 기다린다.
    yield return null;
  }

  // 스코어가 최종 스코어 값에 도달하면
  // 스코어 레이블을 현재 스코어로 갱신한다.
  label.text = currentScore.ToString();
  // 잠시 기다린다.
  yield return new WaitForSeconds(0.3f);
  // 스코어 레이블 스케일을 원래대로 되돌린다.
  TweenScale.Begin(label.gameObject, 0.1f, Vector3.one);
}
```

위 메소드는 먼저 레이블 크기를 증가시키고, 레이블 값을 `currentScore` 값에 도달할 때까지 증가시킨다. 그리고 다시 레이블 크기를 원래대로 되돌린다.

다음에는 플레이어가 파워소스의 올바른 원소를 전달하면 스코어가 증가하도록 만들고 싶다. PlayerController.cs 스크립트를 열고 `UseElement()` 메소드의 `targetFeed.Feed()` 명령어 바로 밑에 다음 코드를 추가한다.

```
// 스코어를 증가시킨다.
ScoreController.Instance.currentScore += 1000;
```

유니티 플레이 버튼을 눌러보자. 파워 피드에 올바른 원소가 전달되면(예를 들어 번개 원소를 모아서 번개 파워 피드로 전달하면) 스코어가 1000 포인트 증가할 것이다.

다음으로는 인게임 정지 메뉴를 만들어보자.

정지 버튼

다음 스크린샷과 같은 3D 정지 버튼을 만들 것이다.

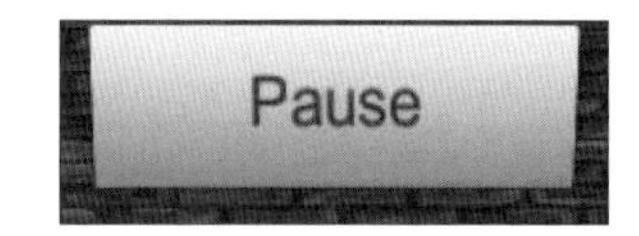

먼저 Buttons 홀더 게임 오브젝트를 만들자.

1. InGame3DUI 게임 오브젝트를 선택한다.
2. Alt + Shift + N 단축키를 눌러서 자식 오브젝트를 만든다.
3. 새로운 오브젝트 이름을 TopButtons로 바꾼다.

다음으로 버튼을 만든다.

1. 프로젝트 뷰에서 button을 검색한다.
2. Control – Simple Button을 TopButtons 게임 오브젝트로 드래그한다.
3. 새로운 버튼 이름을 Pause로 바꾼다.
4. Transform 위치를 {0, 0, 0}으로 초기화한다.
5. 인스펙터 뷰에서 Add Component 버튼을 클릭한다.
6. 검색창에 sca를 입력해서 컴포넌트를 검색한다.
7. Button Scale을 선택하고 Enter 키를 누르거나 마우스로 클릭한다.

추가된 UISprite 컴포넌트를 다음과 같이 설정한다.

1. Size를 320×100으로 설정한다.
2. Pivot를 Top(중앙 + 위 화살표)으로 바꾼다.

추가된 UIButton 컴포넌트를 다음과 같이 설정한다.

1. Normal 색상을 {R: 255, G: 255, B: 255, A: 255}로 설정한다.
2. Hover 색상을 {R: 225, G: 200, B: 150, A: 255}로 설정한다.
3. Pressed 색상을 {R: 120, G: 120, B: 120, A: 255}로 설정한다.

자식 Label 게임 오브젝트를 선택하고 다음과 같이 설정한다.

1. 폰트 타입을 Unity로 설정한다.
2. Font를 Arial로 설정한다.
3. Color Tint를 {R: 0, G: 0, B: 0, A: 255}로 설정한다.
4. Font Size를 40으로 바꾼다.
5. Text를 Pause로 바꾼다.

정지 버튼이 그럴듯해졌다. 이제 이것에 약간의 3D 효과를 추가하고 스크린 위에 위치하도록 만들어보자.

1. InGame3DUI ➤ TopButtons 게임 오브젝트를 선택한다.
2. Transform 회전을 {-15, 0, 0}으로 설정해서 약간의 3D 효과를 준다.

TopButtons 게임 오브젝트는 위젯이 아니라 버튼을 보관하는 컨테이너 객체이기 때문에 이것의 크기나 피벗을 설정할 수가 없다. 하지만 `UIWidget` 컴포넌트를 추가하면 크기와 피벗을 설정할 수 있다.

1. InGame3DUI ➤ TopButtons 게임 오브젝트를 선택한다.
2. 인스펙터 뷰에서 검색창에 widg를 입력해서 컴포넌트를 찾는다.
3. NGUI Widget를 선택하고 Enter 키를 누르거나 마우스로 클릭한다.

이제 `TopButtons`가 위젯으로 설정되었다. 이것에 추가된 `UIWidget` 컴포넌트 Size와 Pivot을 설정해서 정지 버튼이 스크린 위에 위치하도록 만들 수 있다.

1. Size를 320×100으로 설정한다.
2. Pivot를 Top(중앙 + 위 화살표)로 바꾼다.
3. Transform 위치를 {0, 540, 0}으로 설정한다.

이제 다음 스크린샷과 같이 정지 버튼이 스크린 위에 위치할 것이다.

다음으로는 정지 버튼을 누르면 표시되는 정지 메뉴를 만들어보자.

정지 메뉴

다음 스크린샷과 같이 독특한 인게임 3D 정지 메뉴를 만들 것이다.

컨테이너 패널과 박스를 만드는 것부터 시작해보자.

패널과 박스

먼저, 정지 메뉴 배경과 테두리를 포함할 새로운 패널을 만들어보자.

1. InGame3DUI 게임 오브젝트를 선택한다.
2. Alt + Shift + N 단축키를 눌러서 새로운 자식 게임 오브젝트를 만든다.
3. 새로운 오브젝트 이름을 PauseMenu로 바꾼다.
4. 인스펙터 뷰에서 Add Component 버튼을 클릭한다.
5. 검색창에 panel을 입력해서 컴포넌트를 검색한다.
6. `NGUI Panel`을 선택하고 Enter 키를 누르거나 마우스로 클릭한다.
7. 새로 추가된 `UIPanel`의 Depth 값을 1로 설정한다.

다음으로 정지 메뉴 배경을 만들어보자.

1. InGame3DUI ➤ PauseMenu 게임 오브젝트를 선택한다.
2. Alt + Shift + S 단축키를 눌러서 새로운 자식 스프라이트를 만든다.
3. 새로운 스프라이트 이름을 Background로 바꾼다.
4. Atlas를 Wooden Atlas로 바꾼다.
5. Sprite를 Window 스프라이트로 설정한다.
6. Type이 Sliced로 설정되었는지 확인한다.
7. Color Tint를 {R: 255, G: 200, B: 130, A: 200}으로 설정한다.
8. Size를 1100×600으로 설정한다.

이번엔 박스 테두리 스프라이트를 추가해보자.

1. InGame3DUI ➤ PauseMenu ➤ Background 게임 오브젝트를 선택한다.
2. Ctrl + D 단축키를 눌러서 복제한다.
3. 복제된 오브젝트 이름을 Border로 바꾼다.
4. UISprite 컴포넌트에서 Fill Center 옵션의 체크를 해제한다.

5. Color Tint를 {R: 255, G: 230, B: 60, A: 255}로 설정한다.
6. Depth 값을 2로 바꾼다.
7. Anchor Type를 Unified로 바꾼다.
8. InGame3DUI > PauseMenu > Background를 Target 필드로 드래그한다.

이제 멋진 노란색 테두리가 생겼을 것이다. 다음으로 타이틀 바를 만들어보자.

타이틀 바

Pause 레이블이 표시될 타이틀 바를 만들어보자.

1. InGame3DUI > PauseMenu 게임 오브젝트를 선택한다.
2. Alt + Shift + N 단축키를 눌러서 새로운 자식 게임 오브젝트를 만든다.
3. 새로운 오브젝트 이름을 Title로 바꾼다.
4. InGame3DUI > PauseMenu > Background 게임 오브젝트를 선택한다.
5. Ctrl + D 단축키를 눌러서 복제한다.
6. 복제된 오브젝트를 새로운 Title 게임 오브젝트 안으로 드래그한다.
7. UISprite 컴포넌트의 Fill Center 옵션을 체크한다.
8. Color Tint를 {R: 255, G: 200, B: 90, A: 255}로 설정한다.
9. Depth 값을 1로 설정한다.
10. ANchor Type을 Unified로 바꾼다.
11. InGame3DUI > PauseMenu > Background를 Target 필드로 드래그한다.
12. Button 앵커 필드를 Target's Top으로 바꾼다.
13. Buttom 앵커 오프셋을 -100으로 설정한다.

타이틀바 배경 설정이 완료되었다. 다음으로 타이틀바에 레이블을 추가해보자.

1. InGame3DUI > PauseMenu > Title 게임 오브젝트를 선택한다.

2. Alt + Shift + L 단축키를 눌러서 새로운 자식 레이블을 만든다.
3. Transform 위치를 {0, 250, 0}으로 설정한다.
4. UILabel 컴포넌트를 다음과 같이 설정한다.
   - 폰트 타입을 Unity로 바꾼다.
   - Font를 GoodDog로 설정한다.
   - Font Size를 65로 바꾼다.
   - Overflow 매개변수를 ResizeFreely로 바꾼다.
   - 레이블 Text를 Pause로 바꾼다.
   - 검은 Outline 효과의 X, Y 값을 1로 설정한다.
   - Color Tint를 {R: 255, G: 200, B: 150, A: 255}로 설정한다.

이제 다음 스크린샷과 같은 계층 뷰를 갖는 윈도우가 만들어졌을 것이다.

이제 정지 메뉴에서 사용할 두 개의 버튼을 만들어보자.

버튼

여기서는 계속과 종료 3D 버튼을 만들 것이다.

계속

먼저 계속 버튼을 만들어보자.

1. InGame3DUI > PauseMenu 게임 오브젝트를 선택한다.
2. Alt + Shift + N 단축키를 눌러서 새로운 자식 게임 오브젝트를 만든다.
3. 새로운 오브젝트 이름을 Buttons로 바꾼다.
4. NGUI > Open > Prefab Toolbar로 이동해서 Prefab 툴다를 연다.
5. InGame3DUI > PauseMenu > Buttons로 이동해서 Simple 버튼을 드래그한다.
6. 새로운 버튼 이름을 Resume로 바꾼다.
7. Transform 위치를 {-270, -40, 0}으로 설정한다.

그리고 UISprite 컴포넌트를 다음과 같이 설정한다.

1. Atlas를 Game 아틀라스로 바꾼다.
2. Sprite를 Background_Button 스프라이트로 설정한다.
3. Size를 420×420으로 설정한다.

UIButton 컴포넌트도 다음과 같이 설정한다.

1. Normal 색상을 {R: 170, G: 255, B: 160, A: 255}로 설정한다.
2. Hover 색상을 {R: 100, G: 255, B: 100, A: 255}로 설정한다.
3. Pressed 색상을 {R: 25, G: 75, B: 0, A: 255}로 설정한다.
4. 인스펙터 뷰에서 검색창에 sca를 입력해서 컴포넌트를 검색한다.
5. Button Scale을 선택하고 Enter 키를 누르거나 마우스로 클릭한다.

이제 자식 레이블을 다음과 같이 설정한다.

1. PauseMenu > Buttons > Resume > Label 게임 오브젝트를 선택한다.
2. 폰트 타입을 Unity로 설정하고 GoodDog 폰트를 사용한다.
3. Font Size를 60으로 바꾼다.
4. Text를 Resume로 설정한다.
5. 검은 Outline 효과 X, Y 값을 1로 설정한다.
6. Color Tint를 {R: 180, G: 255, B: 170, A: 255}로 설정한다.
7. Depth를 6으로 바꾼다.

버튼 설정이 완료되었다. 다음으로 계속 버튼에 사용할 스프라이트를 만들자.

1. PauseMenu > Buttons > Resume 게임 오브젝트를 선택한다.
2. Alt + Shift + S 단축키를 눌러서 새로운 자식 스프라이트를 만든다.
3. 새로운 스프라이트 이름을 Icon으로 바꾼다.

4. Atlas를 Game 아틀라스로 바꾼다.
5. Sprite를 Icon_Play 스프라이트로 설정한다.
6. Type을 Simple로 바꾼다.
7. Color Tint를 {R: 115, G: 240, B: 75, A: 255}로 설정한다.
8. Depth를 5로 설정한다.
9. Size를 380×380으로 바꾼다.

계속 버튼이 완성되었다. 종료 버튼을 만들러 가보자.

종료

계속 버튼을 사용해서 종료 버튼을 만들어보자.

1. PauseMenu ➤ Buttons ➤ Resume 게임 오브젝트를 선택한다.
2. Ctrl + D 단축키를 눌러서 복제한다.
3. 새로운 오브젝트 이름을 Exit로 바꾼다.
4. Transform 위치를 {270, -40, 0}으로 바꾼다.
5. Normal 색상을 {R: 255, G: 180, B: 160, A: 255}로 설정한다.
6. Hover 색상을 {R: 255, G: 85, B: 85, A: 255}로 설정한다.
7. Pressed 색상을 {R: 75, G: 0, B: 0, A: 255}로 설정한다.

그리고 배경에서 한 것과 같이, 자식 레이블을 붉은색으로 갱신하자.

1. PauseMenu ➤ Buttons ➤ Exit ➤ Label 게임 오브젝트를 선택한다.
2. Text를 Exit로 설정한다.
3. Color Tint를 {R: 255, G: 210, B: 210, A: 255}로 설정한다.

아이콘 색상 또한 붉은색으로 바꾸어야 한다.

1. PauseMenu ➤ Buttons ➤ Exit ➤ Icon 게임 오브젝트를 선택한다.

2. Sprite를 Icon_Exit로 바꾼다.

3. Color Tint를 {R: 255, G: 180, B: 180, A: 255}로 설정한다.

이번에는 정지 메뉴가 레벨의 땅에 표시된 것처럼 보이도록 3D 효과를 추가해보자.

1. InGame3DUI ➤ PauseMenu 게임 오브젝트를 선택한다.

2. Transform 회전을 {22, 0, 0}으로 바꾼다.

이제 정지 메뉴가 완성되었다. 게임 뷰와 계층 뷰가 다음 스크린샷처럼 보일 것이다.

다음으로 이 정지 메뉴를 필요할 때 표시하는 방법을 배울 것이다.

정지 메뉴 표시

정지 버튼을 누르면 정지 메뉴가 표시되도록 만들 것이다. 알파 트윈을 사용해서 정지 메뉴의 알파 값이 서서히 변경되도록 해보자.

트윈 알파

다음과 같이 `PauseMenu`에 `Tween Alpha` 컴포넌트를 추가하고, 설정하자.

1. InGame3DUI ➤ PauseMenu 게임 오브젝트를 선택한다.

2. 인스펙터 뷰에서 Add Component 버튼을 클릭한다.

3. 검색창에 alp를 입력해서 컴포넌트를 검색한다.

4. Tween Alpha를 선택하고 Enter 키를 누르거나 마우스로 클릭한다.
5. 새로 추가된 Tween Alpha 컴포넌트의 From 값을 0으로 설정한다.
6. Duration 값을 0.5로 바꾼다.

알파 트윈이 설정되었으니, 이것이 필요할 때 작동하게 해야 한다.

Play Tween

Pause 버튼을 누르면 알파 트윈이 작동하게 하기 위해 `Play Tween` 컴포넌트를 사용할 것이다.

1. InGame3DUI ➤ TopButtons ➤ Pause 게임 오브젝트를 선택한다.
2. 인스펙터 뷰에서 Add Component 버튼을 클릭한다.
3. 검색창에 play를 입력해서 컴포넌트를 검색한다.
4. Play Tween를 선택하고 Enter 키를 누르거나 마우스로 클릭한다.
5. InGame3DUI ➤ PauseMenu를 Tween Target 필드로 드래그한다.
6. If target is disabled 필드를 EnableThenPlay로 설정한다.

정지 버튼을 누르면 정지 메뉴가 페이드 인 되면서 나타날 것이다. 이번에는 계속 버튼을 누르면 정지 메뉴가 페이드 아웃 되면서 사라지도록 만들어보자. 다시 `Play Tween`을 사용할 것이다.

1. InGame3DUI ➤ PauseMenu ➤ Buttons ➤ Resume 게임 오브젝트를 선택한다.
2. 인스펙터 뷰에서 Add Component 버튼을 클릭한다.
3. 검색창에 play를 입력해서 컴포넌트를 검색한다.
4. Play Tween를 선택하고 Enter 키를 누르거나 마우스로 클릭한다.
5. InGame3DUI ➤ PauseMenu를 Tween Target 필드로 드래그한다.
6. Play Direction 필드를 Reverse로 설정한다.
7. When finished 필드를 Disable After Reverse로 설정한다.

이제 계속 버튼을 누르면 정지 메뉴가 페이드 아웃되어서 사라지고 비활성화될 것이다. 이번에는 정지 메뉴가 표시되면 정지 버튼이 사라지고, 계속 버튼을 누르면 정지 버튼이 다시 표시되도록 만들어보자.

1. InGame3DUI ➤ TopButtons ➤ Pause 게임 오브젝트를 선택한다.
2. 인스펙터 뷰에서 Add Component 버튼을 클릭한다.
3. 검색창에 acti를 입력해서 컴포넌트를 검색한다.
4. Button Activate를 선택하고 Enter 키를 누르거나 마우스로 클릭한다.
5. InGame3DUI ➤ TopButtons ➤ Pause(자기 자신)을 Target 필드로 드래그한다.
6. 클릭되자마자 자기 자신을 비활성하도록 State 옵션의 체크를 해제한다.

`Button Activate` 컴포넌트는 `State` 매개변수의 불 값에 따라서 `Target`을 활성화/비활성화한다. 위에서는 `State` 옵션의 체크를 해제했으므로 정지 버튼이 클릭되자마자 비활성화될 것이다.

이번에는 같은 컴포넌트를 사용해서 계속 버튼을 누르면 정지 버튼이 다시 활성화되도록 만들어보자.

1. InGame3DUI ➤ TopButtons ➤ Resume 게임 오브젝트를 선택한다.
2. 인스펙터 뷰에서 Add Component 버튼을 클릭한다.
3. 검색창에 acti를 입력해서 컴포넌트를 검색한다.
4. Button Activate를 선택하고 Enter 키를 누르거나 마우스로 클릭한다.
5. InGame3DUI ➤ TopButtons ➤ Pause을 Target 필드로 드래그한다.
6. State 옵션을 체크된 상태로 둔다.

이제 계속 버튼을 누르면 정지 버튼이 다시 활성화될 것이다. 그런데 게임이 시작될 때는 정지 메뉴가 비활성화된 상태여야 할 것이다. 다음과 같이 설정하자.

1. InGame3DUI ➤ PauseMenu 게임 오브젝트를 선택한다.

2. 인스펙터 뷰에서 이 오브젝트의 체크박스를 해제해서 비활성화한다.

유니티 플레이 버튼을 눌러보자. 정지 버튼을 누르면 PauseMenu가 레벨의 땅에 페이드 인되어 나타날 것이다. 계속 버튼을 누르면 정지 메뉴가 페이드 아웃되어 사라지고, 정지 버튼이 다시 나타날 것이다.

이번에는 계속 버튼과 종료 버튼에 실제로 게임 정지와 종료 동작을 처리하는 메소드를 링크해보자.

버튼 링크

먼저 필요한 메소드를 추가하고, 버튼에 링크할 것이다.

메소드

GameManager.cs 스크립트를 열고 다음 메소드들을 추가한다.

```
// 정지 버튼을 누르면 호출되는 메소드
public void PausePressed()
{
  // 게임 정지 요청
  SetPause(true);
}

// 계속 버튼을 누르면 호출되는 메소드
public void ResumePresssed()
{
  // 게임 계속 요청
  SetPause(false);
}

// 종료 버튼을 누르면 호출되는 메소드
public void ExitPressed()
{
  // 메인 메뉴로 돌아가도록 요청
  ReturnToMenu();
}
```

앞의 메소드들을 버튼에 링크하기 전에, ReturnToMain()과 SetPause() 메소드를 추가해야 한다.

```
// 메인 메뉴로 돌아가기 위해 사용하는 메소드
public void ReturnToMenu()
{
  // 게임을 계속한다.
  ResumePresssed();
  // 플레이어 인스턴스를 파괴한다.
  Destroy(PlayerController.Instance);
  Transform mainMenu = null;
  mainMenu = MenuManager.Instance.transform.FindChild("Main");
  if(mainMenu != null)
  {
    // MenuManager | Main 스케일을 1로 설정한다.
    mainMenu.localScale = Vector3.one;
  }
  // EnterMenu 코루틴을 시작한다.
  StartCoroutine(EnterMenu());
}

// EnterMenu 코루틴
private IEnumerator EnterMenu()
{
  // 카메라를 활성화해서 메인 메뉴 UI를 표시한다.
  MenuManager.Instance.uiCamera.enabled = true;
  // UI 배경을 페이드 인 한다.
  TweenAlpha.Begin(MenuManager.Instance.background, 0.5f, 1);
  // 트윈이 끝날 때까지 기다린다.
  yield return new WaitForSeconds(0.5f);
  // 이제 메뉴 씬을 로드한다.
  Application.LoadLevel("Menu");
}

// 게임을 정지/계속하기 위해 사용한다.
public void SetPause(bool state)
{
  // timescale을 적절한 값으로 설정한다.
  Time.timeScale = (state ? 0 : 1);
}
```

File > Build Settings로 이동해서 Menu와 게임 씬이 둘 다 프로젝트 Build Settings에 있는지 확인해보자.

이제 위 코드가 `SetPause(true)`가 호출되면 게임을 정지시키고 `SetPause(false)`가 호출되면 게임이 계속 진행되게 할 것이다.

`ReturnToMenu()` 메소드는 플레이어 인스턴스를 파괴하고, 메인 메뉴 스케일을 1로 재설정해서 표시하고, `EnterMenu()` 코루틴을 실행할 것이다.

이 코루틴은 메인 메뉴 카메라를 다시 활성화하고 메뉴 씬이 로딩되지 전에 UI 배경을 페이드 인 시킨다.

다음으로 버튼이 적절한 메소드를 호출하도록 링크해보자.

링크

다음과 같이 정지, 계속, 종료 버튼이 각 메소드에 링크되도록 설정해보자.

1. InGame3DUI > TopButtons > Pause 버튼을 선택한다.
2. UIButton 컴포넌트를 다음과 같이 설정한다.
    1. GameManager를 On Click Notify 필드로 드래그한다.
    2. GameManager > PausePressed로 이동한다.
3. InGame3DUI > PauseMenu > Buttons > Resume 버튼을 선택한다.
4. UIButton 컴포넌트를 다음과 같이 설정한다.
    1. GameManager를 On Click Notify 필드로 드래그한다.
    2. GameManager > ResumePressed로 이동한다.
5. InGame3DUI > PauseMenu > Buttons > Exit 버튼을 선택한다.
6. UIButton 컴포넌트를 다음과 같이 설정한다.
    1. GameManager를 On Click Notify 필드로 드래그한다.
    2. GameManager > ExitPressed로 이동한다.

이제 메뉴 씬을 로드하고 유니티 플레이 버튼을 눌러보자. 게임을 시작하고 정지 버튼을 누르면 게임이 정지하고, 정지 메뉴가 나타날 것이다. 정지 메뉴의 계속 버튼으로 게임을 계속하거나 종료 버튼으로 메인 메뉴로 돌아갈 수 있다.

Time.timescale이 0으로 설정되더라도, 정지 메뉴의 트윈 알파는 여전히 제대로 동작한다. 이것은 트윈의 Ignore Time Scale 옵션이 체크되어 있기 때문이다.

키 바인딩

플레이어가 Escape 키를 누르면 게임이 정지되거나 계속되도록 만들고싶다. `UIKey Binding` 컴포넌트를 사용하면 간단하게 구현할 수 있다.

1. 게임 씬을 연다.
2. InGame3DUI ➤ TopButtons ➤ Pause과 PauseMenu ➤ Buttons ➤ Resume 버튼을 선택한다.
3. 인스펙터 뷰에서 Add Component 버튼을 클릭한다.
4. 검색창에 key를 입력해서 컴포넌트를 검색한다.
5. Key Binding을 선택하고 Enter 키를 누르거나 마우스로 클릭한다.
6. 새로 추가한 UIKey Binding 컴포넌트의 Key Code 필드에 Escape 키를 설정한다.

유니티 플레이 버튼을 눌러보자. Escape 키를 누르면 언제든지 게임이 정지되거나 계속될 것이다.

하지만 약간의 문제가 생겼다. 상호작용하는 요소들이 게임이 정지된 동안에도 여전히 활성화되어 있다. 게임이 정지된 동안에는 플레이어가 움직이거나, 파워 소스 위에서 마우스 오른쪽 클릭하거나, 캐릭터의 목적지를 변경하는 것을 막아야 한다.

인터랙션 오버라이드

문제를 해결하기 위해 인터랙션 오버라이드interaction override라는 것을 만들 것이다. 인터랙션오버라이드는 게임 내에서 상호작용하는 요소들 위에 트리거 콜라이더를 놓아서 UICamera의 인터랙션 레이캐스트에 의해 눌러지는 것을 방지한다. NGUI의 3D UI는 충돌을 체크하기 위해 Depth 값을 사용하므로, 인터랙션 오버라이드를 위해 UIWidget 컴포넌트를 추가하자.

일단은 정지 메뉴에서 사용할 것을 만들어보자.

1. InGame3DUI ➤ PauseMenu 게임 오브젝트를 선택한다.
2. Alt + Shift + N 단축키를 눌러서 새로운 게임 오브젝트를 만든다.
3. 새로운 오브젝트 이름을 Override로 바꾼다.
4. 인스펙터 뷰에서 Add Component 버튼을 클릭한다.
5. 검색창에 box를 입력해서 컴포넌트를 검색한다.
6. Box Collider을 선택하고 Enter 키를 누르거나 마우스로 클릭한다.
7. Add Component 버튼을 다시 클릭한다.
8. 검색창에 wid를 입력해서 컴포넌트를 검색한다.
9. NGUI Widget을 선택하고 Enter 키를 누르거나 마우스로 클릭한다.

Override 게임 오브젝트에 Box Collider와 UI Widget을 추가했다. 이제 이것이 스크린 전체를 차지하도록 설정해보자.

1. InGame3DUI ➤ PauseMenu ➤ Override 게임 오브젝트를 선택한다.
2. Transform 회전을 {-22, 0, 0}으로 설정한다.
3. UIWidget 컴포넌트를 다음과 같이 설정한다.
   - Collider auto-adjust to match 옵션을 체크한다.
   - Size를 1920×1080으로 설정한다.
   - Depth를 3으로 설정한다.

4. Box Collider 컴포넌트를 다음과 같이 설정한다.
   - Is Trigger 옵션을 체크한다.

유니티 플레이 버튼을 눌러보자. 게임이 정지되면 파워 소스와 땅과 같이 상호작용하는 요소들이 비활성화되는 것을 확인할 수 있다. 이것은 `UICamera`의 레이캐스트가 `Override`를 먼저 터치하기 때문이다.

이제 멋진 3D 정지 메뉴를 완성했으니, 다음으로 게임 환경 오브젝트에 3D 텍스트나 스프라이트를 직접 추가하는 방법을 살펴보자.

3D 환경 텍스트

다음 스크린샷과 같이 게임 환경 안에 직접 3D 위젯을 추가할 수도 있다.

이처럼 3D 위젯을 추가하려면 Ground 게임 오브젝트의 자식으로 빈 게임 오브젝트를 만들어야 한다. 그리고 자식 오브젝트에 `UIPanel` 컴포넌트를 추가해서 위젯 렌더링이 되도록 해야 한다.

그리고 나서, 위젯을 만들고, 이것을 원하는 위치에 놓아야 한다. 그리고 이것을 보통의 UI 레이어 대신에 기본 환경 카메라 레이어에 놓아야 한다.

한 번 해보자.

1. Ground 게임 오브젝트를 선택한다.
2. Alt + Shift + N 단축키를 새로운 자식 오브젝틀르 만들고 선택한다.
   - 이름을 LevelName으로 바꾼다.
   - Transform 위치를 {0, 0, -3.8}으로 설정한다.

3. 인스펙터 뷰에서 Add Component 버튼을 클릭한다.
4. 검색창에 panel을 입력해서 컴포넌트를 검색한다.
5. NGUI Panel을 선택하고 Enter 키를 누르거나 마우스로 클릭한다.
6. Alt + Shift + S 단축키를 눌러서 새로운 자식 스프라이트를 만든다.
    - 이름을 Background로 바꾼다.
    - Atlas를 Wooden Atlas로 설정한다.
    - Sprite를 Flat 스프라이트로 바꾼다.
    - Type이 Sliced인지 확인한다.
    - Size를 360×100으로 설정한다.

다음 스크린샷의 씬 뷰에서 보이는 것처럼, 지금의 360×100 스프라이트는 너무 크다.

현재 스프라이트 사이즈가 너무 큰 이유는 위젯 크기가 `UIRoot` 컴포넌트에 의해 조절되기 때문이다. 하지만 Ground 위젯은 UI 루트를 갖고 있지 않다.

씬에 있는 UI 루트 수를 늘리는 대신, `LevelName` 컨테이너 스케일을 매우 작은 값으로 설정할 것이다. 그러면 위젯이 적당한 크기로 표시될 것이다. Size 값은

Pixel perfect가 아니지만, 여기서는 3D 환경에서 위젯을 표시하기 때문에 문제가 되지 않는다.

1. Ground ➤ LevelName 게임 오브젝트를 선택한다.
2. Transform 스케일을 {0.005, 0.005, 1}으로 설정한다.
3. Transform 회전을 {90, 0, 0}으로 바꾼다.

Z 스케일은 NGUI 위젯에 아무런 영향을 끼치지 않으므로, 무시하거나 1로 남겨둘 수 있다.

이제 게임 뷰에 적당한 크기의 Background 스프라이트가 생겼다. 이 스프라이트는 약간 회전되어서 마치 땅에 그려진 것처럼 보인다.

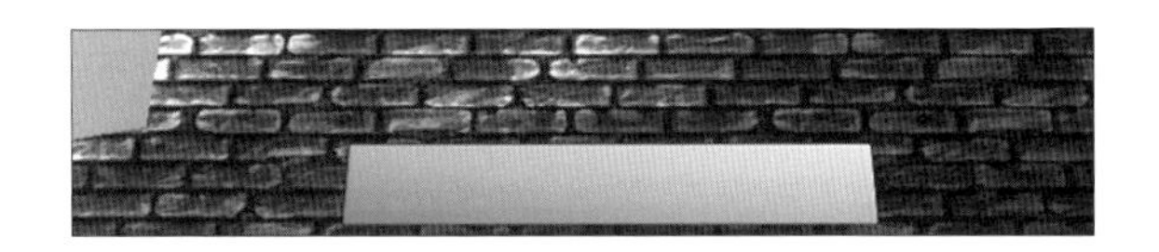

다음으로 테두리 스프라이트와 레벨 이름을 표시할 레이블을 추가해보자.

1. Ground ➤ LevelName 게임 오브젝트를 선택한다.
2. Alt + Shift + L 단축키를 눌러서 새로운 레이블을 만들고, 다음과 같이 설정한다.
    - 폰트 타입을 Unity로 설정하고, Arial 폰트를 크기 50으로 사용한다.
    - Text 값을 Carhel Castle로 바꾼다.
    - Overflow를 ResizeFreely로 바꾼다.
    - 검은 Outline 효과의 X, Y 값을 1로 설정한다.
    - Color Tint를 {R: 255, G: 220, B: 170, A: 255}로 바꾼다.
3. Ground ➤ LevelName ➤ Background 게임 오브젝트를 선택한다.
    - Color Tint를 {R: 40, G: 20, B: 0, A: 200}로 바꾼다.

- Anchor Type를 Unified로 바꾼다.
- Ground > LevelName > Label을 Target 필드로 드래그한다.

4. Ctrl + D 단축키를 눌러서 Background 스프라이트를 복제한다.
   - 새로운 스프라이트 이름을 Border로 바꾼다.
   - Depth를 1로 바꾼다.
   - Fill Center 옵션을 체크 해제한다.
   - Color Tint를 {R: 255, G: 200, B: 40, A: 255}로 바꾼다.

이제 3D 월드에 레벨 이름이 표시되고, 레벨 이름의 배경과 테두리가 항상 레이블을 덮도록 조절될 것이다. 마지막으로 조명 효과에 대해 살펴보자.

조명 효과

다음 스크린샷처럼 레벨 이름에 3D 조명 효과를 추가해보자.

위젯에 굴절 효과를 주기 위해, 아틀라스를 위한 Normal 맵을 가지고 있어야 한다. Normal 맵을 갖는 기본 굴절 아틀라스가 NGUI에서 사용 가능하다.

1. 프로젝트 뷰의 검색창에서 refract를 입력한다.
2. Refractive Atlas 머티리얼을 선택한다.

인스펙터 뷰에서 Refractive Atlas 머티리얼이 다음 스크린샷처럼 스프라이트를 갖는 Base 텍스처뿐만 아니라, Normal 맵과 Specular 맵 또한 갖는 것을 볼 수 있다.

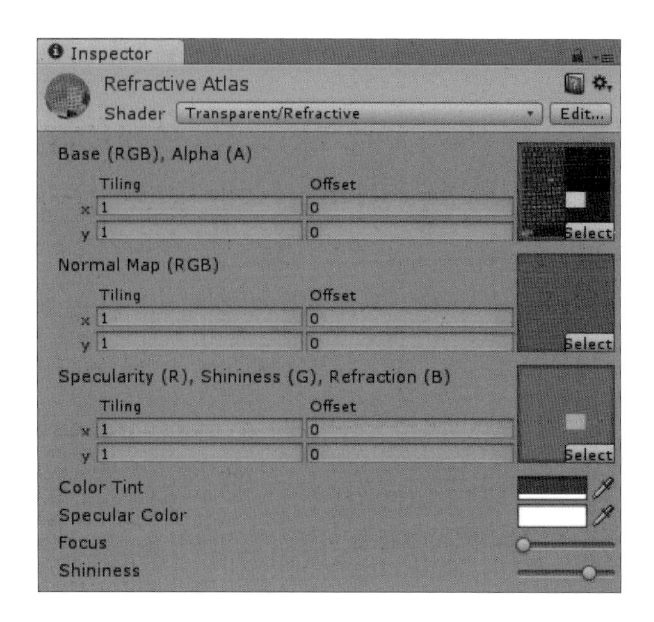

굴절 아틀라스를 사용하면 땅에 표시된 레벨 이름이 씬에 존재하는 빛에 반응하도록 만들 수 있다. 일단 스프라이트를 Wooden Atlas에서 Refractive Atlas로 바꾸자.

1. Ground > LevelName > Background 게임 오브젝트를 선택한다.
   - UISprite Atlas 버튼을 클릭한다.
   - Show All 버튼을 클릭해서 모든 아틀라스를 표시한다.
   - Refractive Atlas를 선택한다.
   - Sprite를 Dark 스프라이트로 바꾼다.

레이블과 테두리도 굴절 효과를 얻도록 똑같이 설정하자.

1. Ground > LevelName > Border 게임 오브젝트를 선택한다.
   - Atlas를 Refractive 아틀라스로 바꾼다.
   - Sprite를 Highlight 스프라이트로 바꾼다.

2. Ground ➤ LevelName ➤ Label 게임 오브젝트를 선택한다.
   - 폰트 타입을 NGUI로 설정한다.
   - Font 버튼을 클릭한다.
   - Show All 버튼을 클릭해서 모든 폰트를 표시한다.
   - Refractive Font – Header를 선택한다.

그러나 다음 스크린샷처럼 레벨 이름이 더 이상 제대로 표시되지 않을 것이다.

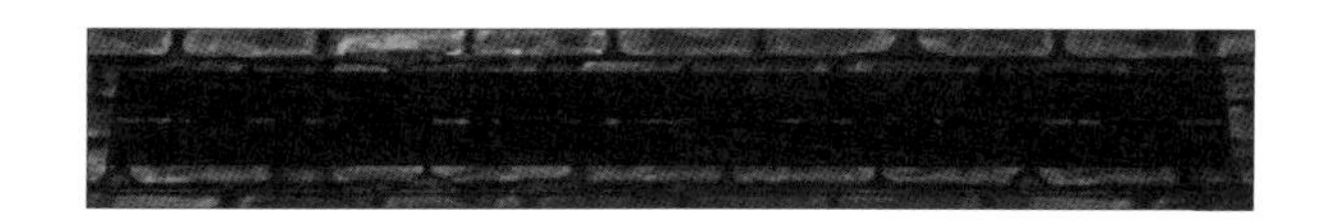

이 문제는 두 가지 이유로 발생한다.

- `LevelName`의 Transform에서 Y 좌표가 현재 0이기 때문에 땅의 메시에 의해 오버랩되기 때문이다. 이것을 땅 위로 움직여야만 한다.
- `LevelName`의 `UIPanel`에서 Normals 옵션이 활성화되지 않았기 때문이다. 이 옵션은 굴절 셰이더가 제대로 동작하기 위해 필요하다.

문제를 해결해보자.

1. Ground ➤ LevelName 게임 오브젝트를 선택한다.
2. `UIPanel`의 Normals 옵션을 체크한다.
3. Transform 위치를 {0, 0.05, -3.8}로 바꾼다.

유니티 플레이 버튼을 눌러보자. 파워 소스를 레벨 이름 위젯 옆으로 드래그하면, 레벨 이름 위젯이 파워 소스에서 나오는 빛에 반응하는 것을 볼 수 있다. 또한 플레이어 캐릭터에서 나오는 빛에도 반응하는 것을 확인할 수 있다.

이제까지 3D 위젯을 만들고 멋진 조명 효과를 적용하는 방법을 살펴보았다. 7장에서 배운 것들을 정리해보자.

요약

7장에서는 3D UI 루트를 만드는 방법을 배웠다. 3D UI 크기를 스크린 픽셀 사이즈에 맞게 조절하는 방법 또한 살펴보았다.

점수가 오르면 크기가 커진 후, 새로운 점수 값으로 서서히 증가하는 3D 스코어 카운터를 만들었다. 그리고 이것이 대부분의 스크린 크기와 종횡비에서 표시될 수 있도록 앵커를 사용했다.

독특한 3D 정지 메뉴도 만들었다. `Time.timeScale = 0`을 사용해서 게임이 정지되도록 했고, 게임이 정지된 동안에는 인터랙션 오버라이트 콜라이더를 이용해서 상호작용하는 게임 요소들이 플레이어와 상호작용하지 못하게 만들었다.

또한 다음 간단한 조건을 만족해야만 3D 환경 안에 NGUI 위젯이 표시될 수 있다는 것을 배웠다.

- 적어도 하나의 부모 오브젝트가 `UIPanel` 컴포넌트를 가져야 한다.
- 위젯이 메인 카메라의 레이어 마스크에 있어야 한다. 이 레이어는 보통 `Default`이다.

그리고 이러한 테크닉을 사용해서 현재 레벨 이름을 게임 환경에 추가하였다.

그리고 레벨 이름 레이블과 배경에 조명 효과를 추가하였다. 이것들이 조명에 반응하기 위해서는 부모 오브젝트의 `UIPanel`에 있는 Normals 옵션을 활성화해야 한다. 그리고 Normal 맵과 Specular 맵을 포함하는 Refractive Atlas를 사용해야 한다.

이제 메뉴 씬에서 게임을 시작할 수 있다. 그리고 게임을 정지하고, 계속하고, 아무런 문제 없이 메인 메뉴로 돌아갈 수 있다.

지금까지 3D UI를 만들고 조명 효과를 추가하는 방법을 배웠다. 8장으로 넘어가서 모바일 기기를 다루는 방법을 살펴보자.

8
모바일 플랫폼

8장에서는 안드로이드Android 플랫폼으로 넘어갔을 때 발생하는 여러 문제들을 해결할 것이다. .apk 패키지를 빌드하고, 테스트하고, 발생하는 문제를 하나씩 수정해보자.

문제들이 해결된 후에는 원소 전환 UI를 표시하기 위해 사용하는 마우스 오른쪽 클릭을 모바일 환경에서 대신할 터치 앤 홀드touch and hold 기능을 추가할 것이다.

마지막으로, 플레이어가 스크린에 있는 인게임 UI 요소를 원하는대로 옮길 수 있도록 하는 인게임 UI 커스터마이제이션 시스템in-game user interface customization system을 추가할 것이다.

8장에서는 다음과 같은 주제를 살펴볼 것이다.

- 안드로이드 플랫폼으로 전환
- 안드로이드 기기를 위한 .apk 패키지 빌드하기
- 기기에서 테스트하기

- 모바일 환경에서 발생하는 문제 수정하기
- 터치 앤 홀드 시스템 만들기
- 드래그할 수 있는 UI 요소를 이용해서 커스터마이즈 가능한 UI 만들기
- 유니티 프로파일러 사용하기
- Unity Remote 앱을 사용해서 수정 후에 다시 빌드하는 것을 피하기
- 기기에서 디버그 로그와 에러 얻기

8장 끝부분에서는 모바일 플랫폼으로 전환하는 방법과 게임을 유니티 에디터와 기기에서 바로 테스트하고 디버그하는 다른 방법들을 알게 될 것이다.

8장에서는 안드로이드 기기를 갖고 있는 것을 추천한다. 하지만 필수적인 것은 아니다.

안드로이드로 전환

간단하게 프로젝트를 안드로이드 플랫폼으로 전환할 수 있다. 다음 스크린샷과 같이 File ➤ Build Settings로 이동한다.

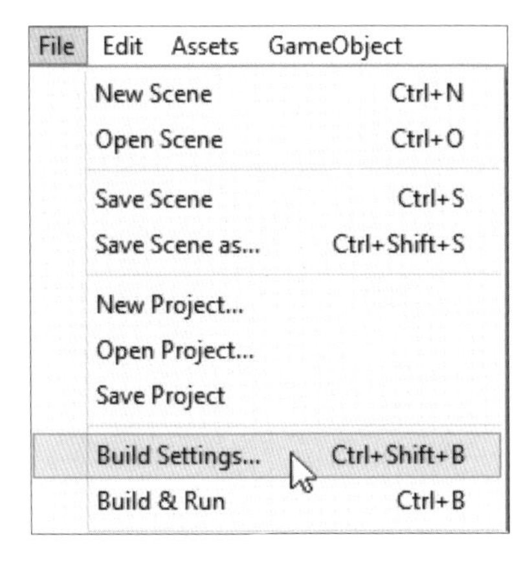

Build Settings 윈도우가 나타나면, Android 플랫폼을 선택하고 Switch Platform 버튼을 클릭한다.

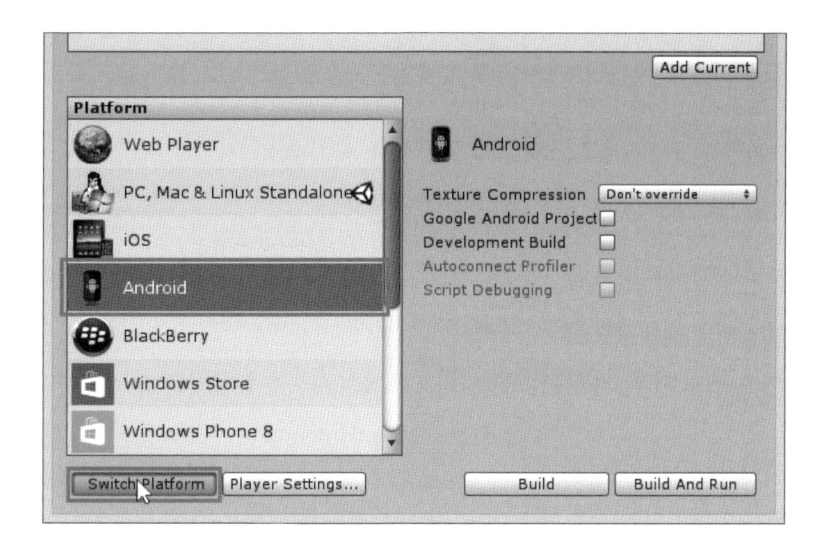

유니티가 안드로이트 플랫폼을 위한 애셋을 다시 가져오는 것을 기다린다. 이제 모바일 기기에서 프로젝트를 테스트할 준비가 끝났다.

안드로이드에서 유니티가 동작하기를 원한다면 안드로이드 SDK가 필요하다. ADT Bundle을 https://developer.android.com/sdk/index.html#download에서 다운로드할 수 있고, 유니티의 External Tools 탭 아래에 있는 Edit ➤ Preferences 윈도우에서 SDK를 설치한 폴더를 설정한다.

게임 테스트를 시작하기 전에, 메인 메뉴와 관련된 몇 가지를 준비할 것이다.

준비

기기에서 게임 테스트를 시작하기 전에 몇 가지 작은 매개변수들을 설정해야 한다.

8장까지 진행되어 있는 전체 프로젝트를 http://goo.gl/kQSSDo에서 다운로드할 수 있다. 이 프로젝트는 안드로이드 플랫폼으로 전환이 완료된 상태이다.

다운로드한 프로젝트에는 법적인 이유로 NGUI 소스가 포함되어 있지 않으므로, 프로젝트의 Assets 폴더에 있는 NGUI 폴더를 임포트하거나 복사해서 붙여넣기해야 한다.

먼저, 메뉴 씬의 UI Root에서 Content Height와 Width's Fit를 활성화할 것이다.

1. 메뉴 씬을 연다.
2. UI Root 게임 오브젝트를 선택한다.
3. Content Height와 Width 옵션의 Fit 체크박스를 둘 다 체크한다.

UI가 스크린 높이와 너비에 맞도록 설정해서, 기기 방향이 가로 모드와 세로 모드로 바뀌더라도 UI 사이즈가 다시 조절되도록 만들 것이다.

프로젝트 준비를 끝냈다. 이제 기기에서 게임을 테스트하는 방법을 알아보자.

게임 테스트

프로젝트가 안드로이드 플랫폼으로 전환되더라도 모든것이 완벽하게 작동한다. 유니티 에디터에 게임을 실행하기 위해서 아무것도 수정할 필요가 없다. 이제 게임을 빌드하고 모바일 기기에서도 똑같이 동작하는지 실행해보자.

Bundle Identifier를 설정하는 방법을 살펴보고, 게임을 빌드하고 안드로이드 기기에서 실행하는 두 가지 다른 방법을 알아보자.

Bundle Identifier

게임 빌드를 시작하기 전에 Bundle Identifer를 정의해야 한다. Bundle Identifier는 모든 안드로이드 앱에서 사용하는 유일한 ID이다. 게임을 구글 플레이 스토어에 업로드할 때, 이 유일한 ID를 이용해서 확인되고 배포된다. 다음과 같이 Bundle Identifier를 정의한다.

1. Edit ➤ Project Settings ➤ Player로 이동한다.
2. 인스펙터 패널에 Player Settings 메뉴가 표시되었을 것이다.
3. Other Settings를 클릭해서 서브메뉴를 표시한다.
4. Identification 그룹 아래에 Bundle Identifier 필드가 있을 것이다.
5. Bundle Identifier 필드에 com.Aze.LearnNGUI를 입력한다.

Aze 대신 회사 이름을 사용할 수도 있다.

Bundle Identifier 설정이 끝나면, 패키지를 빌드하러 가자.

패키지 빌드

유니티에서 패키지를 빌드하는 데는 두 가지 다른 방법이 있다. manual build와 build and run 옵션이다. 두 가지 방법 모두 설명하고 시도해보자.

Manual build

File ➤ Build Settings 윈도우에서 Build 버튼을 클릭한다. .apk 패키지 이름을 기본값으로 두고, 현재 프로젝트 루트 폴더(기본 위치)를 선택한 후에 Save 버튼을 클릭한다.

유니티가 안드로이트 패키지를 빌드할 것이다. 빌드가 완료되면, 안드로이드 기기를 USB 케이블로 컴퓨터에 연결하고, 기기로 원하는 위치에 .apk 파일을 복사한다. 안드로이드 파일 탐색기(예를 들어, File Expert)를 사용해서 복사한 .apk 파일을 찾아서 설치한다. 그러면 홈 스크린에 아이콘이 추가되고 다른 안드로이드 앱처럼 실행할 수 있을 것이다.

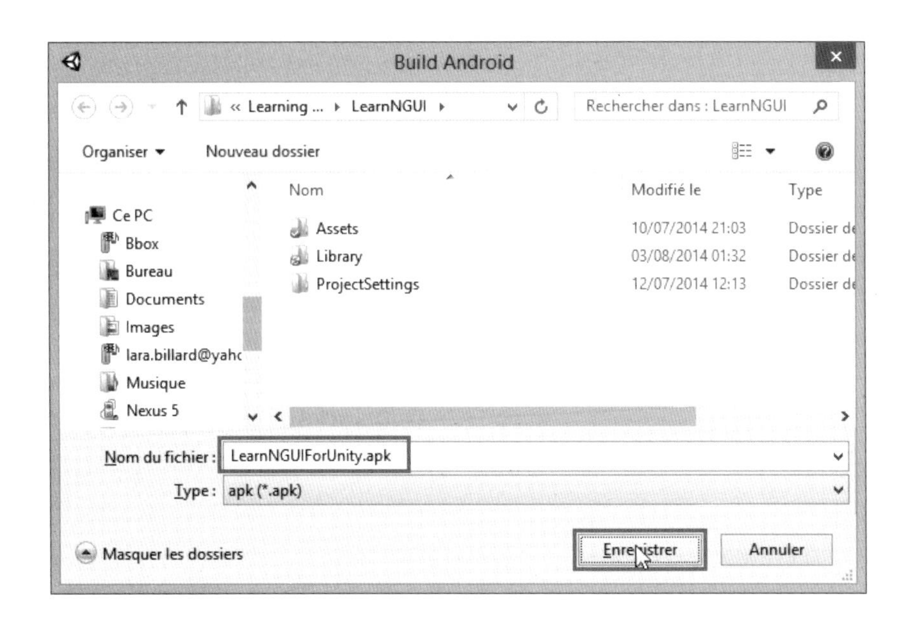

이제 Manual build를 보았으니, 다음으로 Build And Run 기능에 대하여 살펴보자.

Build and run

앞에서 컴퓨터 하드 디스크에 .apk 패키지 파일을 빌드하고, 이것을 안드로이드 기기에 복사해서 직접 설치하고 실행해보았다.

유니티 Build Settings 윈도우에는 Build And Run 옵션이 존재한다. 이 옵션은 패키지 빌드, 설치, 실행을 자동으로 수행하도록 해준다. 이 기능을 사용하면 시간을 크게 절약할 수 있다.

Build And Run 옵션이 동작하기 위해서는 안드로이드 기기에서 USB debugging이 활성화되어 있어야 한다.

안드로이드 버전이 4.2보다 아래라면, 시스템 설정의 Developer Options에서 찾을 수 있다. 안드로이드 4.2부터는 다음과 같이 설정한다.

1. 시스템 설정으로 들어간다.
2. About 서브 메뉴로 들어간다.

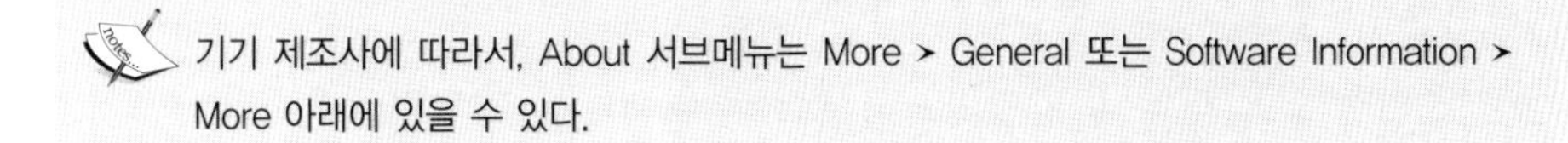

기기 제조사에 따라서, About 서브메뉴는 More > General 또는 Software Information > More 아래에 있을 수 있다.

3. 스크롤해서 Build Number로 이동한다.
4. Build Number를 7번 탭한다.
5. 'You are now a developer'라는 메시지가 나타날 것이다.
6. 시스템 설정으로 돌아간다.
7. Developer Options로 들어간다.
8. USB Debugging 옵션을 활성화한다.

이제 USB debugging 기능이 활성화되었다. File > Build Settings로 이동해서 Build And Run 버튼을 클릭하거나, 간단하게 Ctrl + B 단축키를 눌러서 기기에서 게임을 빌드하고 실행시킬 수 있다.

테스트

이제 Learning NGUI 앱을 모바일 기기에서 실행시켜보자. Build And Run 옵션을 사용했다면, 앱이 자동으로 실행될 것이다.

메뉴가 잘 작동하고, 기기를 회전시키더라도 UI가 자동으로 화면에 맞게 조절되는 것을 확인할 수 있을 것이다.

게임을 가로 방향에서만 실행되도록 고정하더라도, Content Width와 Height의 Fit 옵션을 활성화해서 게임이 실행되는 동안에 화면 방향이 변하더라도 현재 스크린 크기에 맞게 UI 크기가 조절되도록 만드는 것이 좋다.

Options 버튼을 클릭하자. 모든 인터페이스가 정상적으로 동작하는 것을 확인할 수 있을 것이다. 여기서는 아무런 문제가 없다.

메인 메뉴로 돌아가서 Play 버튼을 클릭해보자. 파워 소스를 쉽게 드래그할 수 있을 것이다.

하지만 안타깝게도 플레이어가 땅을 클릭하더라도 캐릭터가 움직이지 않는다. 또한 모바일 기기에서는 마우스 오른쪽 클릭을 할 수 없어서 파워 소스의 원소 전환 UI를 나타나게 할 방법이 없다.

마지막으로, 안드로이드의 뒤로가기 버튼(컴퓨터에서 Esc 키)을 누르면 게임이 정지되는 것이 아니라 바로 종료되는 문제가 있다.

이러한 3가지 문제를 수정해보자.

모바일 플랫폼에서 유니티의 다이나믹 라이트를 사용하면 성능이 크게 저하된다. 기기에서 게임이 부드럽게 동작하지 않는다면, 플레이어와 파워소스의 다이나믹 라이트를 비활성화하는 것이 도움이 될 수도 있다.

문제 수정

테스트하는 동안 다음과 같은 문제들을 발견했다.

1. 자동 회전이 활성화된 상태라면, 게임에서는 이 기능을 제거해야 한다.
2. 안드로이드 뒤로가기 버튼을 누르면 게임이 정지되는 대신 종료된다.
3. 오브젝트를 클릭하더라도 캐릭터가 움직이지 않는다.
4. 마우스 오른쪽 클릭이 아닌 다른 방법으로 원소 전환 UI가 표시되어야 한다.

이러한 문제들을 하나씩 수정할 것이다. Player 설정에서 자동 회전 문제를 해결하는 것부터 시작해보자.

자동 회전

다음 스크린샷과 같이 Edit > Project Settings > Player로 이동해서 Player 설정 윈도우를 열자.

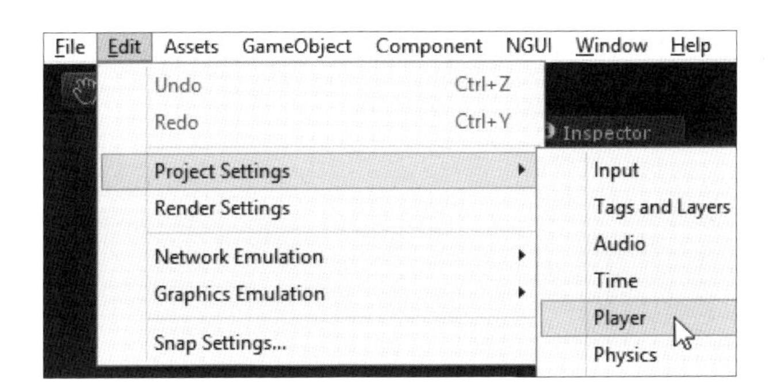

인스펙터 패널에서 이름을 입력하고 Default Orientation 값을 Landscape Left로 설정한다.

이제 게임 화면 방향이 가로 방향으로 고정되었을 것이다. 다음으로 안드로이드에서 뒤로가기 버튼 문제를 해결해보자.

뒤로가기 버튼

뒤로가기 버튼을 누르면 게임이 종료되는 문제는 메인 메뉴로 인해서 발생한다. `UIKeyBinding` 컴포넌트가 활성화되어서 UI Root > Main > Buttons > Exit 버튼이 동작하기 때문이다.

즉, Esc 키(안드로이드 기기에서는 뒤로가기 버튼)를 누르면 메인 메뉴의 Exit 버튼을 클릭한 것과 같이 동작한다.

이 문제를 해결하는 가장 간단한 방법은 게임 씬이 로드되면 UI Root > Main 게임 오브젝트를 비활성화하고, 플레이어가 메인 메뉴로 돌아오면 다시 활성화하는 것이다.

이 방법을 사용해보자. MenuManager.cs 스크립트를 열고, LoadGameScene() 메소드 시작 부분에 다음 코드를 추가한다.

```
// enableAtAwake 배열 안에 있는 모든 오브젝트를 비활성화한다.
foreach(GameObject currentGO in enableAtAwake)
{
  currentGO.SetActive(false);
}
```

위 코드는 enableAtAwake 배열 안에 있는 모든 오브젝트를 비활성화한다. enableAtAwake 배열은 UI Root ➤ Main 게임 오브젝트를 포함하고 있다.

또한 메인 메뉴의 Main 게임 오브젝트가 메인 메뉴로 돌아오면 다시 활성화되도록 만들어야 한다. GameManager.cs 스크립트를 열고, EnterMenu() 코루틴 끝에, Application.LoadLevel("Menu") 바로 아래에, 다음 코드를 추가한다.

```
// enableAtAwake 배열 안에 있는 모든 오브젝트를 활성화한다.
foreach(GameObject currentGO in MenuManager.Instance.enableAtAwake)
{
  currentGO.SetActive(true);
}
// 게임이 종료되면 GameManager를 파괴한다.
Destroy(this.gameObject);
```

위 코드는 메인 메뉴로 돌아가고 메인 메뉴에서는 필요하지 않은 GameManager가 파괴되면, MenuManager 메소드의 enableAtAwake 배열 안에 있는 모든 오브젝트를 활성화한다.

스크립트를 저장해보자. 게임이 시작되면 메인 메뉴가 비활성화되고 플레이어가 메인 메뉴로 돌아가면 다시 활성화된다.

이젠 캐릭터가 왜 움직이지 않는지 알아보자.

캐릭터 이동

캐릭터 이동은 Approach On Click 컴포넌트에 의해 트리거된다. ApproachOnClick.cs 스크립트를 열어보자.

OnPress() 메소드 안을 보면, 클릭 이벤트가 왼쪽 클릭에 의해서 트리거되도록 UICamera.currentTouchID == -1을 사용했다. 이 부분을 수정해야 한다. 모바일 기기에서 touchID는 현재 터치를 판별하는 int 값이다. 두 개의 터치가 동시에 발생했을 때, 첫 번째 터치의 touchID 값은 0이고, 두 번째 터치는 1이다. 따라서 모바일 기기에서 touchID 값은 -1이 되지 않는다.

여기서는 불리언 타입 변수인 Application.isEditor를 사용해서 현재 게임이 유니티 에디터에서 실행중인지를 체크할 것이다. 그리고 이에 따라서 캐릭터 이동에 왼쪽 클릭 또는 손가락 하나를 이용한 터치 중 하나를 사용할 것이다.

if(pressed) 구문 안을 다음 코드와 같이 바꾸어보자.

```
if(pressed)
{
  // 체크할 default ID를 선언한다.
  int idToCheck = 0;

  // 유니티 에디터에서 실행중이라면
  if(Application.isEditor)
  {
    // idToCheck를 왼쪽 클릭으로 설정한다.
    idToCheck = -1;
  }

  // touchID가 체크할 값과 일치하는지를 확인한다.
  if(UICamera.currentTouchID == idToCheck)
  {
    // 유효한 이동 요청으로 설정한다.
    validMoveRequest = true;
  }

  // 일치하지 않는다면
  else
  {
    // 유효하지 않은 이동 요청으로 설정한다.
    validMoveRequest = false;
  }
}
```

스크립트를 저장한다. 앞의 코드는 게임이 유니티 에디터에서 실행되는 동안에는 마우스 왼쪽 클릭을 체크하고, 마지막 빌드에서는 첫 번째 손가락 탭을 체크한다. 캐릭터 이동이 이제 유니티 에디터와 최종 안드로이드 빌드에서 정상적으로 동작할 것이다. 이번에는 원소 전환 UI 문제에 대해서 살펴보자.

원소 전환 UI

여기서 살펴볼 문제는 모바일 기기에서 마우스 오른쪽 클릭을 입력할 수 없기 때문에 발생한다. 모바일 기기에서는 마우스 오른쪽 클릭 대신 터치한 채로 0.5초동안 대기하면 원소 전환 UI가 표시되도록 터치 앤 홀드touch and hold 시스템을 사용할 것이다.

대기 상태 피드백 아이콘

플레이어가 현재 상호작용하는 요소를 터치하고 있는 중이며, 잠시 후에 이벤트가 시작되는 것을 알 수 있게 해야 한다.

다음 스크린샷처럼 플레이어의 손가락 주변에 대기 상태를 나타낼 수 있는 점점 차오르는 원을 표시할 것이다.

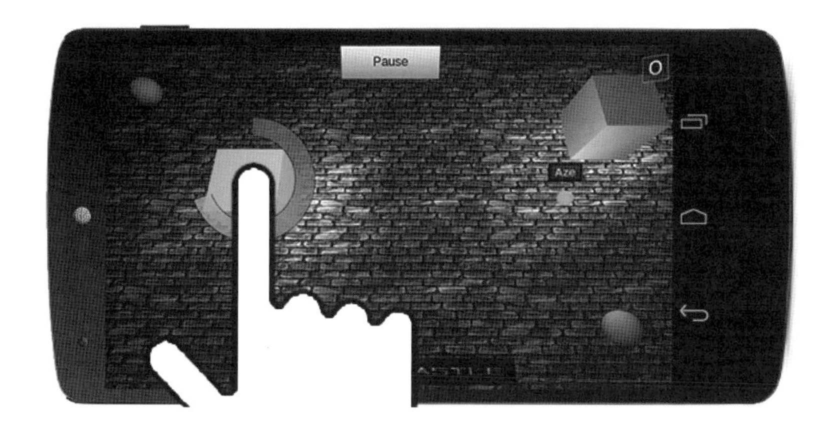

Filled 스프라이트를 사용하기 위해 다음과 같이 설정하자. 일단 Game 아틀라스에 Circle 스프라이트를 추가한다.

1. NGUI ➤ Open ➤ Atlas Maker로 이동해서 Atlas Maker를 연다.
2. 프로젝트 뷰에서 Assets/Resources/Textures/Circle 텍스처 파일을 선택한다.
3. Atlas Maker 윈도우에서 Add/Update 버튼을 클릭한다.

다음으로 Game 아틀라스에 새로운 Circle 스프라이트를 추가한다. 다음과 같이 대기 상태 피드백 아이콘을 만들어보자.

1. 게임 씬을 연다.
2. InGame2DUI 게임 오브젝트를 선택한다.
3. Alt + Shift + N 단축키를 눌러서 빈 새로운 자식 오브젝트를 만든다.
    - 자식 오브젝트의 이름을 HoldFeedback로 바꾼다.
4. HoldFeedback을 선택한 채로 Alt + Shift + S 단축키를 눌러서 새로운 스프라이트를 만든다.
    - Atlas 값을 Game 아틀라스로 바꾼다.
    - Sprite 값을 Circle 스프라이트로 바꾼다.
    - Type을 Filled로 설정한다.
    - Fill Dir을 Radial360으로 바꾼다.
    - Invert Fill 옵션을 체크한다.
    - Color Tint를 {R: 255, G: 200, B: 140, A: 210}로 바꾼다.
    - Size를 400×400으로 설정한다.

이번에는 위에서 만든 스프라이트가 현재 터치된 파워 소스 위에 표시되도록 만들 것이다. 다음과 같이 `FollowObject` 컴포넌트를 추가하고 설정해보자.

1. InGame2DUI ➤ HoldFeedback ➤ Sprite 게임 오브젝트를 선택한다.
2. 인스펙터 패널에서 Add Component 버튼을 클릭한다.
3. 검색창에 foll을 입력해서 컴포넌트를 검색한다.

4. Follow Object를 선택하고 Enter 키를 누르거나 마우스로 클릭한다.
5. GameCamera 게임 오브젝트를 Main Camera 필드로 드래그한다.
6. InGame2DUI ➤ Camera를 UI Camera 필드로 드래그한다.

이제 Filled 스프라이트가 준비되었다. 이번에는 원소 전환 UI가 표시되기 전에 스프라이트가 점점 차오르는 방식으로 터치 앤 홀드 상태에 대한 피드백을 제공하는 코드를 구현해보자.

코드 구현

HoldFeedback 스프라이트가 점점 차오르게 만들기 위해서, PowerSource, Approach On Click, GameManager 컴포넌트를 변경할 것이다. 게임이 윈도우와 모바일 기기 모두에서 동작하도록 유니티 프리프로세서 명령어를 사용할 것이다.

PowerSource 컴포넌트

PowerSource.cs 스크립트를 열고 OnPress() 메소드를 다음과 같이 바꾼다.

```
// 파워 소스에서 OnPress 이벤트가 발생하면
void OnPress(bool pressed)
{
  // 파워 소스가 눌러지면
  if(pressed)
  {
    // 모든 버튼을 다시 활성화한다.
    GameManager.Instance.EnableAllButtons();
    // 파워 소스의 원소 버튼을 비활성화한다.
    GameManager.Instance.SetButtonState(type, false);
    // 원소 전환 UI를 숨기도록 요청한다.
    GameManager.Instance.ShowElementalSwitch(null);

    // 유니티 에디터에서 실행 중이라면
    if(Application.isEditor)
    {
      // 오른쪽 클릭이라면
      if(UICamera.currentTouchID == -2 && available)
```

```
        {
          // 원소 전환 UI를 표시하도록 요청한다.
          GameManager.Instance.ShowElementalSwitch(transform);
        }
      }

      // 최종 빌드라면
      else
      {
        // 한 손가락 터치라면
        if(UICamera.currentTouchID == 0 && available)
        {
          // 코루틴에 전달할 매개변수
          object[] parameters = new object[2]{transform, 0.5f};
          // 대기 피드백이 있다면 취소한다.
          GameManager.Instance.CancelHoldFeedback();
          // HoldFeedback을 시작한다.
          GameManager.Instance.StartCoroutine("HoldFeedbackRoutine",
            parameters);
        }
      }
    }

    // 파워 소스가 터치 상태가 아니라면
    else
    {
      // 대기 피드백이 있다면 취소한다.
      GameManager.Instance.CancelHoldFeedback();
    }
  }
```

위 코드에서 게임이 유니티 에디터에서 실행 중이라면 마우스 오른쪽 클릭으로 원소 전환 UI가 표시된다.

게임이 최종 빌드에서 실행 중이라면, 터치가 `GameManager` 컴포넌트의 `HoldFeedbackRoutine()` 코루틴에 클릭된 타워 소스와 필요한 대기 시간을 매개변수로 전달하여 실행시킨다. `HoldFeedbackRoutine()` 코루틴은 `HoldFeedback` 스프라이트를 서서히 채운다.

파워 소스가 OnPress(false) 이벤트를 받으면, 대기 피드백 작업이 취소된다.

이제 아래 새로운 OnDrag() 메소드를 추가해서 파워 소스가 드래드되면 대기 피드백 과정이 취소되도록 만들자.

```
// 파워 소스가 드래그되면
void OnDrag(Vector2 delta)
{
  // 대기 피드백 과정을 취소한다.
  GameManager.Instance.CancelHoldFeedback();
}
```

스크립트를 저장한다. 다음으로 GameManager 컴포넌트를 변경해보자.

GameManager 컴포넌트

GameManager.cs 스크립트 안에 필요한 메소드와 코루틴을 추가해야 한다. GameManager.cs를 열고 다음 글로벌 변수를 추가하자.

```
// Filled 스프라이트 HoldFeedback
public UISprite holdFeedback;
// HoldFeedback의 FollowObject
private FollowObject holdFeedbackFollowObject;
```

게임이 시작될 때, holdFeedback 루틴의 FollowObject 컴포넌트를 얻고 HoldFeedback 스프라이트를 숨기고 싶다. GameManager의 Start() 메소드에 다음 코드를 추가하자.

```
// HoldFeedback의 FollowObject를 얻는다.
holdFeedbackFollowObject =
holdFeedback.GetComponent<FollowObject>();
// HoldFeedback 스프라이트를 숨긴다.
holdFeedback.enabled = false;
```

그리고 다음과 같이 새로운 HoldFeedbackRoutine 코루틴을 추가한다.

```
// 터치 앤 홀드 피드백을 표시하는 루틴
public IEnumerator HoldFeedbackRoutine(object[] parameters)
{
  // 설정할 현재 채워진 양
```

```
float currentFillAmount = 0;
// 관련된 오브젝트의 Transform을 얻는다.
Transform concernedObject = parameters[0] as Transform;
// 터치 대기 시간
float holdDuration = (float)(parameters[1]);
// 대기 과정이 시작되기 전 딜레이
float delay = 0.2f;
// 관련된 오브젝트의 ApproachOnClick을 얻는다.
ApproachOnClick approachOnClick =
concernedObject.GetComponent<ApproachOnClick>();
// 관련된 오브젝트의 PowerSource를 얻는다.
PowerSource powerSource =
  concernedObject.GetComponent<PowerSource>();
// Filled 스프라이트가 채워진 양을 0으로 설정한다.
holdFeedback.fillAmount = 0;
// 대기 피드백 스프라이트를 표시한다.
holdFeedback.enabled = true;
// 대기 피드백이 파워 소스를 따라다니게 만든다.
holdFeedbackFollowObject.target = concernedObject;
// 스프라이트를 채우는 과정이 시작되기 전에 기다린다.
yield return new WaitForSeconds(delay);

// 터치를 떼는 것이 플레이어를 움직이지 않게 하도록 만든다.
if(approachOnClick != null)
{
  approachOnClick.CancelMovementRequest();
}

// holdFeedback 스프라이트가 채워지는 동안
while(currentFillAmount< 1)
{
  // currentFillAmount를 증가시킨다.
  currentFillAmount += (Time.deltaTime / holdDuration);
  // Filled 스프라이트 holdFeedback를 갱신한다.
  holdFeedback.fillAmount = currentFillAmount;
  // 다음 프레임을 기다린다.
  yield return null;
}

/* currentFillAmount>= 1 이라면
```

```
    holdFeedback 스프라이트를 숨긴다. */
    holdFeedback.enabled = false;

    // 터치 대기가 파워 소스와 관련 있다면
    if(powerSource != null)
    {
      // 원소 전환 UI를 표시한다.
      ShowElementalSwitch(concernedObject);
    }
}
```

앞의 코드에서 강조된 부분은 HoldFeedback 스프라이트를 채우는 과정에서 가장 중요한 단계이다.

터치가 시작되면 0.2초의 딜레이가 지난 후에 비어있는 HoldFeedback 스프라이트를 표시한다. 스프라이트가 채워진 정도는 매 프레임마다 증가하고, 매개변수인 object 배열의 두번째 원소에서 정의된 시간이 지나면 완전히 채워진다. 이것이 채워지면 터치한 파워 소스 위에 원소 전환 UI가 표시된다.

이제 PowerSource 컴포넌트에서 호출되는 CancelHoldFeedback() 메소드를 추가해보자.

```
// 대기 과정을 취소하는 메소드
public void CancelHoldFeedback()
{
  // 코루틴을 정지한다.
  StopCoroutine("HoldFeedbackRoutine");
  // holdFeedback 스프라이트를 숨긴다.
  holdFeedback.enabled = false;
}
```

마지막으로 ApproachOnClick.cs 스크립트를 수정해보자.

ApproachOnClick 컴포넌트

마지막으로 ApproachOnClick.cs 스크립트 안에 CancelMovementRequest() 메소드를 추가해야 한다. 이 메소드는 플레이어가 원소 전환 UI를 표시하려고 할 때 캐릭터가 파워 소스를 향해서 움직이지 않도록 해준다.

ApproachOnClick.cs 스크립트를 열고 아래 메소드를 추가한다.

```
// 이동 요청을 취소하면 메소드
public void CancelMovementRequest()
{
  // 이동 요청을 취소한다.
  validMoveRequest = false;
}
```

이제 스크립트를 저장하고 유니티로 돌아오자. 다음과 같이 `holdFeedback` 변수를 할당한다.

1. GameManager 게임 오브젝트를 선택한다.
2. InGame2DUI ➤ HoldFeedback ➤ Sprite를 Hold Feedback 필드로 드래그한다.

유니티 플레이 버튼을 눌러보자. 게임이 앞에서와 같이 유니티 에디터 안에서 동작한다. 그리고 오른쪽 클릭이 원소 전환 UI를 즉시 표시하는 것을 확인할 수 있다.

모바일 기기에서 게임을 빌드하고, 설치하고, 실행해보자. 손가락으로 파워 소스를 터치하고 기다리면 파워 소스 주위에 대기 피드백 스프라이트가 표시된다. 그리고 피드백 스프라이트가 완전히 채워지면(2초 후) 원소 전환 UI가 나타날 것이다.

게임을 테스트할 모바일 기기가 없다면, PowerSource.cs 스크립트에서 if(Application.isEditor) 구문(else 구문과 관련된 닫기 괄호를 포함한) 전체를 제거한다.

그리고, if(UICamera.currentTouchID == 0)을 바로 밑에 있는 if(UICamera.currentTouchID == -1)로 바꾼다.

위와 같이 변경하면 터치 앤 홀드 과정이 파워 소스를 마우스 왼쪽 버튼으로 클릭하면 일어난다. 테스트가 끝나면 스크립트를 원래대로 되돌려야 하는 것을 명심하자.

문제가 되었던 게임 조작 방식들을 모바일 기기에 맞도록 수정하였다. 다음으로 커스터마이즈 가능한 UI에 대하여 알아보자.

커스터마이즈 가능한 UI

이번에는 대단히 흥미로운 기능을 추가해보자. 플레이어가 게임 화면에 표시되는 인게임 UI 요소를 원하는 위치로 이동시킬 수 있도록 만들 것이다. 이 기능은 UI를 훨씬 더 유연하게 할 것이다.

플레이어가 아무 인게임 UI 요소에서 터치 앤 홀드하면, 게임이 정지되고 터치된 요소가 드래그할 수 있게 된다. 그리고 UI 요소를 원하는 위치에 놓으면 게임이 계속될 것이다.

드래그 가능한 UI 요소

UI 요소가 드래그할 수 있도록 만들기 위해서 `UIDrag Object` 컴포넌트와 `Box Collider`를 사용할 것이다. `Box Colliders`는 위젯의 스프라이트에 추가되어 Collider auto-adjust to match 옵션을 사용할 수 있게 만든다.

먼저 UI 요소에 `Box Collider`를 추가해보자.

1. InGame3DUI > Score > Background 게임 오브젝트를 선택한다.
    - 인스펙터 패널에서 Add Component 버튼을 클릭한다.
    - 검색창에 box를 입력해서 컴포넌트를 검색한다.
    - Box Collider를 선택하고 Enter 키를 누르거나 마우스로 클릭한다.
2. InGame3DUI > Score > Background와 TopButtons > Pause를 둘 다 선택한다.
    - 인스펙터 패널에서 Add Component 버튼을 클릭한다.
    - 검색창에 obj를 입력해서 컴포넌트를 검색한다.
    - Drag Object를 선택하고 Enter 키를 누르거나 마우스로 클릭한다.

그리고 다음과 같이 각 드래그 타깃을 설정한다.

1. InGame3DUI > Score > Background 게임 오브젝트를 선택한다.
    - InGame3DUI > Score를 `UIDrag` 오브젝트의 Target 필드로 드래그한다.
2. InGame3DUI > TopButtons > Pause 게임 오브젝트를 선택한다.
    - InGame3DUI > TopButtons > Pause(자기 자신)을 `UIDrag` 오브젝트의 Target 필드로 드래그한다.

다음으로 InGame3DUI > Score > Background와 TopButtons > Pause 게임 오브젝트를 선택하고 설정해보자.

1. UISprites 컴포넌트의 Collider auto-adjust to match 옵션을 체크한다.
2. `Box Collider`의 Is Trigger 옵션을 체크한다.
3. UIDrag 오브젝트의 Movement를 {1, 1, 1}로 설정한다.
4. UIDrag 오브젝트의 Drag Effect를 None으로 설정한다.

이제 UI 요소가 스크린에서 드래그 가능하게 되었다. 게임이 시작되었을 때는 드래그되지 않고, 플레이어가 손가락으로 터치하고 있으면 드래그할 수 있도록 만들어보자.

드래그 활성화

모든 드래그할수 있는 UI 위젯에 추가할 새로운 CustomizableUIElement 컴포넌트를 만들 것이다. 이 컴포넌트는 위젯들이 게임 시작 시에는 드래그되지 않게 하고 터치 앤 홀드 과정을 처리한다. 그리고 대기 과정이 드래그할 수 있는 UI 요소를 처리하도록 GameManager 컴포넌트를 약간 변경할 것이다.

CustomizableUIElement 컴포넌트

다음과 같이 새로운 CustomizableUIElement 컴포넌트를 만들어보자.

1. InGame3DUI ➤ Score ➤ Background와 TopButtons ➤ Pause를 선택한다.
2. 인스펙터 패널에서 Add Component 버튼을 클릭한다.
3. 검색창에 CustomizableUIElement를 입력하고 Enter 키를 누른다.
4. Language로 CSharp이 선택되었는지 확인하고 Enter 키를 누른다.

새로운 CustomizableUIElement.cs 스크립트를 열고 아래 글로벌 변수를 선언한다.

```
// 위젯의 UIDragObject
private UIDragObject dragObject;
```

다음으로 게임이 시작되면 UIDragObject를 받아서 비활성화하도록 기본 Start() 메소드를 변경해보자.

```
private void Start()
{
  // 위젯의 UIDragObject를 얻는다.
  dragObject = GetComponent<UIDragObject>();
  // 위젯을 드래그할 수 없도록 만든다.
  SetDraggable(false);
}
```

위 코드에서 위젯을 기본적으로 드래그할 수 없도록 만들기 위해 SetDraggable() 메소드를 호출했다. 아래 SetDraggable() 메소드를 추가하자.

```
// 위젯을 드래그할 수 있거나 없게 설정한다.
public void SetDraggable(bool draggable)
{
  // 이 오브젝트가 드래그할 수 있거나 Hoverd 오브젝트라면
  if(draggable && UICamera.hoveredObject == gameObject)
  {
    // UIDragObject의 이동을 비활성화한다.
    dragObject.dragMovement = Vector3.one;
    // 위젯을 투명하게 만든다.
    TweenAlpha.Begin(gameObject, 0.2f, 0.4f);
    // 위젯을 살짝 크게 만든다.
    TweenScale.Begin(gameObject, 0.2f, Vector3.one * 1.15f);
    // 게임을 정지한다.
    GameManager.Instance.SetPause(true);
  }

  // 드래그할 수 없다면
  else
  {
    // UIDragObject의 이동을 다시 활성화한다.
    dragObject.dragMovement = Vector3.zero;
    // 위젯의 알파 값을 리셋한다.
    TweenAlpha.Begin(gameObject, 0.2f, 1f);
    // 위젯의 원래 크기를 리셋한다.
    TweenScale.Begin(gameObject, 0.2f, Vector3.one);
    // 대기 피드백을 취소한다.
    GameManager.Instance.CancelHoldFeedback();
    // 게임을 계속한다.
    GameManager.Instance.SetPause(false);
  }
}
```

위 `OnPress()` 메소드에서 클릭한 위젯과 0.35초의 대기 시간을 `HoldFeedbackRoutine()`의 매개변수로 넘겨서 실행한다.

GameManager 컴포넌트

GameManager 컴포넌트의 HoldFeedbackRoutine() 코루틴을 약간 변경할 것이다. 홀드 액션이 완료되면 원소 전환 UI가 표시되도록 설정했으니, 이젠 드래드할 수 있는 UI 요소를 처리하기 위한 코드를 추가해야 한다.

GameManager.cs 스크립트를 열고 다음의 변수를 HoldFeedbackRoutine() 코루틴 안에서 float delay = 0.2f; 바로 밑에 추가하자.

```
// 관련된 오브젝트의 CustomizableUIElement를 얻는다.
CustomizableUIElement customizableElement =
concernedObject.GetComponent<CustomizableUIElement>();
```

그리고 같은 코루틴의 끝에 커스터마이즈 가능한 UI 요소를 처리하기 위해서 아래의 else if 조건문을 if(powerSource != null) 구문의 닫기 괄호 바로 밑에 추가한다.

```
// 커스터마이즈 가능한 UI  요소라면
else if(customizableElement != null)
{
  // 드래그할 수 있도록 만든다.
  customizableElement.SetDraggable(true);
}
```

스크립트를 저장하고, 게임을 빌드해서 기기에서 실행해보자. 대기 과정이 동작하고, 터치를 길게 하고 나면 스코어 카운터와 정지 버튼이 드래그할 수 있게 되었을 것이다.

하지만 HoldFeedback 스프라이트가 터치한 위젯 위에 표시되지 않고 다음 스크린샷과 같이 스크린 아래쪽에 표시되는 문제가 생겼다.

문제 발생 원인

HoldFeedback 스프라이트에 추가되어 있는 FollowObject 컴포넌트는 mainCamera로 설정된 GameCamera 컴포넌트를 갖는다. 이렇게 설정이 되어있으면, 3D 환경 오브젝트는 GameCamera에 의해 표시되기 때문에 대기 피드백 아이콘이 파워 소스를 정상적으로 따라다닌다.

하지만, 앞에서 만든 UI 위젯은 GameCamera 컴포넌트가 아니라 **InGame3DUI > Camera**로 표시된다.

HoldFeedback 스프라이트가 인게임 3D 위젯을 따라다니게 만들기 위해서는, 코드를 통해서 FollowObject 오브젝트의 mainCamera 매개변수를 **InGame3DUI > Camera**로 설정해야 한다.

다음과 같이 GameManager.cs 스크립트에 두 개의 Camera 글로벌 변수를 추가하자.

```
// 게임 메인 카메라
Camera gameMainCamera;
// 3D UI 카메라
Camera inGame3DUICamera;
```

그리고 위 변수들을 Start() 메소드에 코드를 추가해서 초기화한다.

```
// 게임의 메인 카메라를 얻는다.
gameMainCamera = Camera.main;
// 3D UI 카메라를 얻는다.
inGame3DUICamera = NGUITools.FindCameraForLayer(10);
```

다음으로 mainCamera 매개변수를 gameMainCamera와 inGame3DUICamera로 전환하는 새로운 HoldFollowsEnvironment() 메소드를 만들자.

```
// 3D 환경 오브젝트 또는 3D UI를 따라다니는 HoldFeedback
public void HoldFollowsEnvironment(bool follows3DObject)
{
  // HoldFeedback가 3D 환경 오브젝트를 따라다녀야 한다면
  if(follows3DObject)
  {
    // FollowObject의 카메라를 3D 환경 카메라로 설정한다.
    holdFeedbackFollowObject.mainCamera = gameMainCamera;
  }

  // 3D UI 위젯을 따라다녀야 한다면
  else
  {
    // FollowObject의 카메라를 3D UI 카메라로 설정한다.
    holdFeedbackFollowObject.mainCamera = inGame3DUICamera;
  }
}
```

이제 필요할 때 카메라를 전환할 수 있게 되었다. PowerSource.cs 스크립트를 열고 OnPress() 메소드의 GameManager.Instance.StartCoroutine("HoldFeedbackRoutine", parameters) 명령어 바로 위에 다음 코드를 추가하자.

```
// HoldFeedback이 3D Object를 따라다니도록 설정한다.
GameManager.Instance.HoldFollowsEnvironment(true);
```

그리고 CustomizableUIElement.cs 스크립트를 열고, `OnPress()` 메소드의 `GameManager.Instance.CancelHoldFeedback()` 명령어 바로 아래에 다음 코드를 추가하자.

```
// HoldFeedback이 3D UI 위젯을 따라다니도록 설정한다.
GameManager.Instance.HoldFollowsEnvironment(false);
```

스크립트를 저장하고 유니티로 돌아오자. 게임을 빌드하고 모바일 기기에서 실행시키면 문제가 해결된 것을 확인할 수 있을 것이다.

대기 피드백 아이콘이 이제 정상적으로 터치한 파워 소스와 3D 위젯 위에 표시된다.

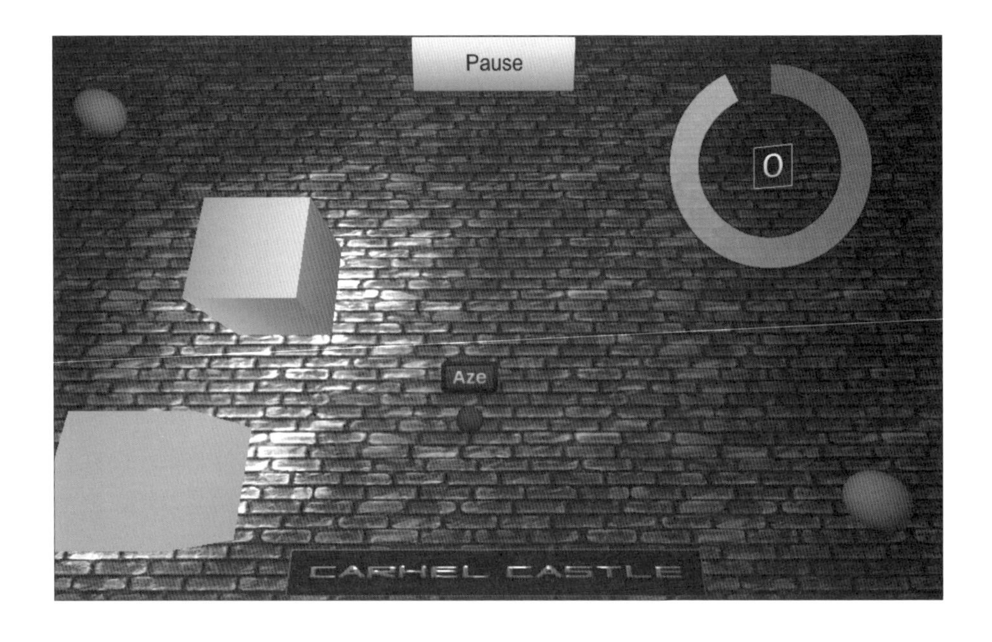

플레이어는 이제 인게임 UI 위젯을 마음대로 옮길 수 있게 되었다. 이번에는 게임을 쉽게 테스트하는 방법에 대하여 알아보자.

유니티 리모트

유니티 리모트Unity Remote(때때로 Unity Remote 4로 불림)는 유니티 에디터 안에서 타깃 기기를 원격 조종하는 방식으로 프로젝트를 테스트할 수 있도록 해준다. 이것은 프로젝트에 변화가 생길 때마다 프로젝트를 빌드하고 기기에서 실행하는 과정을 생략하여 크게 시간을 절약할 수 있도록 해준다.

게임 뷰는 기기의 스크린으로 전송되고, 터치 입력, 가속도 센서, 자이로스코프, 기기 카메라 스트림은 다시 유니티 에디터로 전송된다.

물론, 정기적으로 게임을 빌드하고 기기에서 실행시켜서 성능 문제를 찾아내고, 실제 게임의 느낌과 반응성을 테스트해야 한다.

필요 조건

유니티 리모트를 사용하기 위해서는 유니티 리모트 4 앱이 실행되고 있는 기기를 컴퓨터에 USB로 연결해야 한다. 이것은 컴퓨터의 경우 윈도우 또는 맥 OS X, 모바일 기기에서는 안드로이드와 iOS 둘 다에서 동작한다. iOS 기기를 사용하는 경우에는 컴퓨터에 아이튠즈iTunes 소프트웨어에 설치되어 있어야 한다.

먼저, 다음 링크에서 유니티 리모트 4 앱을 다운로드해서 모바일 기기에 설치한다.

- 안드로이드: http://goo.gl/Q7rZ19
- iOS: http://goo.gl/U7eMCz

앱을 다운로드하고 설치했다면, 유니티 리모트를 설정해보자.

설정

유니티 리모트 4 앱을 기기에 설치했다면, 다음과 같이 기기를 컴퓨터에 연결해보자.

1. 기기에서 유니티 리모트 4 앱을 실행한다.
2. USB로 기기를 컴퓨터에 연결한다.

 안드로이드 기기는 USB 디버깅 기능이 활성화되어 있어야 한다.

3. 유니티에서 Edit ➤ Project Settings ➤ Editor로 이동한다.
4. Unity Remote에서 Any Android Device 또는 Any iOS Device 중에서 사용할 기기를 선택한다.
5. 씬과 프로젝트를 저장한다.
6. 유니티 3D를 재시작한다.
7. 유니티 플레이 버튼을 누른다.

이제 게임 뷰가 디바이스로 전송된다. 비쥬얼 컨텐츠는 압축되어 전송되기 때문에 게임 화면 퀄리티는 좋지 않고, 해상도도 낮을 것이다.

하지만 이에 대해서는 할 수 있는 것이 없다. 그리고 게임을 테스트하고 디버깅하는 과정에서는 이것으로도 충분하다.

 유니티 플레이 버튼을 눌러도 리모트 링크가 자동으로 생성되지 않는다면, 유니티를 재시작하는 것이 도움이 될 것이다.

게임 테스트

현재 코드에서는 게임이 터치가 아니라 마우스 클릭으로 동작하기 때문에 유니티 리모트로 제대로 테스트 할 수 없을 것이다. ApproachOnClick.cs 스크립트에서 다음 코드를 제거해보자.

```
// 유니티 에디터에서 실행 중이라면
if(Application.isEditor)
{
  // idToCheck를 왼쪽 클릭으로 설정한다.
  idToCheck = -1;
}
```

또한 PowerSource.cs 스크립트에서 다음 코드를 제거한다.

```
// 유니티 에디터에서 실행 중이라면
if(Application.isEditor)
{
  // 마우스 오른쪽 클릭이라면
  if(UICamera.currentTouchID == -2 && available)
  {
    // 원소 전환 UI를 표시하도록 요청한다.
    GameManager.Instance.ShowElementalSwitch(transform);
  }
}

// 최종 빌드에서 실행 중이라면
else
{
```

마지막으로 앞 코드의 else 구문의 닫기 괄호를 제거해서 신텍스 에러syntax error가 발생하지 않도록 하자.

변경된 코드를 적용하고, 게임을 유니티 에디터에서 실행해보자. 마치 최종 빌드에서 게임을 실행하는 것처럼 터치를 사용할 수 있을 것이다. 이제 유니티 리모트를 사용해서 게임을 완벽하게 테스트할 수 있게 되었다.

이번에는 성능에 대하여 살펴볼 시간이다. 프로파일러가 무엇인지 알아보자.

프로파일러

프로파일러profiler는 유니티 프로에 있는 기능으로, 게임 최적화에 큰 도움이 된다. 이것은 렌더링, 애니메이팅, 코드 프로세싱에 소모되는 시간을 알 수 있게 해준다.

기능

Window ➤ Profiler로 이동해서 프로파일러 윈도우를 열자. 다음 스크린샷과 같은 윈도우가 나타날 것이다(현재 비어 있을 것이다)

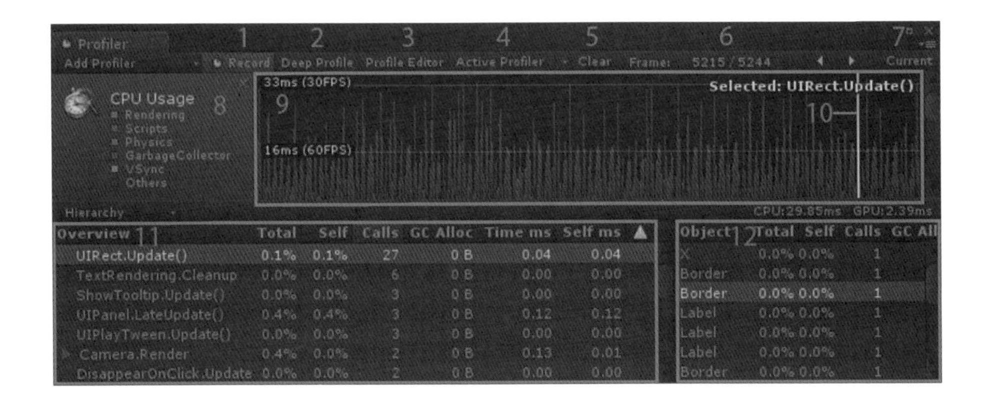

프로파일러 윈도우에서 가장 중요한 기능들을 살펴보자.

1. Record: 프레임 데이터 기록을 활성화 또는 비활성화한다.
2. Deep Profile: 모든 스크립트에 대한 정보를 기록해서, 매 프레임마다 더 상세한 스크립트 정보를 제공한다. 이것이 활성화되면 분석된 요소들의 더 깊은 계층을 얻을 수 있고 각 메소드가 소모한 프로세싱 시간을 알 수 있다. 게임이 실행되는 중에 이것을 활성화하면 게임이 재시작되기 때문에, 게임이 실행되지 않을 때 이 기능을 활성화 또는 비활성화하는 것을 추천한다.
3. Profile Editor: 이 기능을 활성화하면 플레이 모드가 아니더라도 프로파일러가 작동한다.
4. Active Profiler: 유니티 에디터나 연결된 기기를 위한 프로파일러를 표시한다.
5. Clear: 모든 프로파일러 데이터를 삭제하고 빈 윈도우를 표시한다.
6. Frame: 현재 프레임 숫자 / 기록된 전체 프레임을 표시한다.
7. Current: 이것을 클릭하면 현재 프레임을 기록하고, 정보를 표시한다(실시간 프로파일링).
8. CPU Usage: 하드웨어 카테고리와 색상 범례가 표시된다. 이것은 현재 CPU 사용 정보를 보여준다. 스크롤을 내리면 다른 카테고리(GPU, 렌더링, 오디오 등)를 볼 수 있다.
9. Timeline: 각 프레임의 렌더링 시간이 표시된다. 렌더링 시간이 높을수록 게임은 느리게 실행된다. 목표는 너무 많은 스파이크와 불규칙한 변화를 피하는 것이다. 타임라인 아무곳이나 클릭하면 프레임 커서(10)를 설정하고 특정 프레임을 분석할 수 있다.
10. Frame cursor: 선택된 프레임 커서를 표시한다.
11. Overview: 프레임 커서(10)로 선택된 현재 프레임의 오버뷰를 제공한다. 프레임에서 실행된 각 명령어에 대한 정보를 얻을 수 있다. 그리고 테이블 제목 부분을 클릭하면 명령어가 처리된 시간 또는 요청한 드로우 콜에 따라서 정렬할 수 있다.

12. Details: 이 윈도우는 Overview(11)의 선택된 스레드에 대한 더 많은 정보를 표시한다. 스레드의 중첩된 명령어를 확인할 수 있고, 그것들이 프로세싱 시간과 드로우 콜에 어떤 영향을 끼치는지 알 수 있다.

프로파일러는 매 프레임의 데이터를 기록하고 타임라인에 표시한다. 타임라인(9) 아무 곳이나 클릭하면 각 프레임에서 기록된 데이터를 따로 표시할 수도 있다.

게임 최적화 과정에서 코드, 애셋, 씬, 셰이더를 최적화하려고 한다면, 타임라인에서 높은 시간 값을 갖지 않도록 해야 한다. 또한 다음 스크린샷과 같이 스파이크가 생기는 것을 피해야 한다.

▲ 위 스크린샷에서 스파이크에 해당하는 프레임은 다른 프레임(33ms)에 비해서 2배나 더 긴 렌더링 시간(66ms)을 갖는다

위 스크린샷의 스파이크는 프레임이 다른 프레임보다 렌더링하는데 더 긴 시간을 소모하는 것을 의미하고, 이것은 프레임 레이트 저하로 나타난다. 이것을 클릭하면 렌더링 과정에서 긴 시간을 소모한 명령어에 대한 정보를 얻을 수 있을 것이다. 이러한 방식으로 프레임 레이트를 저하시키는 다른 원인들을 점점 추적해나갈 수 있다.

기기에서 프로파일러 실행

아직까지는 프로파일러가 모바일 기기가 아니라 유니티 에디터 정보만을 기록하도록 설정되어 있다. 최종 빌드를 모바일 기기에서 실행하는 동안에 직접 정보를 기록할 수 있지만, 처음에 약간 설정 과정이 필요하다.

방화벽을 사용하는 중이라면 아웃바운드(outbound) 규칙에서 54,998에서 55,511까지 포트를 열어야 한다.

안드로이드 기기를 컴퓨터에 연결해보자. 먼저, 기기가 안드로이드 디버그 브릿지 ADB, Android Debug Bridge에서 감지되는지 확인해야 한다.

1. **윈도우 키** + R 단축키를 눌러서 Execute 윈도우를 연다(맥에서는 Terminal을 실행하고 단계 3으로 바로 넘어간다)
2. 검색창에 cmd를 입력하고 Enter 키를 누르거나 Ok 버튼을 누른다.
3. 새로 열린 커맨드 윈도우에서, cd와 안드로이드 SDK의 platform-tools 폴더 위치를 입력하고 Enter 키를 누른다. 예를 들어 다음처럼 한다.

```
cd C:\SDK\platform-tools
```

안드로이드 SDK가 C: 드라이브가 아닌 다른 드라이브에 있다면, 새로운 드라이브 문자 뒤에 : 문자를 붙여서 입력하면 현재 드라이브를 바꿀 수 있다. 예를 들어, SDK가 D: 드라이브에 있다면, 다음과 같이 입력해야 한다.

d:

그러면 SDK 폴더로 들어갈 수 있을 것이다.

4. adb devices를 입력하고 Enter 키를 눌러서 감지된 기기 리스트를 표시한다. 다음과 같이 적어도 하나의 기기가 표시되었을 것이다.

```
List of devices attached
R32D103DCQA device
```

기기 리스트가 비어 있다면, 기기를 다시 연결하고 시도해보자. 여전히 기기가 감지되지 않는다면, 컴퓨터를 재시작한다. 재시작 후에도 기기가 리스트에 표시되지 않으면, 기기의 USB 드라이버를 다시 설치하고 케이블이 정상적으로 동작하는지 확인한다. 몇몇 USB 케이블은 데이터 전송이 되지 않고 단지 기기를 충전하는 용도로만 사용할 수 있다.

기기가 리스트에 표시되면, 다음과 같이 안드로이드 기기를 위해 프로파일러를 설정한다.

1. File ➤ Build Settings 윈도우로 이동한다.
2. Development Build 옵션을 체크한다.
3. Build And Run 버튼을 누르고 .apk. 파일 위치를 선택한다.

유티니에서 빌드가 완료되고 기기로 패키지가 푸시되면, Window ➤ Profiler로 이동해서 프로파일러를 연다.

연결된 기기의 프로파일러 데이터를 표시하도록 요청해야 한다.

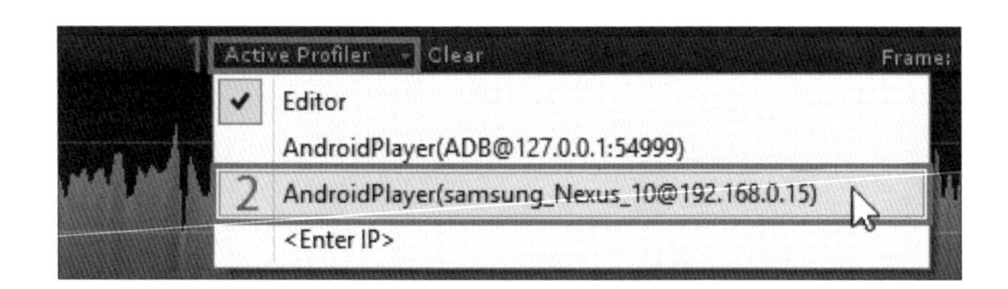

1. 프로파일러 윈도우에서 Active Profiler (1) 버튼을 클릭한다.
2. 리스트 (2)에서 연결한 안드로이드 기기를 선택한다.

이제 연결된 기기에서 가져온 데이터를 분석할 수 있을 것이다. 하지만 프로파일러의 GPU Usage 카테고리가 비어 있는 것을 확인할 수 있을 것이다. 이것은 모바일 기기에서 GPU 프로파일링을 지원하지 않기 때문이다.

Wi-Fi 프로파일링을 활성화하는 방법은 아래 주소에 설명되어 있다.

http://docs.unity3d.com/Manual/Profiler.html

기기에서 디버깅

게임이 실행되는 동안에 기기에서 디버그 로그, 경고 메시지, 에러 메시지를 가져올 수도 있다. 이 기능은 디버깅 과정에서 대단히 유용한데, 특히 유니티 에디터의 플레이 모드에서는 발생하지 않지만, 기기에서는 계속해서 발생하는 원하지 않는 동작을 확인하기에 좋다.

이러한 로그는 logcat과 같은 콘솔을 통해서 가져올 수 있는데, 이러한 콘솔은 모든 안드로이드 어플리케이션의 메시지 파이프와 연동된다.

1. 기기의 USB 디버깅을 활성화하고 컴퓨터와 연결한다.
2. 기기에서 게임을 실행한다.
3. **윈도우** 키 + R 단축키를 눌러서 Execute 윈도우를 연다(맥에서는 Terminal을 실행하고 바로 단계 5로 넘어간다).
4. 검색창에 cmd를 입력하고 Enter 키를 누르거나 Ok 버튼을 클릭한다.
5. 새로 열린 커맨드 윈도우에서, cd와 안드로이드 SDK의 platform-tools 폴더 위치를 입력하고 Enter 키를 누른다. 예를 들어 다음처럼 한다.

```
cd C:\SDK\platform-tools
```

안드로이드 SDK가 C: 드라이브가 아닌 다른 드라이브에 있다면, 새로운 드라이브 문자 뒤에 : 문자를 붙여서 입력하면 현재 드라이브를 바꿀 수 있다. 예를 들어, SDK가 D: 드라이브에 있다면, 다음과 같이 입력해야 한다.

d:

그러면 SDK 폴더로 들어갈 수 있을 것이다.

이제 게임 로그를 가져오는 데 사용되는 다음 명령어들이 사용 가능할 것이다.

- `adb logcat`: 발생하는 모든 로그를 표시한다. 매 초마다 대단히 많은 로그가 표시된다.
- `adb logcat -s Unity`: 유니티에서 발생하는 로그만을 표시한다.
- `adb logcat -s Unity > logcat.txt`: logcat을 안드로이드 SDK의 platform-tools 폴더 안에 logcat.txt 파일로 덤프한다. logcat..txt 파일을 열어보기 전에 커맨드 윈도우를 닫아야만 한다.

`adb logcat -s Unity`를 입력하고 나면, 다음 스크린샷처럼 플레이 버튼의 `EventTester` 컴포넌트에서 발생한 `Debug.Log()`를 찾을 수 있다.

```
I/Unity    (28559):
I/Unity    (28559): Play Drag: (-1.6, -4.7)
I/Unity    (28559): UnityEngine.Debug:Internal_Log(Int
I/Unity    (28559): UnityEngine.Debug:Log(Object)
I/Unity    (28559): EventTester:OnDrag(Vector2) (at F:\
ite_Current\Assets\Scripts\Menu\EventTester.cs:23)
I/Unity    (28559): UnityEngine.GameObject:SendMessage
eOptions)
I/Unity    (28559): UICamera:Notify(GameObject, String
ects\ProjectRewrite_Current\Assets\NGUI\Scripts\UI\UI
I/Unity    (28559): UICamera:ProcessTouch(Boolean, Boo
\ProjectRewrite_Current\Assets\NGUI\Scripts\UI\UICame
I/Unity    (28559): UICamera:ProcessTouches() (at F:\P
e_Current\Assets\NGUI\Scripts\UI\UICamera.cs:1488)
I/Unity    (28559): UICamera:Update() (at F:\Packt\Pro
t\Assets\NGUI\Scripts\UI\UICamera.cs:1233)
I/Unity    (28559):
I/Unity    (28559): (Filename: F Line: 0)
I/Unity    (28559):
I/Unity    (28559): Play Pressed: False
I/Unity    (28559): UnityEngine.Debug:Internal_Log(Int
```

이제 게임을 디버그할 수 있게 되었다. 8장에서 배운 것들을 정리해보자.

요약

8장에서는 안드로이드 플랫폼으로 전환하는 것을 배웠다. 게임을 빌드하고 모바일 기기에서 테스트하는 방법 알았으며, 테스트 후에, 모바일 플랫폼으로 전환하는 과정에서 생기는 문제들을 살펴보았다.

모바일 기기로 전환하는 과정에서 생기는 자동 회전, 뒤로가기 버튼, 캐릭터 이동, 오른쪽 클릭 문제들을 해결한 후에, 플레이어에게 시각적 피드백을 주기 위한 기능인 터치 앤 홀드를 구현했다.

터치 앤 홀드 기능은 원소 전환 UI 표시와 드래그 가능한 인게임 위젯을 구현하기 위해 사용된다. 드래그 가능한 인게임 위젯은 플레이어가 UI를 원하는 대로 커스터마이즈할 수 있게 해준다.

모든 문제가 해결되고 나서, 유니티 리모트에 대해 살펴보았다. 유니티 리모트는 프로젝트가 수정되었을 때 다시 게임을 빌드하지 않고도 게임을 테스트할 수 있게 해준다. 이러한 유니티 리모트를 설정하고 사용하는 방법을 배웠다. 또한 프로파일러의 기능을 살펴보고 기기로부터 데이터를 직접 기록하도록 이것을 활성화하였다. 이것을 사용하면 게임을 최적화하고 게임 성능 문제를 해결할 수 있다. 마지막으로, 안드로이드 디버그 브릿지에서 logcat를 사용해서 디버그 로그와 에러 로그를 가져오는 방법을 배웠다.

모바일 플랫폼으로 전환하였다. 9장에서는 스크린 사이즈와 종횡비에 대하여 배워보자.

9
스크린 사이즈와 종횡비

9장에서는 다양한 스크린 사이즈와 종횡비를 다루는 방법을 살펴볼 것이다. 특히 이것은 다양한 스크린 사이즈와 종횡비, 도트 퍼 인치DPI, dots per inch를 갖는 모바일 기기에서 유용하다.

9장에서는 다음과 같은 주제를 살펴볼 것이다.

- 어댑티브 UI
- 플렉서블 UI
- 다중 비트맵 폰트
- 다중 아틀라스 설정
- 기기 스크린에 따라서 스프라이트 해상도를 다르게 처리하기
- 레퍼런스 아틀라스
- 레퍼런스 폰트
- 런타임에 아틀라스 전환하기

또한 비트맵 폰트가 서로 다른 텍스트 사이즈와 스크린 해상도에서 계단 현상aliasing이 발생하는 것을 확인하고, 이것을 피하기 위해 다중 비트맵 폰트를 사용해 볼 것이다.

이전까지 실습한 단계를 완료하지 않았다면, http://goo.gl/GWHhGN에서 9장 실습 내용까지 완료되어 있는 유니티 프로젝트를 다운로드 받을 수 있다.

다운로드한 프로젝트에는 법적인 이유로 NGUI 소스가 포함되어 있지 않으므로, 프로젝트의 Assets 폴더에 있는 NGUI 폴더를 임포트하거나 복사해서 붙여넣기해야 한다.

어댑티브 UI

어댑티브 UIadaptive UI는 다중 해상도와 종횡비를 처리하는 가장 간단한 방법으로, 이 책에서 사용하는 방법이다. UI Root의 Scaling Style을 Constrained로 설정하고 Height와 Width 컴포넌트의 Fit 옵션을 1920×1080 해상도에 맞도록 체크한다.

이 설정을 사용하면 전체 UI가 항상 기기 스크린에 맞게 스케일 업 또는 다운되고, 화면 안에 있는 위젯 또한 해상도와 종횡비에 상관없이 제대로 표시될 것이다.

이것은 쉽고 빠르게 크로스 플랫폼 어댑티브 UI를 만드는 가장 좋은 방법이다. 이제 위젯은 픽셀 퍼펙트 사이즈에서 벗어나 스크린 사이즈에 맞도록 조절되고, 특정 해상도에서는 덜 선명하게 표시될 수도 있다.

1920×1080 풀 HD 해상도 스크린을 위한 모든 스프라이트를 만들어서 이후의 해상도 기기가 완벽한 디스플레이를 갖도록 할 것이다. 또한 더 작은 스크린에서도 괜찮은 결과를 얻을 수 있을 것이다.

플렉서블 UI

플렉서블 UIflexible UI는 Flexible 스케일링 스타일을 사용해서 UI 픽셀 퍼펙트를 보존한다. 이것은 원래 픽셀 사이즈에서 모든 위젯이 표시되도록 한다. 이 방법을 사용하면 최대한 선명하게 표시할 수 있다.

이 방법은 모든 위젯이 스크린 경계에 따라서 위치하도록 앵커를 제대로 사용한 PC 게임에서 사용하는 것을 추천한다.

256×256픽셀 버튼 스프라이트를 만든다면, 이것은 800×480 스크린에서는 큰 공간을, 1920×1080 스크린에서는 매우 작은 공간을 차지할 것이다. 또한 폰트에서도 같은 문제가 발생할 것이다. 50픽셀 사이즈 폰트는 작은 스크린에서는 적당한 사이즈로 표시되지만, 고해상도 태블릿 스크린에서는 너무 작아서 적합하지 않을 것이다.

UIRoot 컴포넌트의 Minimum Height와 Maximum Height 매개변수를 사용하면 이러한 문제점을 해결할 수 있다. 이 매개변수를 설정하면 스크린 높이에 따라서 UI 크기가 커지거나 작아진다.

플렉서블 UI와 9장에서 사용할 다른 예제들을 위해 새로운 씬을 만들어보자.

1. File ➤ New Scene으로 이동해서 새로운 씬을 만든다.
2. File ➤ Save Scene as로 이동해서 이것을 저장한다.
3. 프로젝트의 Assets 폴더로 이동한다.
4. 새로운 씬 파일 이름을 ScreenSizes로 바꾸고 Save 버튼을 누른다.

이제 새로운 플렉서블 2D UI 루트 게임 오브젝트를 만들어보자.

1. NGUI ➤ Create ➤ 2D UI로 이동한다.
2. 계층 뷰에서 새로운 UI Root 게임 오브젝트를 선택한다.
    - Scaling Style 값을 Flexible로 설정한다.
    - Minimum Height 값을 800으로 바꾼다.

○ Maximum Height 값을 1600으로 바꾼다.

이제 플렉서블 UI가 설정되었다. 게임 뷰가 스탠다드 모바일 기기 해상도를 갖는지 확인하자. 게임 뷰 위쪽에 있는 현재 종횡비/해상도 버튼(1)을 클릭하고, WVGA Landscape(800×480)(2)를 선택한다.

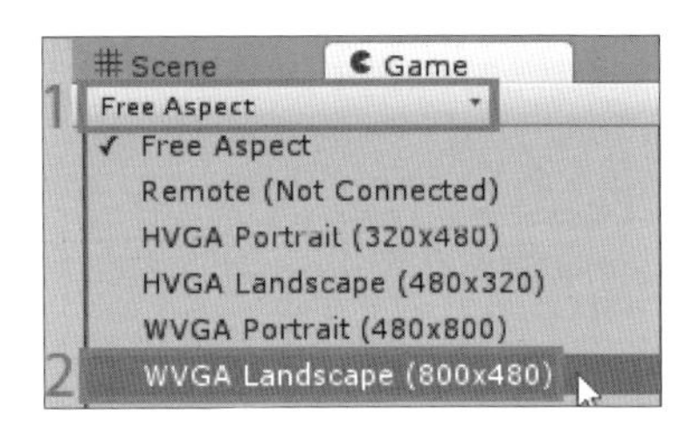

다음으로 다중 비트맵 폰트 사이즈를 다루어보자.

다중 비트맵 폰트

다중 비트맵 폰트를 사용할 때는, 서로 다른 텍스트 사이즈의 폰트를 만들어야 한다. 그렇지 않으면 다음과 같은 문제가 발생한다.

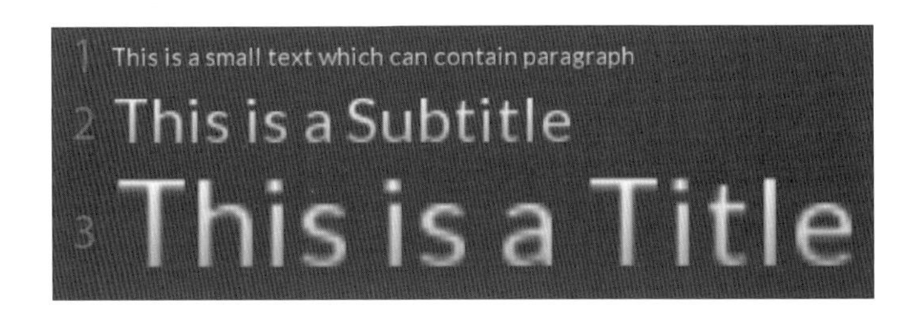

위 스크린샷에서 작은 텍스트(1)는 선명하게 표시되지만, 큰 타이틀 텍스트(3)에서는 계단 현상이 발생하고, 흐려져서 선명하지 않게 표시되는 것을 확인할 수 있다. 이러한 현상이 발생하지 않게 하려면 큰 텍스트 사이즈에는 큰 폰트를 사용해야 한다. 여기서는 하나의 폰트를 3개의 다른 사이즈를 갖도록 만들어보자.

SmallLato 폰트

다음과 같이 작은 텍스트에서 사용할 표준 설정 폰트를 만들어보자. 먼저 NGUI ➤ Open ➤ Font Maker로 이동해서 Font Maker를 연다.

Font Maker를 다음과 같이 설정하자.

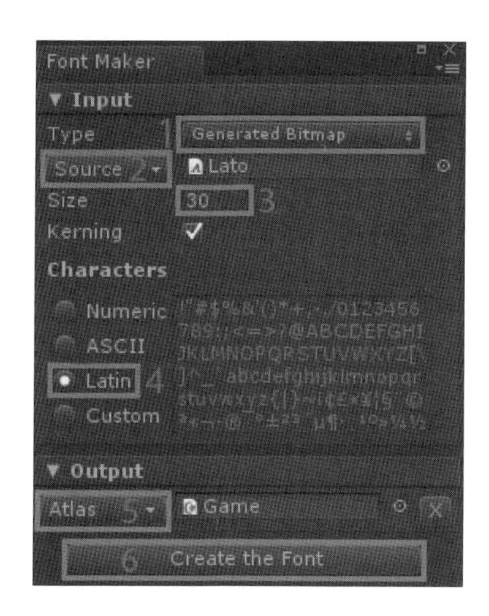

1. Type(1)이 Generated Bitmap으로 설정되어 있는지 확인한다.
2. Font Make의 Source 버튼(2)을 클릭한다.
   - 필요하다면 Show All 버튼을 클릭해서 모든 폰트를 표시한다.
   - Lato.ttf 폰트를 선택한다.

폰트를 선택한 후, Font Maker 윈도우에 있는 빈 공간을 아무곳이나 클릭하면 윈도우를 새로고침하고 폰트 선택을 갱신할 수 있다.

3. Size(3)를 30으로 설정한다.
4. Character 집합을 특수 문자를 지원하도록 Latin으로 설정한다.
5. Font Maker의 Atlas 버튼(4)을 클릭한다.

- 필요하다면 Show All 버튼을 클릭해서 모든 아틀라스를 표시한다.
- 게임 아틀라스를 선택한다.

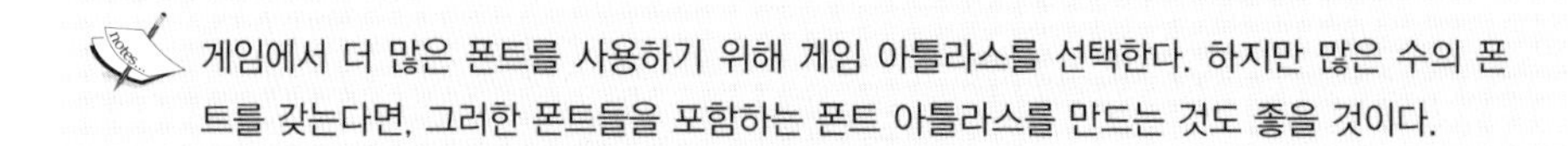
게임에서 더 많은 폰트를 사용하기 위해 게임 아틀라스를 선택한다. 하지만 많은 수의 폰트를 갖는다면, 그러한 폰트들을 포함하는 폰트 아틀라스를 만드는 것도 좋을 것이다.

6. Create the Font 버튼(6)을 클릭한다.
7. 표시된 윈도우에서 Assets/Resources/Fonts로 이동한다.
8. 새로운 폰트 이름으로 SmallLato를 입력한다.
9. 윈도우의 Save 버튼을 클릭한다.

이제 노멀 텍스트에서 사용할 SmallLato 폰트가 완성되었다. 다음으로 중간 크기 폰트인 MediumLato를 만들어보자.

MediumLato 폰트

다음과 같이 작은 타이틀에서 사용할 중간 사이즈 폰트를 만들어보자. 먼저 NGUI ➤ Open ➤ Font Maker로 이동해서 Font Maker를 연다.

Font Maker를 다음과 같이 설정하자.

1. Type이 Generated Bitmap으로 설정되어 있는지 확인한다.
2. Font Make의 Source 버튼을 클릭한다.
   - 필요하다면 Show All 버튼을 클릭해서 모든 폰트를 표시한다.
   - Lato.ttf 폰트를 선택한다.
3. Size를 60으로 설정한다.
4. Font Maker의 Atlas 버튼을 클릭한다.
   - 필요하다면 Show All 버튼을 클릭해서 모든 아틀라스를 표시한다.
   - 게임 아틀라스를 선택한다.

5. Create the Font 버튼을 클릭한다.
6. 표시된 윈도우에서 Assets/Resources/Fonts로 이동한다.
7. 새로운 폰트 이름으로 MediumLato를 입력한다.
8. 윈도우의 Save 버튼을 클릭한다.

이제 예제의 작은 타이틀과 알림 텍스트에서 사용할 MediumLato 폰트가 완성되었다. 마지막으로 큰 타이틀에서 사용할 큰 폰트를 만들어보자.

LargeLato 폰트

마지막으로 큰 타이틀에서 사용할 큰 사이즈 폰트를 만들어보자. 먼저 NGUI ➤ Open ➤ Font Maker로 이동해서 Font Maker를 연다.

Font Maker를 다음과 같이 설정하자.

1. Type이 Generated Bitmap으로 설정되어 있는지 확인한다.
2. Font Make의 Source 버튼을 클릭한다.
   - 필요하다면 Show All 버튼을 클릭해서 모든 폰트를 표시한다.
   - Lato.ttf 폰트를 선택한다.
3. Size를 100으로 설정한다.
4. Font Maker의 Atlas 버튼을 클릭한다.
   - 필요하다면 Show All 버튼을 클릭해서 모든 아틀라스를 표시한다.
   - 게임 아틀라스를 선택한다.
5. Create the Font 버튼을 클릭한다.
6. 표시된 윈도우에서 Assets/Resources/Fonts로 이동한다.
7. 새로운 폰트 이름으로 LargeLato를 입력한다.
8. 윈도우의 Save 버튼을 클릭한다.

이제 예제의 큰 타이틀에서 사용할 LargeLato 폰트가 완성되었다. 이번에는 레이블을 만들어서 폰트가 어떻게 표시되는지 살펴보자.

폰트 표시

앞에서 만든 3개의 폰트 사이즈를 레이블을 만들어서 테스트해보자.

1. UI Root 게임 오브젝트를 선택한다.
2. Alt + Shift + L 단축키를 눌러서 새로운 레이블을 만든다.
3. 새로운 Label 게임 오브젝트를 선택해서 다음과 같이 설정한다.
   - 이름을 SmallText로 바꾼다.
   - 폰트 타입을 NGUI의 SmallLato 폰트를 설정한다.
   - Size 값을 30으로 설정한다.
   - Overflow 매개변수를 ResizeFreely로 설정한다.
   - 텍스트를 This is a small paragraph text로 바꾼다.
   - Alignment를 Center로 바꾼다.
   - Pivot를 중앙(중앙 바 + 중앙 바)로 설정한다.
4. Transform 위치를 {0, -315, 0}으로 바꾼다.
5. Anchors Type을 Unified로 설정한다.
6. UI Root 게임 오브젝트를 Target 필드로 드래그한다.

작은 텍스트가 잘 표시되고 종횡비와 해상도가 변하더라도 선명한 것을 확인할 수 있을 것이다. 이번에는 중간 사이즈 폰트를 테스트하자.

1. UI Root ➤ SmallText 게임 오브젝트를 선택한다.
2. Ctrl + D 단축키를 눌러서 복제한다.
3. 새로운 오브젝트 이름을 MediumText로 바꾸고 다음과 같이 설정한다.

- Font를 MediumLato 폰트로 바꾼다.
- Size를 60으로 설정한다.
- Anchors Type을 None으로 설정한다.
- Overflow 매개변수를 ResizeFreely로 설정한다.
- 텍스트를 Medium Title로 바꾼다.

4. Transform 위치를 {0, 240, 0}로 바꾼다.
5. Anchors Type을 Unified로 설정한다.

이제 중간 타이틀이 추가되어서 선명하게 표시된다. 이번에는 큰 타이틀을 만들어 보자.

1. UI Root > SmallText 게임 오브젝트를 선택한다.
2. Ctrl + D 단축키를 눌러서 복제한다.
3. 새로운 오브젝트 이름을 LargeText로 바꾸고 다음과 같이 설정한다.
    - Size를 100으로 설정한다.
    - Anchors Type을 None으로 설정한다.
    - Overflow 매개변수를 ResizeFreely로 설정한다.
    - 텍스트를 Large Title로 바꾼다.
4. Transform 위치를 {0, 335, 0}로 바꾼다.
5. Anchors Type을 Unified로 설정한다.

지금은 Large Title의 폰트를 SmallLato로 설정했기 때문에, 다음 스크린샷처럼 글자가 흐려지고 계단 현상이 발생할 것이다.

앞의 스크린샷처럼, 폰트가 보기에 그리 좋지 않다. LargeLato 폰트로 바꾸어보자.

1. UI Root ➤ LargeText 게임 오브젝트를 선택한다.
2. Font를 LargeLato 폰트로 바꾼다.

이젠 큰 타이틀이 계단 현상 없이, 멋지고 선명하게 표시될 것이다.

Large Title

다중 비트맵 폰트 사이즈를 사용하고, 픽셀레이션pixelation을 피하는 방법을 살펴보았다. 다음으로 다중 아틀라스에 대해서 배워보자.

다중 아틀라스

UI 크기를 증가시킬 때 발생하는 문제 중 하나는 이미지 퀄리티가 감소하는 것이다. 256×256 픽셀 스프라이트 크기를 512×512로 증가시키면 흐리게 표시될 것이다.

스프라이트가 흐리게 표시되는 것을 피하려면 모든 애셋을 높은 해상도에서 사용 가능하도록 만들어야 한다. 그러면 높은 해상도 디스플레이를 포함하여 항상 스프라이트가 선명하게 표시될 것이다. 하지만 1024×1024 크기 스프라이트를 128×128 크기 스프라이트로 변환해서 작은 스크린에 표시하는 것은 기기 메모리 낭비로 이어진다.

따라서 서로 다른 해상도 범위를 갖는 아틀라스들을 만드는 것이 효과적이다. 여기서는 3가지 아틀라스를 만들어보자.

1. SDAtlas: 최대 800×480 스크린에 적합하다.
    ○ iPhone 3D와 3GS 480×320
2. HDAtlas: 800×480에서 1600×1200까지 스크린에 적합하다.
    ○ iPhone 4와 4S: 960×640
    ○ iPhone 6: 1334×750
    ○ iPad 2: 1024×768
    ○ Galaxy S2: 1280×720
3. SHDAtlas: 1600×1200 이상 스크린에 적합하다.
    ○ Nexus 5: 1920×1080
    ○ iPad 3: 2048×1536
    ○ Nexus 7: 1920×1200
    ○ Nexus 10: 2560×1600

위 3가지 아틀라스는 서로 다른 해상도를 갖는 같은 스프라이트를 포함한다. 그리고 런타임에 기기 스크린 해상도에 따라서 사용하는 아틀라스를 전환하려고 한다. 비트맵 폰트를 사용하는 중이라면, 큰 타이틀에서 텍스트가 흐리게 표시되는 것을 방지하기 위해 폰트 또한 사이즈별로 만들어야 한다.

아틀라스 생성

SDAtlas, HDAtlas, SHDAtlas 이렇게 3가지 아틀라스를 만들 것이다. 각 아틀라스는 표준 해상도, 고해상도, 초고해상도에 적합하며, 각 해상도에 맞는 Button 스프라이트를 포함할 것이다.

그리고 네 번째로 만들 아틀라스인 ScreenAtlas는 레퍼런스 아틀라스reference atlas로서, 스크린 해상도에 적합한 아틀라스를 가리킬 것이다.

 다음 아틀라스 속성을 기억하자.

- 항상 2의 제곱승 크기를 갖는다.
- 소모되는 공간을 최소화한다.
- 버튼, 스크롤바, 아이콘 등 작은 이미지들을 포함한다.
- 큰 배경 이미지나 텍스처를 포함하지 않는다.

배경 또는 큰 텍스처를 표시하기 위해서는 아틀라스에 추가하는 대신 UITexture 컴포넌트를 사용해야 하는 것을 기억하자.

SDAtlas

다음과 같이 표준 해상도 아틀라스를 만들어보자.

1. NGUI ➤ Open ➤ Atlas Maker로 이동해서 Atlas Maker를 연다.
2. 다음 스크린샷처럼 Atlas Maker에서 New 버튼(1)을 클릭한다.

3. 프로젝트 뷰에서 Assets/Resources/Textures 폴더로 이동한다.
   ○ ButtonSD 텍스처 파일을 선택한다.
4. 다음 스크린샷처럼 Atlas Maker 윈도우에서 Create 버튼을 클릭한다.

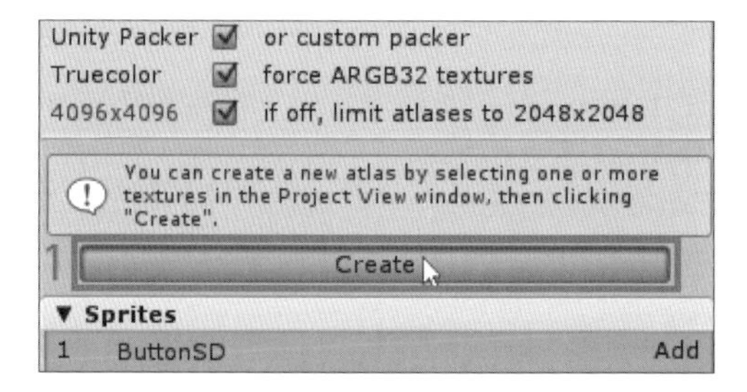

5. 표시된 윈도우에서 Assets/Resources/Atlas로 이동한다.
   ○ 새로운 아틀라스 이름으로 SDAtlas를 입력한다.
   ○ 윈도우의 Save 버튼을 클릭한다.

표준 해상도에서 사용할 버튼 스프라이트를 포함하는 SDAtlas를 만들었다. 같은 방법으로 고해상도 아틀라스도 만들어보자.

HDAtlas

다음과 같이 HDAtlas를 만들어보자.

1. NGUI ➤ Open ➤ Atlas Maker로 이동해서 Atlas Maker를 연다.
   ○ Atlas Maker에서 New 버튼을 클릭한다.
2. 프로젝트 뷰에서 Assets/Resources/Textures 폴더로 이동한다.
   ○ ButtonHD 텍스처 파일을 선택한다.
3. Atlas Maker 윈도우에서 Create 버튼을 클릭한다.
   ○ Assets/Resources/Atlas로 이동한다.
   ○ 새로운 아틀라스 이름으로 HDAtlas를 입력한다.
   ○ 윈도우의 Save 버튼을 클릭한다.

고해상도에서 사용할 버튼 스프라이트를 포함하는 HDAtlas를 만들었다. 마지막으로 초고해상도 아틀라스를 만들어보자.

SHDAtlas

다음과 같이 SHDAtlas를 만들어보자.

1. NGUI ➤ Open ➤ Atlas Maker로 이동해서 Atlas Maker를 연다.
   ○ Atlas Maker에서 New 버튼을 클릭한다.

2. 프로젝트 뷰에서 Assets/Resources/Textures 폴더로 이동한다.
   ○ ButtonSHD 텍스처 파일을 선택한다.
3. Atlas Maker 윈도우에서 Create 버튼을 클릭한다.
   ○ Assets/Resources/Atlas로 이동한다.
   ○ 새로운 아틀라스 이름으로 SHDAtlas를 입력한다.
   ○ 윈도우의 Save 버튼을 클릭한다.

초고해상도에서 사용할 버튼 스프라이트를 포함하는 SHDAtlas를 만들었다. 이제 마지막 아틀라스인 ScreenAtlas 레퍼런스 아틀라스를 만들자.

ScreenAtlas

네 번째 아틀라스는 특별하다. 이것은 실제 아틀라스가 아니라 단지 원하는 아틀라스를 가리키는 역할을 한다. 이 아틀라스가 가리키는 아틀라스는 코드를 통해서 변경할 것이다. 다음과 같이 ScreenAtlas를 만들어보자.

1. 프로젝트 뷰에서 Assets/Resources/Atlas 폴더로 이동한다.
2. 다음 스크린샷처럼 SDAtlas 프리팹 파일을 선택한다.

3. Ctrl + D 단축키를 눌러서 복제한다.
4. 새로운 프리팹의 이름을 SDAtlas 1에서 ScreenAtlas로 바꾼다.
5. 새로운 ScreenAtlas 프리팹 파일을 선택한다.

인스펙터 뷰가 다음 스크린샷처럼 표시되어 있을 것이다.

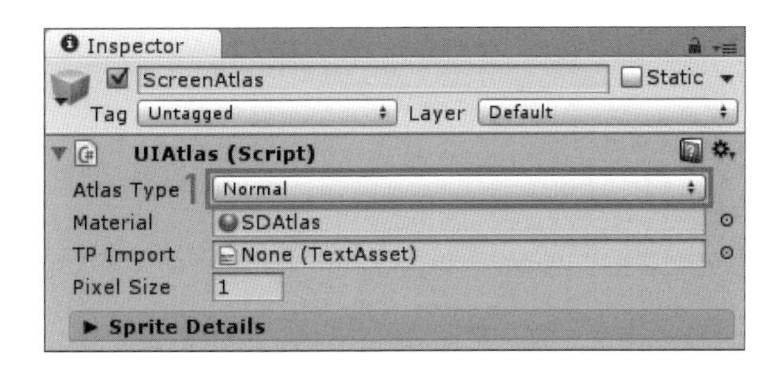

ScreenAtlas 프리팹의 Atlas Type(1) 값은 현재 Normal로 설정되어 있다. 이것을 Reference로 바꾸자. 인스펙터 패널이 다음 스크린샷과 같이 표시되어야 한다.

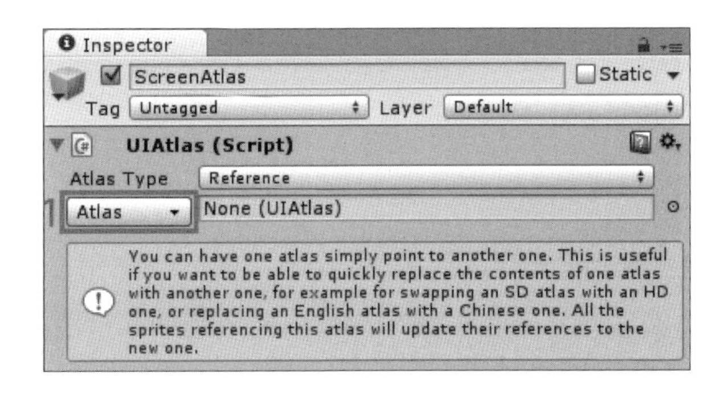

모든 아틀라스 정보가 사라진 것을 확인할 수 있을 것이다. 이것은 현재 비어있고, 아무것도 가리키고 있지 않다. 기본적으로 SDAtlas를 가리키도록 만들어보자.

1. Atlas 버튼(1)을 클릭한다.
2. 팝업 윈도우에서 SDAtlas를 선택한다.

이제 에디터에서 위젯을 설정할 시간이다. 다른 아틀라스 대신 ScreenAtlas를 사용할 것이고, 기본적으로 SDAtlas를 가리키도록 만들 것이다. 그리고 기기 스크린 해상도에 따라서 HDAtlas 또는 SHDAtlas를 가리키도록 만들 것이다.

일단 테스트 버튼을 만들어서 레퍼런스 아틀라스가 가리키는 것을 수동으로 변경하여, 이것이 어떻게 동작하는지 알아보자.

테스트 버튼

다음과 같이 ScreenAtlas를 사용해서 버튼 스프라이트를 선택할 버튼을 만들어 보자.

1. NGUI ➤ Open ➤ Prefab Toolbar로 이동한다.
2. 계층 뷰의 UI Root 게임 오브젝트 안으로 Simple Button을 드래그한다.

3. 이름을 Control – Simple Button에서 Button으로 바꾼다.
4. 새로운 UI Root ➤ Button 게임 오브젝트를 선택한다.
5. UISprite 게임 오브젝트의 Atlas 버튼을 클릭한다.

   팝업 윈도우에서 ScreenAtlas를 선택한다.
6. UISprite 게임 오브젝트의 Sprite 버튼을 클릭한다.

   팝업 윈도우에서 ButtonSD 스프라이트를 선택한다.
7. Transform 위치를 {0, 0, 0}인지 확인한다.
8. 다음 스크린샷처럼 Snap(1) 버튼을 클릭해서 이것을 픽셀 퍼펙트로 만든다.

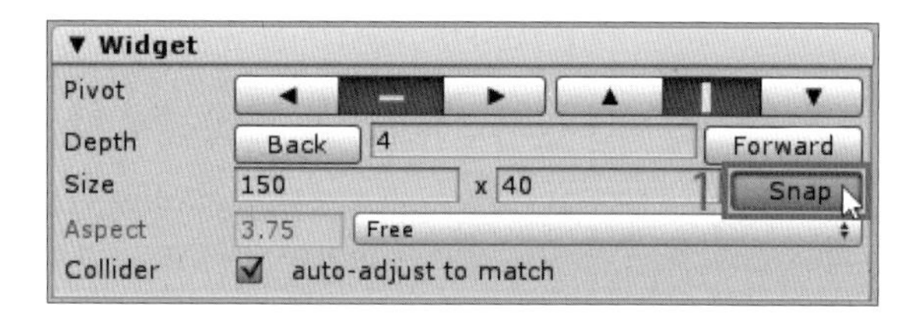

이제 다음 스크린샷과 같이 스크린 가운데에 버튼이 표시될 것이다.

다음으로 레퍼런스 아틀라스가 또다른 아틀라스를 가리키면 어떻게 되는지 알아보자.

레퍼런스 아틀라스 변경

레퍼런스 아틀라스 ScreenAtlas가 SDAtlas 대신 HDAtlas를 가리키도록 변경해보자.

1. 프로젝트 뷰에서 Assets/Resources/Atlas로 이동한다.
2. ScreenAtlas 프리팹을 선택한다.
3. 인스펙터 뷰에서 Atlas 버튼을 클릭한다.
4. 팝업 윈도우의 아래쪽에 있는 Show All 버튼을 클릭한다.
5. HDAtlas를 선택한다.

이제 레퍼런스 아틀라스는 HDAtlas를 가리킨다. 버튼은 자동으로 버튼의 고해상도 스프라이트로 변경될 것이다.

그런데 게임 뷰를 보면, 버튼이 사라졌을 것이다! 왜 이러한 문제가 발생할까?

SDAtlas 안에서 버튼 스프라이트의 이름은 ButtonSD인데, HDAtlas 스프라이트에서는 ButtonHD이기 때문이다.

레퍼런스 아틀라스는 HDAtlas 안에 존재하지 않는 ButtonSD 스프라이트를 얻으려고 계속해서 시도한다. 이것을 고치기 위해서는, 3개의 아틀라스에서 스프라이트가 같은 이름을 갖도록 바꿔야 한다.

스프라이트 이름 변경

각 아들라스마다 다른 파일을 추가했었다. 레퍼런스 아틀라스가 모든 아틀라스 안에 있는 스프라이트를 찾으려면, 스프라이트의 이름을 같게 해야 한다. 버튼 스프라이트의 이름을 같게 만들어보자.

1. 프로젝트 뷰에서 Assets/Resources/Atlas로 이동한다.
2. SDAtlas 프리팹을 선택하고 인스펙터 패널이서 Sprite Details을 보자.
3. 스프라이트 이름을 Button(1)으로 바꾸고 Rename 버튼(2)을 클릭한다.

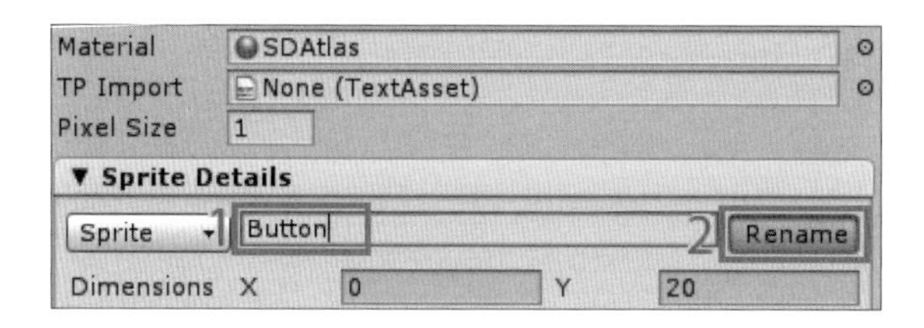

이번에는 HDAtlas 프리팹의 ButtonHD의 이름을 바꿔보자.

1. 프로젝트 뷰에서 Assets/Resources/Atlas/HDAtlas로 이동한다.
2. 스프라이트 이름을 Button으로 바꾸고 Rename 버튼을 클릭한다.

마지막으로 SHDAtlas 프리팹의 ButtonSHD의 이름을 바꿔보자.

1. 프로젝트 뷰에서 Assets/Resources/Atlas/SHDAtlas로 이동한다.
2. 스프라이트 이름을 Button으로 바꾸고 Rename 버튼을 클릭한다.

이제 모든 아틀라스의 Button 스프라이트가 같은 이름을 갖게 되었다. 이전의 ButtonSD 스프라이트 대신 이것을 표시하도록 바꿔보자.

1. UI Root ➤ Button 게임 오브젝트를 선택한다.
2. Sprite 버튼을 클릭한다.
3. 스프라이트 선택 팝업 윈도우에서 Button 스프라이트를 더블 클릭한다.

팝업 윈도우에 표시된 Button 스프라이트는 실제로 HDAtlas의 스프라이트이다. ScreenAtlas가 SDAtlas 대신 HDAtlas를 가리키고 있기 때문이다.

게임 뷰를 보면 정상적으로 442×264픽셀 HD 버튼이 표시되는 것을 확인할 수 있다.

이번에는 직접 아틀라스를 변경하면서 잘 작동하는지 확인해보자.

1. 프로젝트 뷰에서 Assets/Resources/Atlas로 이동한다.
2. ScreenAtlas 프리팹을 선택한다.
3. 인스펙터 뷰에서 Atlas 버튼을 클릭한다.
4. 팝업 윈도우의 아래쪽에 있는 Show All 버튼을 클릭한다.
5. SHDAtlas를 선택한다.

게임 뷰를 보면 레퍼런스 아틀라스가 SHDAtlas를 가리키도록 변경된 것을 확인할 수 있다. 버튼 스프라이트는 갱신되어, 이제 이전의 442×264픽셀 스프라이트 대신 588×351픽셀 스프라이트를 표시한다.

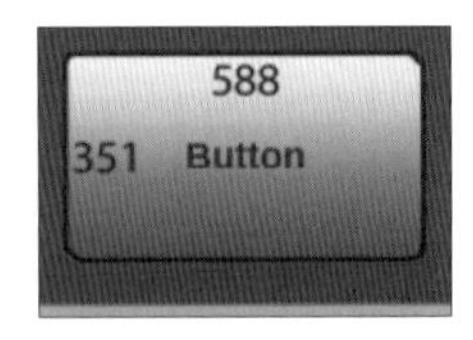

이것은 ScreenAtlas가 가리키는 아틀라스를 간단하게 변경하여, 스크린 해상도에 따라서 다른 스프라이트를 표시할 수 있음을 의미한다.

이번에는 런타임에 아틀라스를 자동으로 전환하는 스크립트를 만들어보자.

아틀라스 전환

서로 다른 해상도에 적합한 다중 아틀라스가 준비되었으니, 이제 런타임에 아틀라스를 전환하는 코드를 작성해보자. 이를 위해서 새로운 `AtlasSwitchController` 컴포넌트를 만들어서 씬의 `UI Root`에 추가할 것이다.

AtlasSwitchController 컴포넌트

다음과 같이 새로운 `AtlasSwitchController` 컴포넌트를 만들자.

1. UI Root 게임 오브젝트를 선택한다.
2. 인스펙터 패널에서 Add Component 버튼을 클릭한다.
3. AtlasSwitchController를 입력하고 Enter 키를 누른다.
4. Language가 CSharp로 설정되어 있는지 확인하고 Enter 키를 누른다.

새로운 AtlasSwitchController.cs 스크립트를 열고 다음과 같이 글로벌 변수를 선언한다.

```
// 레퍼런스 아틀라스
public UIAtlas referenceAtlas;

// 스크린 최대 너비
```

```
public int HDFromWidth = 800;
public int SHDFromWidth = 1600;

// 모든 해상도의 아틀라스
public UIAtlas SDAtlas;
public UIAtlas HDAtlas;
public UIAtlas SHDAtlas;

// 대체할 아틀라스를 저장한다.
private UIAtlas replacementAtlas;
```

그리고 아틀라스를 전환하기 위한 `Awake()` 메소드를 추가한다.

```
// 스크립트의 다른 메소드보다 먼저 호출된다.
void Awake ()
{
  // 스크린 너비를 얻는다.
  int screenWidth = Screen.width;

  // replacementAtlas의 기본값을 SDAtlas로 설정한다.
  replacementAtlas = SDAtlas;

  // 스크린 너비가 SHD의 최대 스크린 너비를 초과하는 경우
  if(screenWidth >= SHDFromWidth)
  {
    // SHDAtlas를 replacementAtlas로 설정한다.
    replacementAtlas = SHDAtlas;
  }

  // 스크린 너비가 HD의 최대 스크린 너비를 초과하는 경우
  else if(screenWidth >= HDFromWidth)
  {
    // HDAtlas를 replacementAtlas로 설정한다.
    replacementAtlas = HDAtlas;
  }
  // referenceAtlas를 replacementAtlas로 갱신한다.
  referenceAtlas.replacement = replacementAtlas;
}
```

스크립트를 저장한다. 앞의 코드는 먼저 스크린 너비와 높이를 가져온다. 그리고 스크린 너비가 HDFromWidth 그리고/또는 SHDFromWidth 한계값을 초과하는지를 확인해서 적합한 아틀라스를 로드한다.

설정

아틀라스를 전환하는 컴포넌트를 만들었으니, 이번에는 이것을 설정해 보자. 유니티로 돌아가서 UI Root 게임 오브젝트를 선택하고, 다음과 같이 AtlasSwitchController 컴포넌트를 설정하자.

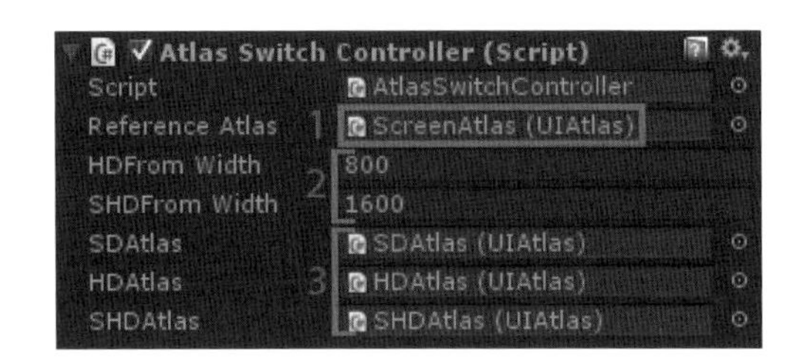

1. Assets/Resources/Atlas/ScreenAtlas를 레퍼런스 아틀라스 드래그한다.
2. HDFrom Width를 800으로, SHDFromWidth를 1600으로 설정한다.
3. 필드로 각 아틀라스를 드래그한다: SDAtlas, HDAtlas, SHDAtlas

설정을 완료하면 다음과 같이 동작한다.

- **스크린 너비가 800 픽셀 아래**: SDAtlas
- **스크린 너비가 800 이상 1600 이하**: HDAtlas로 전환
- **스크린 너비가 1600 이상**: ScreenAtlas가 SHDAtlas를 가리킨다.

한 번 테스트해보자. 게임 뷰를 최대화하고 해상도를 HVGA Landscape(480×320)로 바꾸자. 유니티 플레이 버튼을 눌러보자.

버튼이 갱신되어서 184×110 스프라이트로 표시되는 것을 확인할 수 있다. 이제 SDAtlas가 사용된다.

이번에는 게임 뷰의 해상도를 1920×1080(기본 프리셋이 없다면 추가해야 할 수도 있다)로 전환하고 유니티 플레이 버튼을 다시 눌러보자. 이젠 588×351 스프라이트로 버튼이 표시될 것이다.

스크린 해상도에 따라서 3가지 아틀라스가 정상적으로 전환되는 것을 확인했다.

픽셀 스내핑

현재 설정은 의도한대로 스크린 해상도에 따라서 다른 스프라이트를 표시하도록 동작한다.

그러나 이러한 스프라이트를 항상 최대한 선명하게 표시하려면, 일단 아틀라스가 로드되면 스프라이트를 픽셀 퍼펙트로 만들어야 한다. 그러면 스프라이트가 실제 원본 사이즈로 표시될 것이다.

이를 위해서 AtlasSwitchController.cs 스크립트를 수정해보자. 스크립트를 열고, 아래의 `MakeAllWidgetsPixelPerfect()` 메소드를 추가하자.

```
private void MakeAllWidgetsPixelPerfect()
{
  // 위젯을 저장할 배열을 선언한다.
  UIWidget[] allWidgets;
  // 씬 안의 모든 위젯을 얻는다.
  allWidgets = Object.FindObjectsOfType<UIWidget>();

  // 각 위젯에 대해
  foreach(UIWidget widget in allWidgets)
  {
    // 위젯을 픽셀 퍼펙트로 만든다.
    widget.MakePixelPerfect();
  }
}
```

`Awake()` 메소드 끝부분, `referenceAtlas.replacement = replacementAtlas;` 명령어 바로 밑에 아래 코드를 추가하자.

```
// 모든 위젯을 픽셀 퍼펙트로 만든다.
MakeAllWidgetsPixelPerfect();
```

이젠 아틀라스가 전환되면 바로 모든 위젯이 픽셀 퍼펙트가 된다. 유니티 플레이 버튼을 누르면, 스프라이트가 바뀌고 그것의 원본 사이즈로 표시되는 것을 확인할 수 있을 것이다.

다음으로 폰트에서 이와 유사한 시스템을 어떻게 사용할 수 있는지 알아보자.

폰트 전환

런타임에 스크린 사이즈에 따라서 아틀라스를 전환하는 시스템을 만들었다. 레퍼런스 폰트를 사용하면 한 번의 클릭으로 쉽게 여러 개의 레이블 폰트를 전환할 수 있다.

ScreenFont

네 번째 폰트로, 다른 폰트를 가리키는 레퍼런스 폰트를 만들 것이다. 이것을 사용하면 모든 레이블에 사용되는 폰트를 매우 쉽게 바꿀 수 있다.

1. 프로젝트 뷰에서 Assets/Resources/Fonts 폴더로 이동한다.
2. 다음과 같이 SmallLato 폰트 프리팹 파일을 선택한다.

3. Ctrl + D 단축키를 눌러서 복제한다.
4. 새로운 프리팹의 이름을 SmallLato 1에서 ScreenFont로 바꾼다.
5. 새로운 ScreenFont 프리팹 파일을 선택한다.

인스펙터 뷰가 다음 스크린샷처럼 표시될 것이다.

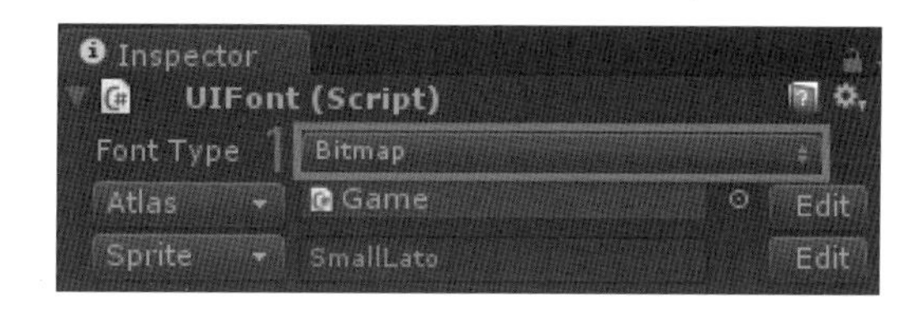

ScreenFont 프리팹의 Font Type(1)이 현재 Bitmap으로 설정되있을 것이다. 이것을 Reference로 바꿔보자. 인스펙터 패널이 다음 스크린샷처럼 표시될 것이다.

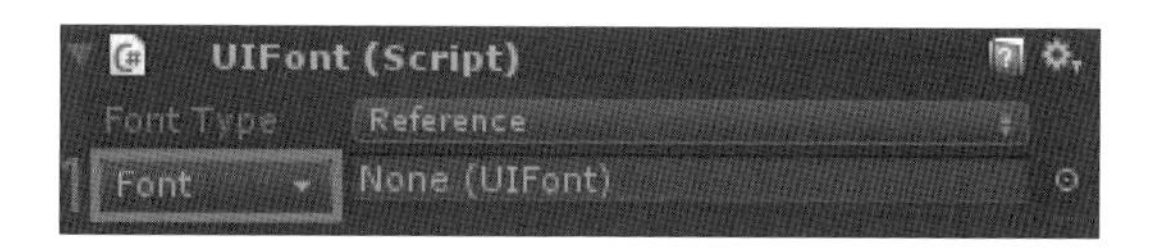

모든 폰트 정보가 사라진 것을 확인할 수 있을 것이다. 레퍼런스 폰트는 현재 아무것도 가리키고 있지 않다. 이것을 기본값으로 MediumLato를 가리키도록 해보자.

1. Font 버튼(1)을 클릭한다.
2. 팝업 윈도우에서 MediumLato 폰트를 선택한다.

이제 레이블 위젯을 설정할 때 다른 폰트 대신 ScreenFont를 사용할 것이다. 일단은 이것이 기본값으로 MediumLato 폰트를 가리키도록 설정했다. 다음으로 이것에 새로운 레이블을 할당해보자.

ScreenFont 할당

레퍼런스 `ScreenFont`를 만들었으니, 이것을 사용해서 새로운 레이블을 만들어보자.

1. UI Root 게임 오브젝트를 선택한다.
2. Alt + Shift + L 단축키를 눌러서 새로운 자식 레이블을 만든다.
3. Transform 위치를 {0, -280, 0}으로 설정한다.

4. UI Root ➤ Label의 이름을 SmallText2로 바꾸고 다음과 같이 설정한다.
   ○ 폰트 타입이 NGUI로 설정되어 있는지 확인한다.
   ○ FOnt 값을 ScreenFont로 설정한다.
   ○ Font Size를 35로 설정한다.
   ○ Overflow 값을 ResizeFreely로 설정한다.
   ○ Text 값을 Paragraph Heading으로 바꾼다.

이세 LargeText를 제외한 모든 레이블이 새로운 ScreenFont를 사용하는지 확인하자.

1. UI Root ➤ SmallText와 MediumText 게임 오브젝트를 둘 다 선택한다.
2. Font 값을 ScreenFont로 바꾼다.

LargeText 레이블을 제외한 모든 레이블이 현재 MeduimLato 폰트를 가리키고 있는 ScreenFont를 사용한다. LargeText 레이블이 Coalition 폰트를 사용하도록 바꿔보자.

1. UI Root ➤ LargeText 게임 오브젝트를 선택한다.
2. Font 버튼을 클릭한다.
   ○ 윈도우의 Show All 버튼을 클릭한다.
   ○ Coalition 폰트를 선택한다.

이제 게임 뷰가 다음 스크린샷처럼 표시될 것이다.

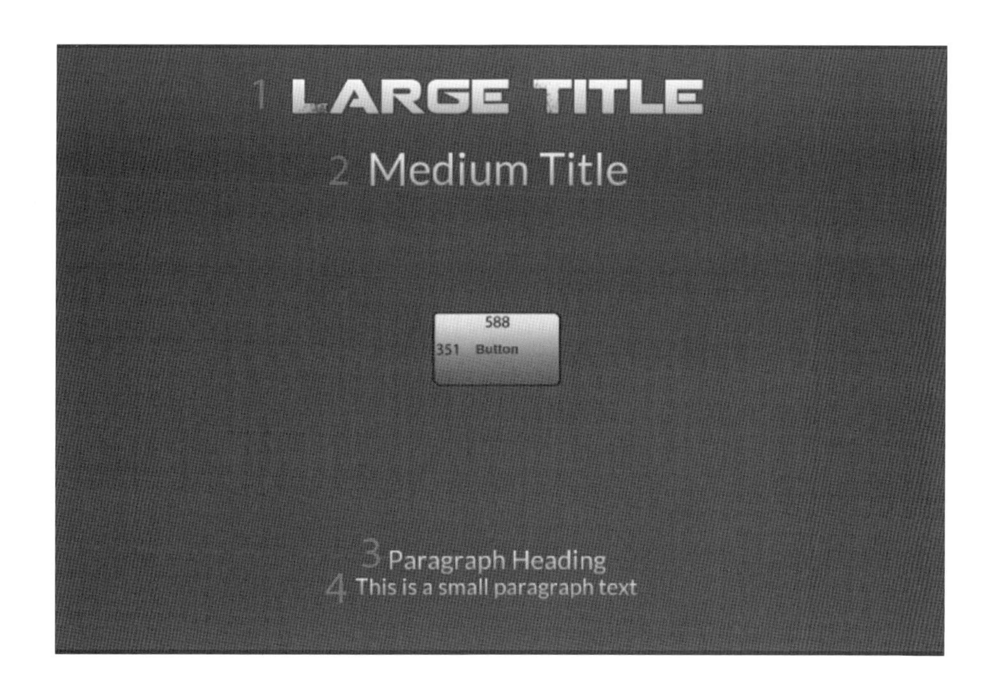

레이블 2, 3, 4에 할당된 ScreenFont 레퍼런스 폰트 간단한 방법으로 레이블들의 폰트를 바꿀 수 있게 해준다. 한 번 확인해보자.

1. 프로젝트 뷰에서 Assets/Resources/Fonts/ScreenFont 프리팹을 선택한다.
2. UIFont 컴포넌트를 다음과 같이 설정한다.
   - Font 버튼을 클릭한다.
   - 팝업 윈도우에서 Show All 버튼을 클릭한다.
   - SciFi Font – Normal 폰트를 선택한다.

ScreenFont 레퍼런스 폰트가 가리키는 폰트를 변경해서 ScreenFont가 할당된 모든 레이블에서 사용하는 폰트를 바꿀 수 있다.

다음 스크린샷처럼 LargeText를 제외한 모든 레이블이 SciFi Font - Normal 폰트를 사용할 것이다.

이제 9장에서 배운 내용을 정리해보자.

요약

9장에서는 픽셀 퍼펙트 플렉서블 UI를 설정하는 방법을 배우고, 이러한 설정법을 이해하였다. 위젯을 스크린 경계에 상대적으로 앵커링해서 스크린 밖에 표시되지 않게 하는 것이 중요하다.

큰 텍스트에서 계단 현상이 발생하는 것을 피하기 위해 3가지 사이즈(작은(30), 중간(50), 큰(100))을 갖는 비트맵 폰트들을 만들었다.

다음 아틀라스 중 하나를 가리키는 데 사용되는 레퍼런스 아틀라스(`SDAtlas`, `HDAtlas`, `SHDAtlas`)를 만들었다. 스크린 너비에 따라서 새로 만든 `AtlasSwitchController` 스크립트가 현재 게임이 실행되는 기기에 적합한 아틀라스를 로드하고 설정한다.

아틀라스가 전환된 후에도 스프라이트가 선명하게 표시되게 하기 위해, `MakePixelPerfect()` 메소드를 사용해서 모든 위젯이 픽셀 퍼펙트가 되도록 만들었다.

마지막으로, 단지 레퍼런스 폰트가 다른 폰트 파일을 가리키도록 해서 여러 개의 레이블에 할당된 폰트를 변경할 수 있게 레퍼런스 폰트를 설정하는 방법을 배웠다.

NGUI에서 가장 중요한 기능들을 이해하고 마스터했다. 10장으로 넘어가자.

10
사용자 경험과 모범 실무

에어버스의 사용자 경험 연구원인 아멜리 뷰드로이트Am lie Beaudroit와 공동 집필한 10장에서는, 사용자 인터페이스UI, user interface, 디자인, 사용자 경험UX, User eXperience, 편리성usability에 대하여 살펴볼 것이다.

모든 측면에서 이해를 돕기 위해, 그림과 스크린샷을 이용해서 개념을 설명할 것이다. 10장에서는 다음 주제들을 다룰 것이다.

- 사용자 경험, 페르소나, 편리성, 몰입에 대한 정의
- 휴리스틱: 가이던스, 프롬프팅, 피드백, 워크로드, 간결성, 적응성, 에러 관리, 일관성 등
- 게임 테스트에 대한 조언, 무엇을 언제 테스트하는가? 버티컬 슬라이스vertical slices
- 편리성 테스트 준비하기
- 플레이어 초대하기, 테스트 환경 준비하기 등
- 노트하기, 우선순위 매기기

10장 끝에서는 편리한 UI를 디자인하기 위한 충분한 지식을 얻고, 사용자 경험에 부정적 영향을 미치지 않게 하기 위한 테스트 방법을 이해할 수 있을 것이다.

시작

추상화abstraction는 사회의 규칙이 되었다. 우리가 살고 있는 세계의 복잡성과 거대한 양의 정보를 다룰 의무로 인해서, 추상화는 우리가 발달하고 있는 환경을 이해하고, 상호작용하기 위해 필수적인 요소가 되었다.

현실에 대처하기 위해, 변화하는 환경에 놓인 성인은 그를 인도하고, 결정을 돕기 위해 필요한 측면들을 나타내는 모델을 만든다.

그러나 어떤 맥락에서는 추상화가 사람의 흥미와 현실의 개념을 잃도록 만든다. 사람의 뇌 속으로 들어갈 준비가 되어 있는 미리 분석된 많은 데이터는 경험하지 않아도 되게 만든다.

게임에서 그래픽 사용자 인터페이스GUI, Graphic User Interface의 역할은 플레이어가 쉽게 해석할 수 있는 데이터를 제공해서 캐릭터 또는 게임 환경에 대한 최신 심적 모델을 제공하는 것이다.

게임은 단지 특정한 측면에 초점을 맞춰서 현실을 추상화한다. 게임 디자이너와 사용자 경험 디자이너의 역할은 플레이어에게 어떠한 데이터가 주어져야 하고, 감추어져야 하는지 결정하는 것이다.

비디오 게임은 끊임없이 플레이어의 주의와 상호작용을 필요로 한다. 그러므로 비디오 게임과 그것의 GUI를 디자인할 때는 플레이어의 인지 자원이 낭비되지 않도록 편리성 문제를 고려하는 것이 중요하다.

정의

다음으로 넘어가기 전에, 몇가지 용어를 정의해서 의미를 통일할 필요가 있다.

사용자 경험

비디오 게임에서는 편리성 테스트의 영역이 자주 무시된다. 비디오 게임의 목표가 다른 더 실용적인 애플리케이션의 목표와 완전히 다르기 때문이다. 그러나 사용자 경험을 디자인하고 테스트하는 방법은 모든 영역에서 유효하다.

사용자 경험은 넓은 범위에서 사용자(플레이어)가 제공되는 서비스와 상호작용하는 모든 측면으로 정의된다. 이것은 사용자의 감각적 지각뿐만 아니라 감정, 상호작용의 퀄리티, 상품을 이용해서 목표에 도달할 때의 효율성, 그것을 사용해서 얻은 만족감 또한 고려한다.

훌륭한 사용자 경험을 얻기 위해서는, 디자이너가 사용자를 깊게 이해하는 것이 필요하다. 디자인 팀이 타깃 플레이어 프로필에 대한 이해, 사용 맥락, 유사한 기기에 대한 익숙함을 갖추어야 하는 것이 바로 이것 때문이다.

페르소나

페르소나personas는 타깃 사용자(플레이어)를 나타내는 허구의 캐릭터에 대한 묘사이다. 이것은 나이, 직업, 사진, 생김새에 대한 묘사, 일상 생활에서의 제약, 즐거움, 목표, 동기, 모토, 묘사를 포함한다.

편리성

인간-컴퓨터 상호작용을 연구하는 PhD, 제이콥 닐슨Jakob Nielsen(1993)은 『Usability Engineering』에서 편리성이 다음과 같이 정의될 수 있다고 말했다.

> "UI가 얼마나 쉽게 사용될 수 있는가를 평가하는 퀄리티 속성이다."

편리성은 다음과 같은 5개의 퀄리티 컴포넌트로 정의된다.

- **학습 용이성(Learnability)**: 디자인과 처음으로 마주쳤을 때, 기본적인 작업을 얼마나 쉽게 완수하는가?

- **효율성**Efficiency: 일단 디자인을 배웠다면, 얼마나 빠르게 작업을 수행할 수 있는가?
- **기억 용이성**Memorability: 일정 기간 동안 디자인을 사용하지 않은 상태에서 다시 돌아왔을 때, 얼마나 쉽게 다시 숙달될 수 있는가?
- **에러**Errors: 사용자가 얼마나 많은 에러를 발생시키는가? 그러한 에러는 얼마나 심각한가? 그러한 에러로부터 얼마나 쉽게 회복할 수 있는가?
- **만족감**Satisfaction: 디자인을 사용하는 것이 얼마나 즐거운가?

플레이어가 UI를 이해하기 위해 특정한 자원을 소모할 필요성 없이도 이해할 수 있도록, UI의 데이터를 배열하는 것은 중요하다.

편리한 상품의 목표는 사용자가 작업을 더 효율적으로 수행할 수 있도록 돕는 것이다. 게임에서는, 플로우flow를 타깃으로 한다. 플레이어의 최고의 도전은 효율성의 관점에 부합한다.

몰입

몰입 상태는 동기 부여 측면에서 폭넓게 연구되어 왔으며, 게임 디자인에서 가장 중요한 개념이 되었다. 몰입 상태에 있는 개인은 활동에 환전히 몰입하고, 집중되어 있음을 느낀다. 이러한 활동은 계속해서 관심을 끌고, 즐거움을 제공한다.

심리학자 미하이 칙센트미하이Mih ly Cs kszentmih lyi(1990)는 그가 집필한 책 『Flow: The Psychology of Optimal Experience, Harper Perennial Modern Classics』에서 감정과 동기 부여에 관한 긍정적 심리학과 몰입의 개념을 소개했다.

10장에서는 이 개념을 자주 언급할 것이다. 게임은 플레이어를 독특하고, 생생한 경험에 몰입하도록 이끌어야 하기 때문이다. 이것은 감정을 포함하고 계속해서 플레이어의 관심을 끌고 집중하게 하는 것이 목표이다. 앞으로 되도록이면 몰입 상태를 유지하는 방향으로 디자인 결정을 내릴 것이다.

UI 디자인

UI 디자인의 역할은 인터페이스를 만들고 이와 관련된 상호작용이 플레이어가 즐거운 경험을 하도록 보장하는 것이다.

예를 들어, UI는 자동차이고 사용자 경험은 플레이어가 자동차를 운전하고 있는 느낌을 주는 것이다. 문제는 이것이다. 어떻게 자동차 좌석, 바퀴, 계기판, 차 안을 운전자가 운전 중에 최상의 기분을 느끼도록 디자인할 것인가?

이제 중요한 용어들을 정의했으니, 게임의 UI에 대하여 말해보자.

게임에서의 UI

일반적으로 편리성의 목표는 사용자가 오브젝트 또는 서비스와 상호작용하는 중에 마주칠 수 있는 모든 어려움을 제거하는 것이다. 우리의 역할은 사용자의 삶을 더 쉽게 만드는 것이다.

게임에서 중요한 차이는 상품이 어느 정도 도전적이지 않으면 대체로 재미있지 않다는 것이다. 그러므로 이러한 도전을 구현하고 나머지 어려움을 제거하기를 원하는 출발점부터 정의하는 것이 중요하다.

이것은 플레이어가 게임에 능숙해지고 의도된 도전을 극복하는 것에 집중하는 것을 보장한다. 또한 무기를 바꾸는 것과 같이 적절하지 않은 어려움에 집중하는 것을 방지한다.

어떤 목표는 달성하기 어려울 수도 있다. 그러나 인터페이스와 상호작용 시스템은 그것을 달성할 수 있도록 유도해야 한다. 오락의 목표를 방해하는 어려움은 플레이어의 경험을 최대화하기 위해서는 해결되어야 한다.

다음으로 게임의 일부가 아닌 주제들을 다루는 편리성 방법들을 살펴볼 것이다.

휴리스틱

휴리스틱heuristics은 효율적인 UI를 디자인하는데 도움이 되는 일반적인 가이드라인을 제공한다. 이것은 모든 상황에서 반드시 따라야만 하는 구체적인 규칙은 아니다.

휴리스틱을 사용하면서 게임을 점검하는 것은 편리성을 평가하고 플레이어가 마주칠 수 있는 문제를 찾아내기 위한 좋은 방법이다. 다음과 같은 것들을 할 수 있다.

1. 게임에서 일반적인 플레이어의 여정을 상상하고 적어보자.
2. 휴리스틱을 생각하면서, 시나리오를 따라가는 동안에 마주칠 수도 있는 모든 어려움을 적어보자.
3. 발견된 문제점을 수정하기 위한 해결책을 찾기 위해 디자인 팀과 토론한다.

이제 편리성 기준에 대하여 살펴보자. 안내guidance의 개념부터 알아보자.

안내

안내Guidance는 플레이어에게 조언하고, 정보를 제공하고, 인도하기 위해 사용되는 요소들의 집합이며, 메시지, 레이블, 아이콘, 진동, 소리가 사용될 수 있다.

이러한 요소들은 다음과 같은 방법으로 플레이어를 돕는다.

- 플레이어가 상황을 이해하는 것을 돕는다. 플레이어는 게임에서 자신이 어디에 있는지(목표 진행 상황), 캐릭터의 상태는 어떤지(체력, 인내 등), 시스템 상태는 어떤지(로딩, 저장 등) 등을 알려준다.
- 플레이어가 사용할 수 있는 동작과 관련된 결과를 이해하는 것을 돕는다.
- 플레이어가 더 많은 정보를 얻을 수 있도록 돕는다(해당되는 경우라면).

안내는 플레이어의 동기 부여에서 중요한 역할을 한다. 길을 잃거나 어딘가에 갇힌 플레이어는 게임을 계속하지 않고 포기할 수도 있다. 반면, 좋은 안내는 게임 과정을 더 쉽게 배우게 하여서 플레이어의 전체적인 실력을 증가시키고 실수할 가능성을 줄여준다.

안내

어떠한 요소의 안내는 그것의 용도를 짐작할 수 있게 해주는 내재적 능력을 의미한다. 이것은 설명이 필요 없으며 플레이어의 문화적 지식과 상징과는 독립적인 속성이다.

예를 들어, 문 손잡이는 잡고 돌릴 수 있게 생겼다. 큰 빨간 버튼을 보면 눌러야 할 것 같은 느낌이 든다. 다음 스크린샷처럼 상자는 무언가(아마도 보상)를 담고 있고, 열 수 있을 것만 같은 모양과 부피를 갖는다.

▲ 스페이스 런 3D에서 이렇게 생긴 박스는 열 수 있고 무언가를 담고 있는 것처럼 보인다

암시

암시Prompting는 플레이어가 사용가능한 행동을 알려주고 그렇게 하도록 유도하는 것을 돕는다. 또한 플레이어가 플레이어가 게임에서 선택지와 현재 상황 정보에 대한 지식을 얻도록 하는 모든 장치와 시각적 단서들을 포함한다.

아래 모바일 게임 예제 이미지를 보면 플레이어가 활성화될 것 같이 보이는 스위치에 접근하면, 움직이는 터치 사인이 나타나서 스위치를 누를 수 있는 범위에 있음을 알려주고, 스위치를 손가락으로 터치해서 그것과 상호작용할 수 있음을 암시한다.

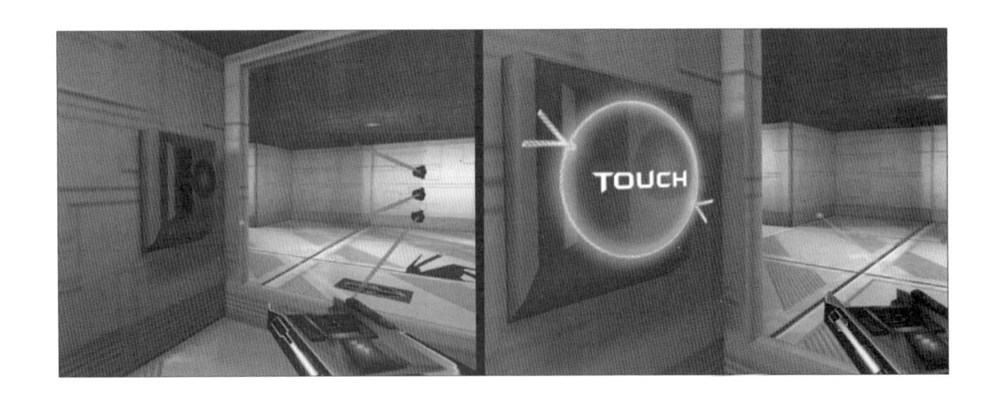

암시는 게임에서 플레이어가 옳은 결정을 내리도록 안내하기 위해 필수적인 요소이다. 또한 정보 레이아웃을 분류하고 정렬해야만 한다.

분류

시각적 조직과 정보 아이템을 플레이어의 작업과 관련된 여러 카테고리로 나누는 것은 정보에 더 빠르게 접근하고 게임을 진행하는 방법을 더 직관적으로 만들 뿐만 아니라, 더 빨리 배우도록 돕는다.

위치와 구성 방식은 표시된 UI의 정보 아이템과 그것에 붙어 있는 것들이 같은 종류의 아이템이라는 것을 알려주기 위해 사용된다.

분류 과정에서, 그룹으로 나누는 것을 생각하는 건 작업의 일부일 뿐이며 나머지는 대조이다. 플레이어가 정보 또는 특정한 행동을 할 때 주저하지 않도록 상이한 카테고리로 나뉘도록 디자인해야 한다.

다음 스크린샷은 모바일 플랫폼에서 1인칭 호러 게임의 프로토타입을 보여준다. 플레이어는 체력 킷을 사용하도록 요청했다. 스크린 오른쪽 모서리에 위치한 체력 게이지는 현재 가득 차 있는 상태이고, 남아 있는 체력 킷이 바로 아래에 표시된다.

▲ 체력 카테고리에서 중요한 요소들이 같은 영역에 모여 있다

위 스크린샷에서 플레이어는 자신의 체력과 남아 있는 체력 킷을 확인할 수 있다. 그것들을 같은 영역에 모아놓는 것은 캐릭터의 현재 상태를 빠르게 확인할 수 있도록 돕는다.

이번에는 게임 피드백이 플레이어 실력에 어떻게 영향을 줄 수 있는지 살펴보자.

피드백

시스템은 플레이어에게 행동에 대한 즉각적인 반응을 제공해서, 그것이 성공적으로 이루어 졌음을 확인할 수 있게 해야 한다. 그래서 플레이어가 게임에 계속해서 몰입하고 그가 계획한 연속되는 행동들을 실행하는 것에 집중하는 것을 방해하지 않아야 한다.

게임 종류와 타깃 플레이어에 따라서, 피드백이 얼마나 신중하고, 얼마나 시각적이고, 얼마나 보상이 되는 지를 생각해야 한다. 기본적으로 적절한 피드백을 해야 한다. 이것은 경험 많은 하드코어 플레이어를 자신의 첫 번째 퍼즐을 해결한 3살 배기에게 축하하는 것과 같이 대해서는 안 되는 것을 의미한다.

또한 피드백은 플레이어의 플레이어의 행동이 곧 실패로 이어질 수 있는 경우에 그것을 고칠 수 있도록 안내하기 위해서도 사용된다. 예를 들어, 자동차 레이싱 게임에서 자동차가 플레이어가 요청한 대로 방향을 전환하는 것을 볼 수 있다. 플레이어가 레이스 트랙 경계에 접근하면 확실한 피드백이 주어진다. 컨트롤러 진동, 카메라 흔들림, 그리고 잔디와 모래에 의해 엔진과 타이어가 흔들리는 소리가 그것이다.

이러한 모든 피드백은 서로 다른 채널들(시각, 청각, 촉각)을 사용해서 플레이어가 좋지 않은 상황에 있고 트랙 경계에서 결국 차가 파괴될 수도 있음을 느낀다. 피드백은 플레이어가 자동차를 멈추거나 방향을 반대로 바꿔서 현재 궤도를 수정하기를 안내하고 유도한다.

피드백은 명확하고 모호하지 않아야 한다. 플레이어는 피드백을 통해 목표, 진행 상황, 현재 상태를 이해한다. 또한 다음 스크린샷처럼 플레이어가 새로 사용할 수 있는 동작과 결과를 알려준다.

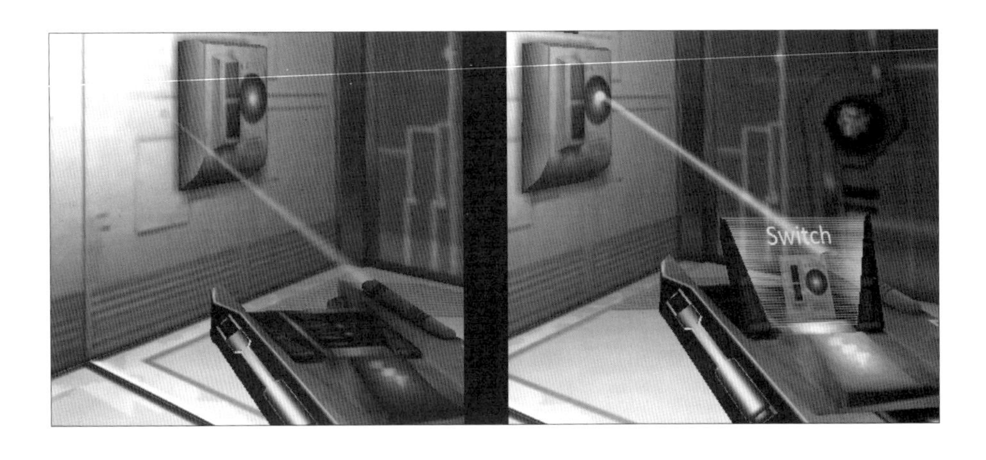

왼쪽 스크린샷에서 플레이어는 아무것도 가리키고 있지 않다. 테이저 건은 딱히 특이한 것을 표시하지 않고 있어서, 지금 테이저 건을 발사하더라도 아무것도 일어나지 않을 것임을 알 수 있다.

오른쪽 스크린샷에서 플레이어는 현재 상호작용하는 스위치를 조준하고 있다. 스위치를 조준하고 있는 레이저 색은 푸른색 대신 녹색으로 변하고, 테이저 건에 장착된 스크린은 관련된 요소 정보를 표시한다. 이러한 피드백을 통해 플레이어는 지금 테이저 건을 발사하면, 조준된 스위치를 성공적으로 활성화할 수 있음을 알 수 있다.

마지막으로, 피드백은 게임 보상으로 작용하고 게임 안에서 성공을 더 부각되게 하여서 플레이어의 유능감을 불러일으킨다.

작업량

작업량 기준은 플레이어가 게임에서 제공하는 정보에 압박감을 느끼지 않는 것이다. 이것은 직관 또는 단기 기억을 상기시키는 것을 줄이는 것에 일조하여, 시스템/사용자 대화의 효율성을 증가시키는 인터페이스 요소와 관련이 있다.

작업량을 증가시키는 것은 에러의 리스크를 증가시키는 것을 명심해야 한다. 특히 초보자들에게 그러하다. 플레이어가 관련 없는 정보에 현혹되지 않으면, 작업을 더 효율적으로 완수할 수 있다.

이 기준은 최근 게임의 UI 발전에서 큰 부분을 담당한다. 게임에서 캐릭터의 체력바, 이름, 장비되지 않은 무기들이 언제 항상 표시되어야 하는지 기억할 수 있는가?

어쨌든, 그것은 필요 없는 작업량이다. 이것은 인터페이스를 분류하고 플레이어가 현재 수행하고 있는 행동과 연결된 UI 요소에 집중하는 것이다. 플레이어는 자신에게 필요한 정보를 선택해야만 한다.

오늘날 대부분의 게임(대전 게임과 같이 체력을 계속해서 보여줄 필요가 있는 것들을 제외하고)에서 체력 바 시스템은 피드백으로 숨겨져 있다. 예를 들자면, 피가 튀거나, 컨트롤러가 진동하거나, 심장 박동 소리가 더 크게 들리는 기법이 있다. 이렇게 하면 게임이 더 몰입감 있어진다. 그리고 더 중요한 것은, 분류하는 정보가 줄어들고, 작업량이 감소하는 것이다.

플레이어에게 필요한 정보를 적절한 타이밍에 제공하고, 작업량을 증가시킬 수 있는 관련 없는 아이템을 감추는 것이 목표이다.

간결성

스크린에 표시된 정보를 읽는 것은 그 자체로 일이다. 따라서 이러한 정보의 복잡성을 감소시켜서 더 쉽게 읽을 수 있도록 만들어야 한다. 또한 특정한 작업을 완료하기 위해 필요한 동작 수를 최소화시켜야만 한다.

정보는 읽기 쉬워야 하며, 간결한 용어를 사용해야 하고, 모호한 아이콘을 피해야 한다. 이것은 버튼 레이블, 텍스트 박스, 튜토리얼 등 모든 종류의 UI 요소에서 지켜야 한다.

다음 스크린샷에서 플레이어는 날 수 있게 해주는 제트팩을 집어들었다. 두 개의 서로 다른 튜토리얼 버전을 볼 수 있다. 위에 있는 버전은 긴 반면에, 아래에 있는 것은 간결해서 읽고 이해하기 더 쉽다.

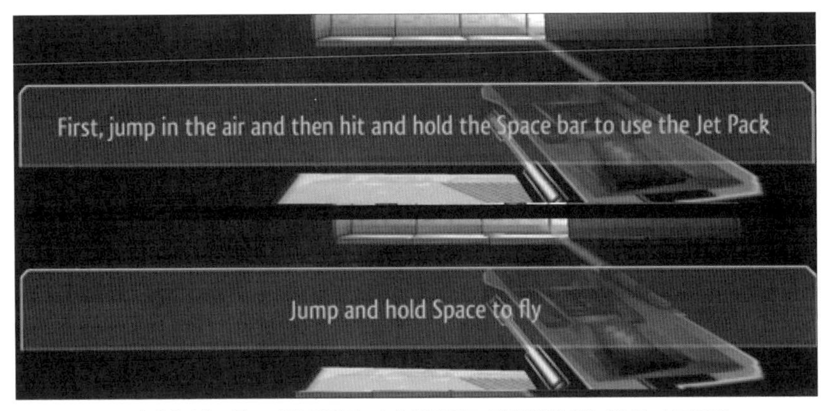

▲ 아래에 있는 튜토리얼 문장이 더 효율적이고 간결해서 읽는데 덜 수고롭다

단어와 구를 어떻게 쓰느냐는 작업량에 영향을 준다. 이제 정보 밀도에 대하여 얘기해보자.

정보 밀도

모든 요소에서 전달하는 정보를 줄여야만 한다. 따라서 플레이어가 현재 작업을 성공하기 위해서 알아야 하는 것에만 초점을 맞춘다. 어떤 정보가 게임 플레이에 따라서 항상 표시되어야 하는지 잘 선택하고, 적절한 양으로 유지해야 한다.

내비게이션에 대해서 생각해보자. 무엇이 플레이어가 자주 접근해야 하는 것은 무엇인가? 무엇이 별로 접근되지 않는가? 접근되지 않지만 여전히 중요한 것은?

많은 정보 아이템이 같은 영역 안에 있다면, 그것들을 어떻게 분리하고, 어떻게 가장 중요한 요소를 다른 것들보다 잘 보이게 만들지 생각해보자.

분명한 컨트롤

분명한 컨트롤의 기준은 플레이어의 분명한 동작을 고려하는 시스템 능력과 이러한 동작이 실행되는 동안에 플레이어가 갖는 조작, 둘 모두와 관련된 것이다.

분명한 동작

플레이어 동작과 시스템 응답 사이 관계는 분명해야만 한다. 소프트웨어 편리성 관점에서 시스템이 사용자가 동작을 요청하자마자 실행하는 것은 중요하다. 요청이 지연되면, 이것은 사용자에게 분명하게 나타난다. 그러나 비디오 게임에서는 이벤트가 플레이어 요청과 상관없이 일어날 수 있다. 이러한 경우에는 기준을 어떻게 적용해야 하는가?

대답은 일찍이 논의했던 기준인 피드백과 크게 관련이 있다. 여기서 중요한 것은 플레이어가 동작이 고려된 것을 아는 것이고, 시스템에 요청이 등록되었는지 의심하지 않는 것이다. 플레이어가 동작을 다시 해야만 한다면, 그러한 사실 또한 즉시 알아야 한다.

사용자 컨트롤

사용자 컨트롤 기준 또한 이쪽 분야에 적용되어 있다. 일반적으로 사용자가 실행중인 동작을 항상 컨트롤할 수 있기를 원한다. 플레이어는 현재 동작을 정지, 계속, 취소, 반복할 수 있어야만 한다.

비디오 게임에서는 컨트롤 권한이 플레이어와 게임 사이에서 정기적으로 교환된다. 플레이어는 자신에게 컨트롤 권한이 있을 때와 아닐 때를 분명하게 알 수 있어야만 한다.

가끔 플레이어가 행동을 빠르게 실행할 필요가 있을 수도 있다. 그런 경우에는 플레이어가 예상되는 행동을 이해하려고 시간을 소모해서는 안된다. 예를 들어, 컷씬cut-scene(quick time event)에서 플레이어는 즉각적으로 버튼을 눌러서 빠르게 반응해야만 한다. 플레이어가 실제로 캐릭터를 조작하고 있지 않더라도, 플레이어는 생각할 필요 없이 앞으로의 행동을 정확하게 예상할 수 있다. 이것은 다음 스크린샷에서 설명되어 있다.

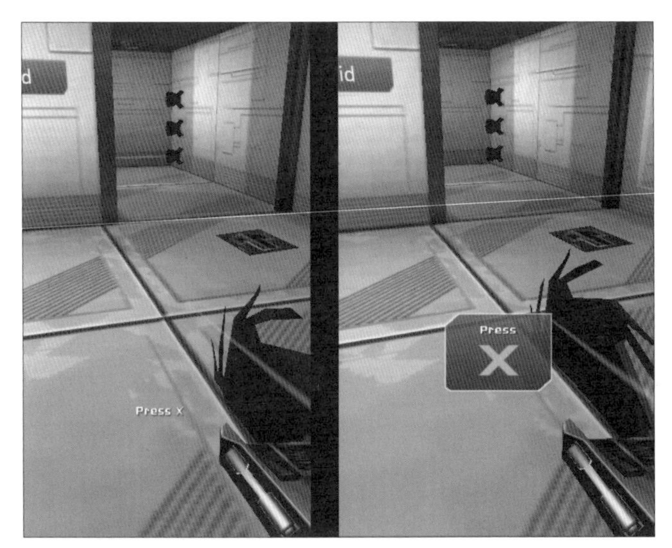

▲ PC에서 실행 중인 스페이스 런 3D에서 상호작용하지 않는 컷씬이 실행되고 있다.
플레이어는 즉시 X키를 눌러서 톱을 피해야만 한다

왼쪽 스크린샷은 좋지 않은 예제로서, X키가 단어 Press만큼도 분명하게 표시되지 않는다. 그래서 표시가 전체적으로 가독성이 없다. 흰색 레이블은 배경의 밝은 색상과 구분하기가 힘들다.

오른쪽 스크린샷은 표시가 더 분명하고 모호하지 않다. X키는 단어 Press보다 훨씬 크게 표시되고, 파란 색을 사용해서 구별된다. 그리고 어두운 배경과 밝은 텍스트의 대조로 인해서 더 가독성 있다.

적응성

시스템 적응성은 문맥과 사용자에 반응하고 적응하는 능력을 의미한다. 따라서 시스템은 타깃 사용자의 개인차와 선호에 따라서 유연하게 대처할 수 있어야 한다.

시스템은 같은 작업을 수행하더라도 서로 다른 방법들을 제공해야 한다. 쉽지만 느린 방법, 빠르지만 약간 연습이 필요한 방법. 이것은 초보자는 첫 번째 단계로 안내하고, 숙련된 사용자는 반복적이고 시간이 걸리는 방법이 아닌, 효율적인 두 번째 방법을 사용할 수 있도록 한다.

적응성 기준은 더 세부적인 두 가지 기준으로 나누어진다. 유연성과 커스터마이제이션이 그것이다.

유연성

사용자 경험을 고려하는 것은 중요하다. 사용자는 초보자일 수도 있고, 숙련된 사용자일 수도 있다. 유연성은 시스템이 두 가지 사용자 모두가 사용할 수 있는 적절한 기능을 제공하는 것을 의미한다.

예를 들어, 플레이어가 숨어서, 몰래 들어와, 조용히 움직일 수 있고, 또한 스나이퍼 라이플을 사용해서 적을 하나하나 제거하고, 방을 통과할 수 있다. 이것이 게임플레이의 유연성이다.

UI 유연성은 게임에서 같은 동작을 여러 방법으로 수행하는 것에서 더 중요하다. 어떤 게임 종류는 행동을 실행하는 데 서로 다른 방법들을 갖는다. 예를 들어, 실시간 전략 게임에서 플레이어는 마우스로 연속된 버튼을 클릭해서 모든 작업을 실행한다. 초보자는 원하는 버튼으로 이동해서, 툴팁을 읽고, 아이콘과 레이아웃에서의 위치를 기억할 것이다.

반면 게임에 숙련된 플레이어는 더 이상 툴팁을 읽지 않고 버튼 동작에 대하여 읽지 않고도 버튼을 클릭할 것이다.

마지막으로 숙련된 플레이어는 관련된 단축키를 사용해서 더 빠르게 작업을 수행할 것이다. 하지만 관련된 키를 올바른 순서로 숙지하는 과정은 필요했을 것이다.

인벤토리를 인게임 UI의 인벤토리 버튼을 클릭하거나 또는 키보드 I 키를 눌러서 여는 것 또한 UI 안에서 유연한 명령어의 예이다.

인터페이스에 유연성을 적용하는 것이 필요할 지는 다음 질문을 스스로에게 하여서 판단할 수 있다.

- 플레이어가 단축키를 배우는 데 소모된 시간을 조사해서 고려한다.
- 플레이어가 메뉴로 이동하기를 요청하는 동작이 있는가?
- 이러한 동작이 계속해서 발생하고 플레이어가 게임을 진행할수록 더 자주 사용되는가?

위 질문들에 대한 대답이 예라면, UI 디자인에 유연성을 고려하는 것이 좋을 것이다.

커스터마이제이션

커스터마이제이션은 플레이어 선호를 고려하기 위해 적용된다. 플레이어가 오른손 혹은 왼손잡이인지 또는 가로와 세로로 뒤집기를 원하는지 고려하지 않았다면 플레이어가 선택할 수 있도록 해야 한다.

PC 키 매핑, 마우스 감도, 미리 정의된 컨트롤러 설정 등과 같은 플레이어 선호들은 모두 커스터마이제이션의 일종이다. 그리고 이러한 것들을 적용하는 것은 게임 적응성 기준을 향상시킨다.

에러 처리

에러 처리는 플레이어가 실수를 하는 것을 방지하거나 감소시키기 위한 방법과 관련이 있다. 게임은 에러를 정의하고 방지하기 위해 테스트해야만 한다. 하지만 여전히 몇몇 에러는 피할 수 없다. 그렇기 때문에 에러에서 회복하는 방법을 고려하는 것이 필요하다.

에러 회복을 향상시키기 위해서, 플레이어에게 에러에 대하여 알려주고, 어떻게 그것을 수정할 수 있는지 이해하는 것을 돕기 위한 피드백을 제공해야만 한다.

그런데 에러를 쉽게 수정할 수 있다면, 왜 실수를 방지하려고 노력해야만 하는가? 그 이유는 에러가 게임 중단을 일으키기 때문이다. 그러한 중단은 UI 페이지 또는 게임 상태 사이 이행 시간으로 늘어난다. 결국 전반적인 게임 경험과 내비게이션 및 게임 플레이의 부드러움에 부정적 영향을 준다.

더군다나 중단은 플레이어가 작업을 효율적으로 계획해고 완료하는 데에도 부정적인 영향을 준다. 플레이어가 정확하게 다음 5개 동작이 무엇인지 알고 있는 상태에서 첫 번째 동작을 완료한 다음에 중단된다면, 이 실수를 수정하는 것은 플레이어가 다음 4개 동작을 계획된 방식에 따라서 실행하는 능력을 감소시키고 좌절로 이어질 수도 있다. 좌절은 즐거움에 있어서 최악의 악몽이다!

예를 들어서, 다음 상황들을 고려해보자: 여러분이 손톱을 망치로 때리고 있다. 망치는 여러분의 일부이고 팔의 연장선이다 - 여러분은 손톱에 집중하고 있다. 망치가 부서지거나 예상하지 못한 방식으로 작동하면, 여러분은 효과적이지 못한 도구에 신경이 분산되고, 하려던 작업에 집중하지 못하게 된다.

이와 같이 UI를 결함 있는 망치로 만들어서 갑자기 플레이어의 주의를 다른 곳으로 끄는 상황을 피해야만 한다.

다음은 에러 처리를 위한 3가지 중요한 단계이다.

1. 사용자를 에러로부터 보호한다.
2. 사용자에게 관련된 에러를 정확하게 알려준다.
3. 사용자가 에러를 쉽게 수정할 수 있게 한다.

먼저 사용자를 실수로부터 보호하는 방법을 살펴보자.

보호

사용자에게 에러에 대하여 알려주거나 그것을 수정하는 방법에 대하여 생각하기 전에, 자주 발생하거나 중요한 실수가 일어나지 않도록 하는 것이 필요하다.

예를 들어, 콘솔이나 모바일 게임에서 닉네임에 문자만을 사용할 수 있다면, 사용자가 확인 버튼을 누르기 전에 그것에 대하여 알려주어야 한다.

이러한 상황에서 플레이어를 보호하는 것은 단지 숫자를 입력하지 못하게 하는 것이 아니다. 그렇게 하는 것은 플레이어가 실제로 숫자를 입력할 수 없다는 것을 알려주지는 못한다. 플레이어는 오히려 의아해할 것이다. "나는 닉네임으로 carrot24를 입력하려고 했는데! 숫자는 어디 갔지?!"

따라서 좋은 해결책은 다음 두 가지를 모두 하는 것이다. 플레이어가 닉네임을 입력하는 동안에, 오직 문자만을 사용할 수 있고 가상 키보드에서 숫자를 제거해서 입력할 수 없음을 알려주는 것이다.

이것은 표시되는 가상 키보드를 커스터마이징할 수 있는 모바일 기기와 콘솔에서 사용 가능하다. 그러나 PC 게임에서는 물리적 키보드에서 숫자 패드를 제거하는 것이 불가능하다. 하지만 플레이어를 숫자를 입력하는 것이 불가능한 실수로부터 보호하기 위해, 여전히 문자만을 입력할 수 있음을 알려주어야 한다. 또한 문자가 아닌 다른 것을 입력하면 실수라는 것을 알려주어야 한다.

알림

에러 처리의 두 번째 요소는 사용자에게 에러가 발생했음을 알려주는 것이다. 에러 피드백 메시지는 분명하고, 정확하고, 이해하기 쉬워야만 한다.

앞의 닉네임에 문자만을 사용할 수 있는 예제에서 PC 키보드의 경우, 플레이어가 유효하지 않은 문자를 입력했음을 알려주는 것은 충분하지 않다. 숫자를 사용할 수 없다면, 강세 표시와 특수문자들을 사용할 수 있는가? 사용자는 그러한 것들을 모른다.

여기에 이러한 상황에서 플레이어가 유효하지 않은 문자를 입력하면 표시되는 에러 메시지의 나쁜 예와 좋은 예가 있다.

- **나쁜 에러 메시지**: 예를 들어, "유효하지 않은 문자". 이 메시지는 정확하지 않다. 왜 유효하지 않은가? 입력한 어느 문자가 유효하지 않고, 어느 문자가 유효한가?
- **좋은 에러 메시지**: 예를 들어, "'5'는 유효하지 않은 문자입니다. 오직 문자만 사용 가능합니다!" 사용자는 무엇이 실수인지(유효하지 않는 5를 입력한 것)를 알 수 있고 오직 문자만을 입력해서 같은 실수를 저지르지 않을 수 있다.

게임 플레이 예제로서, 플레이어가 A 버튼을 반복해서 눌러야 하는 상황에서 B 버튼을 누르고 있다면, A 버튼 아이콘을 훨씬 더 강조되도록 시각적 피드백을 제공하여 플레이어가 잘못된 버튼을 누르고 있다는 것을 확실하게 알려주어야 한다.

수정

일단 사용자가 실수에 대하여 알게 되었다면, 그것을 힘들고 시간이 걸리는 과정 없이 쉽고 빠르게 수정할 수 있도록 해야만 한다.

특히 파괴적이고 중대한 실수에서도 항상 쉬운 수정 방법을 제공해야 한다. 예를 들어, 사용자가 이미 세이브 파일이 존재하는 상황에서 게임을 저장하기를 요청한다면, 그래도 저장할 것인지 확인하는 것은 좋은 생각이다. 실제로 사용자가 세이브 슬롯을 실수로 선택했다면, 그러한 실수를 수정해서 세이브 데이터 손실을 막을 수 있다.

위 예제에서 세이브 파일 덮어쓰기는 다음과 같은 이유로 보호와 수정 둘 다에 속한다.

- 사용자를 우발적/잘못된 파일 선택에서 보호한다.
- 사용자가 No 옵션을 선택하여 쉽게 실수를 수정할 수 있는 기회를 제공한다.

때때로 사용자가 직접 실수를 수정해야만 하는 상황을 방지하는데, 이것이 훨씬 낫다. 문자만을 사용하는 닉네임의 경우 플레이어가 숫자를 입력한다면, 물론 그것이 실수라는 것을 알려줄 것이다. 하지만 플레이어가 Backspace 키를 눌러서 직접 닉네임을 수정하게 하는 것은 그가 닉네임으로 얼마나 많은 숫자를 입력했는지 고려하지 않은, 다소 그에게 고통스러운 방법을 것이다.

일관성

일관성은 UI 요소와 로직(단어, 프로시저, 코드, 수식, 버튼 등)이 동일한 문맥에서는 같게 유지되어야 하는 사실을 말한다.

프로시저, 레이블, 명령어는 위치, 형식, 문법이 스크린마다 동일해야만 알아보기가 쉽다. 이러한 경우, 시스템은 더 예측하기 쉽고, 배우는 과정이 더 일반화된다. 결국 에러 위험이 줄어든다.

게임 전반에 걸쳐서 효율성을 증가시키기 위해 디자인, 레이아웃, 언어의 명확한 패턴을 만드는 것은 중요하다. 일단 플레이어가 하나의 상황에서 무언가를 하는 방법을 배웠으면, 그러한 기술을 게임 안에 있는 다른 상황에서도 사용할 수 있어야 한다.

일관성 결여는 원하는 명령을 찾는 시간을 크게 증가시키고, 플레이어를 혼란스럽게 만든다. 이러한 혼란은 플레이어 경험에 부정적인 영향을 주고 결국 의욕을 감소시킨다. 특히 UI나 전체 게임에 걸쳐서 타당하지 않은 게임 로직에 의해서 발생한 실수가 그러하다.

예를 들어, 윈도우를 닫는 X 버튼이 오른쪽 위 구석에 있다면 그것은 항상 그곳에 있어야 하고, 같은 모양이어야 한다. 윈도우의 내용이 무엇이든 말이다.

게임이 시작될 때 점프 동작이 스크린 왼쪽 아래 구석에 위치한다면, 이 영역은 다른 상황에서 비행기를 위해서 사용될 수 없다. 이 두 가지 동작은 다른 카테고리에 속해있기 때문이다. 반면, 이 영역은 비행을 위해서는 사용될 수 있다. 게임에서 비행 능력이 점프 능력에 겹쳐지거나 대체될 수 있다면 말이다.

이제 편리성과 휴리스틱에 대한 논의를 마쳤다. 다음으로 게임과 UI를 테스트하는 방법에 대하여 말해보자.

게임 테스트

게임이 좋은 편리성을 갖는지 확인하는 유일한 방법은 테스트해보는 것이다. 심지어 편리성 전문가와 사용자 경험 디자이너와 함께 가이드라인과 휴리스틱을 사용해서 작업하더라도 마찬가지다.

이러한 전문가들은 테스트의 중요성을 더 확실하게 보여준다. 아무리 열심히 노력하더라도, 플레이어들의 머리 꼭대기에서 그들이 무엇을 할 것인지, 무엇을 하려고 노력하는지, 어떻게 그것을 하려고 하는지 예측하지 못한다.

테스트에 대한 조언

게임과 UI를 테스트하는 것은 보통 가장 먼저 해야 하는 일이다. 개발 과정 전체에 걸쳐서 정기적으로 테스트한다.

테스트를 조직하려고 한다면, 제대로 해야만 한다. 이를 위한 몇 가지 조언은 다음과 같다.

- 너무 일찍 테스트하지 말자. 보여줄 것이 별로 없거나 컨셉이 머리 속에만 정의되어 있고 아직 빌드의 콘텐츠에는 반영되지 않은 상태라면, 조금 더 기다리자.
- 너무 늦게 테스트하지 말자. 그렇지 않으면 테스트에 엄청난 시간이 소모되고 이러한 변경을 위해서 회사가 비용을 소모해야 할 것이다.
- 여러 종류 플레이어를 대표할 수 있는 타깃 플레이어들을 대상으로 한다. 하드코어 플레이어나 초보자만을 대상으로 테스트를 구성해서는 안 된다. 이런 종류 게임을 좋아할 만한 사람을 구하고, 좋아하지 않을 사람도 초대한다. 마지막으로, 지인이나 함께 일하는 사람을 대상으로만 테스트하여 평가가 편향되지 않도록 해야 한다. 모르는 사람을 대상으로 하라!
- 플레이어를 방해하거나 영향을 주어서는 안 된다. 예상한 대로 플레이어가 실수를 하고, 몇 초 가량을 소모하도록 내버려두어라. 이것이 바로 플레이어를 초대한 이유이다. 플레이어가 자신이 이해할 수 없는 것과 무엇을 할 지 알려주는 것이 빠져있는 것을 찾아내는 것이 바로 그것이다.

테스트에서 기본적인 원칙들을 살펴보았다. 이번에는 무엇을 언제 테스트할지에 대한 세부 사항으로 넘어가자.

언제와 무엇

프로젝트가 진행되는 동안 언제 테스트를 해야 하고, 무엇을 테스트해야만 할까?

컨셉 프로토타입

초기 프로토타입 컨셉을 테스트하라. 거기에는 버그가 있고, 유니콘과 무지개가 있는 마법의 나라를 대신하는 끔찍한 플레이스 홀더placeholder가 있다. 하지만 게임 플레이의 핵심 부분이 거기에 있고, 이것이 가장 먼저 평가하기를 원하는 것이다.

게임이 시작될 때는 재미있다가 한 시간이 지나니까 지겨운가? 그렇다면 왜 그러한가? 게임의 재미가 점점 사라지지 않으려면 무엇을 추가하고 제거해야 하는가? 이것이 바로 가장 중요한 부분인 게임의 재미 평가이다.

나머지 부분을 일찍 테스트하라

테스트를 하고 나서, 재작업하고, 게임의 핵심 게임 플레이를 입증했다면, UI와 같은 다른 측면을 테스트하기 위해 게임이 알파 또는 베타 스테이지로 들어갈 때까지 기다릴 필요가 없다.

이러한 요소들을 테스트하는 것은 디자인 실수 수정 비용을 줄여줄 것이다. 그리고 같은 문제를 다시 마주치지 않게 해서 우선순위에서 더 이상 고려하지 않게 해준다.

버티컬 슬라이스

이제 문제는 "얼마나 일찍, 그러나 완전한 게임으로 테스트할 수 있는가?"

대답은 버티컬 슬라이스vertical slices라고 부르는 것으로 테스트하는 것이다. 게임의 완전한 기능을 제공하지만, 작고 흥미로운 일부만을 개발한 것을 의미한다. 이러한 짧은 에피소드를 통해서, 최종 버전에 가까운 게임이 모든 측면에서 어떠한 양상을 보이는지 확인할 수 있을 것이다.

가독성

인터페이스 가독성을 테스트해야만 한다. 여기에 가독성 테스트와 관련된 질문들이 있다.

- 아이콘의 의미가 플레이어에게 모호하지는 않은가?
- 심볼이 의미하는 것을 잊어버렸다고 코멘트하지는 않는가?
- 표시된 텍스트를 쉽게 읽을 수 있는가?
- 의도한 대로 텍스트를 이해하는가? 모호하지는 않은가?
- 플레이어가 표시된 정보를 자주 놓치지는 않는가?
- UI가 너무 뭉쳐져 있지는 않는가?

위 질문들 중 몇 가지에 해당한다면, 너무 많은 것들을 한 번에 표시하고 있을 수도 있다. 또한 정보를 상호작용이 시작되는 곳에서 너무 떨어진 곳에 표시하거나, 플레이어가 다른 어딘가에서 피드백이 주어질 것이라고 예상하고 있기 때문일 수도 있다.

안내

휴리스틱에서 살펴봤던 일반적인 안내에 대하여 테스트할 필요가 있다. 이러한 테스트를 하는 동안 체크할 몇 가지 질문들이 있다.

- 플레이어가 무언가 해야 할 때 바로 알 수 있는가?
- 플레이어가 가끔씩 길을 잃고 그로 인해 귀찮음을 느끼는가?
- 플레이어가 목표가 무엇인지 또는 다음에 무엇을 해야 하는지 모르는가?
- 플레이어가 계속해서 같은 실수를 하는가?
- 플레이어가 "대체 어떻게 저걸 하지?", "저 행동은 어디 있지?", "어떻게 내가 저것에 접근하지?"와 같은 말을 하면서 좌절감을 느끼는가?

물론 최신 빌드와 최종 상품에서도 여전히 개선해야만 하는 것들을 발견할 수 있을 것이다.

테스트 횟수

얼마나 자주 테스트를 해야만 하는지 궁금해 할 수도 있다. 대답은 "가능한 많이" 이다. 큰 비용을 들인 한 번 또는 두 번의 큰 규모 테스트보다, 적은 사용자를 대상으로 한 소규모 정기적인 테스트가 더 낫다.

또한 테스트 세션마나 사용자를 바꾸고 더 넓은 범위 사람들을 대상으로 테스트하는 것은 좋은 생각이다. 이렇게 하면 모든 잠재적인 플레이어로부터 더 많은 문제점들을 찾아낼 수 있을 것이다.

일단 완전히 플레이할 수 있는 버전이 완성되면, 사용자 경험에 초점을 맞출 수 있다. 그렇다면 게임 편리성은 어떻게 테스트할 수 있을까?

편리성 테스트 방법

효율적인 편리성 테스트의 핵심은 대상 사용자가 게임을 플레이하는 것을 관찰하는 것이다. 관찰은 그 자체로 대단히 효과적이고 보통 대부분의 편리성 문제를 찾아낼 수 있다.

어떤 경우에는 그 이상 측정이 필요할 수도 있다. 성공 또는 빗나간 클릭, 작업 시간, 선택된 경로, 실패 카운트 등이 바로 그것이다. 다시 말해, 준비할 필요가 있다.

준비

이것은 편리성 테스트의 핵심적인 부분이다. 무엇이 잘못 되었는지 보고, 듣고, 플레이어에게 질문할 준비가 되어야만 한다. 또한 여러분에게는 괜찮았던 것이 왜 플레이어에게는 문제가 되었는지를 이해하려고 노력해야 한다.

목표

무엇보다도 먼저, 테스트 세션의 목표를 정의해야만 한다. 일단 목표가 정의되면 목표를 명심하면서 스스로 혹은 팀과 함께 게임을 살펴본다.

페르소나 사용

버티컬 슬라이스를 검토하면서, 스스로 플레이어가 된 것처럼 생각한다. 이 플레이어가 누군지 적었던 페르소나를 기억한다. 이러한 방법을 통해서 잠재적인 편리성이 존재할 수 있는 부분을 찾아낼 수 있을 것이다.

새로운 기능

마지막 테스트 세션 이후로 추가된 새로운 기능의 리스트를 적는다. 이러한 방법으로 플레이어가 모든 새로운 기능 또는 메뉴를 사용하고 확실하지 않는 부분을 통과하는 시나리오를 쉽게 개발할 수 있다.

안내하라, 그러나 돕지는 마라

일단 테스트 영역과 플레이어를 위한 목표를 찾아내고 리스트로 만들었다면, 그것들이 게임에서 올바르게 제공되었는지 확인한다. 목표가 아직 실제 게임에서 구현되지 않았다면, 플레이어를 위한 지시 사항을 적어서 원하는 시나리오대로 따라가도록 만든다.

테스트 담당자는 플레이어가 무엇을 언제 해야 하는지 알려줄 것이다. 예를 들어, 성으로 들어가거나, 드래곤을 잡거나, 공주를 구하거나 등을 말이다.

지시 사항을 전달할 때는 조심해야 한다. 플레이어에게 영향을 주는 것을 피해야만 한다. 플레이어가 "그런데 그걸 어떻게 해야 하죠?"라고 묻는다면, "드래곤을 사냥하세요."라고 말해야 한다. "좋아요, 뒷문을 열고, 고블린을 목졸라 죽이고, 가방을 열고, 갈퀴를 사용해서 장미의 성을 오르고, 무기를 바꾸고, 폭약을 던지고, 숨고, 어썰트 라이플assault rifle을 장착하고, 용의 눈을 쏘세요."와 같이 말해서는 안 된다.

목표가 게임에 구현된 경우에는, 플레이 테스트 담당자의 안내는 "한 시간 동안 게임을 테스트할 겁니다. 생각나는 아무 코멘트든지 자유롭게 외쳐주세요. 게임 목표를 따라가세요. 어떻게 플레이하는지 관찰하기만 할 뿐, 심판하지는 않을 겁니다. 플레이가 끝나면 여러분의 경험에 대해서 이야기할 겁니다."와 같은 정도를 넘어가서는 안 된다.

관찰 그리드

플레이어를 초대하기 전에, 관찰 그리드observation grid를 만드는 것은 좋은 생각이다. 그리드에 대답을 얻기를 원하는 모든 질문을 적는다. 그리고 그 옆의 열에는 관찰하려고 하는 이벤트나 씬을 적는다.

이제 준비 단계가 끝났다. 플레이어를 초대하고 테스트를 시작할 준비가 되었다.

플레이어 초대

이제 플레이어를 초대해야 한다. 얼마나 많은 플레이어를 초대하는지는 여러분에게 달렸지만, 편리성 테스트를 위해서는 최소한 5명은 있어야 한다. 통계를 위한 양적인 데이터를 원한다면, 더 많은 플레이어가 필요할 것이다.

편리성 보다는 사용자 경험을 평가하고 싶다면, 대략 15명의 플레이어가 대신 필요할 것이다.

다양한 플레이어를 선택한다. 페르소나는 타깃 사용자에 해당하는 플레이어를 초대하기 위해 작성되었음을 기억하라. 남성과 여성, 오른손 잡이와 왼손 잡이 모두를 초대하고 가능한 다른 문화와 나라를 대상으로 테스트한다. 다양할수록 좋다.

환경

테스트와 관찰을 전용실에서 수행하는 것이 좋다. 사람들이 걸어다니고, 떠들고, 커피를 마시고, 시끄러운 트인 공간을 피하라. 플레이어는 자신이 하고 있는 것에 집중해야만 한다. 플레이어가 테스트를 완료하도록 돕는다.

모바일 게임을 테스트하는 중이라면, 대표적인 여러 환경에서 테스트하는 것이 흥미로울 것이다. 마치 타깃 사용자가 버스 또는 지하철에서 게임을 하는 것과 같이 서거나 앉아서, 멈춰있거나 움직이는 플랫폼에서 게임을 하도록 플레이어에게 요청한다.

노트

관찰하면서, 플레이어가 얼마나 잘 수행하는지 적고 점수를 매긴다. 플레이어가 어디서 실패하는지, 좌절한 것처럼 보이는지, 실패 또는 놓친 시도로부터 회복하는지 주목하고, 또한 플레이어가 무엇을 쉽게 수행하고, 무엇이 신이 나게 만들었는지와 같은 좋은 부분도 기록한다.

관찰이 완료되면, 이러한 노트를 플레이어에게 질문하기나 여러분이 다른 방향으로 잘못 해석했을 수도 있는 에러를 찾아내기 위해 사용할 수 있다. 보고 단계에서는 플레이어의 게임에 대한 기억과 여러분이 주목했던 것을 대조한다.

플레이어에게 무엇이 가장 좋았고, 좋지 않았는지 질문할 수 있다. 여러분이 관찰한 것과 다를 수도 있는 테스트 과정에서의 어려움을 설명하도록 요청한다.

우선순위 매기기

모든 플레이어와 이러한 단계를 통과했다면, 변경할 사항들에 우선순위를 매긴다. 이러한 우선순위는 같은 어려움을 겪은 플레이어 수와 그러한 어려움이 얼마나 심각한지, 그러한 경험이 얼마나 큰 영향을 미치는지, 그리고 얼마나 플레이어의 의욕을 감소시키는지에 따라서 결정된다.

게임 변경 사항들을 항상 기록해서 다음 편리성 테스트 세션에서 테스트한다. 이를 통해서 이전 문제가 얼마나 개선되었는지, 예측하지 못한 또 다른 문제가 발생했는지를 확인할 수 있다.

편리성 테스트 세션을 준비하고 효율적으로 실행하는 방법을 알게 되었다. 이제 10장에서 배운 내용을 정리해보자.

요약

10장에서는 UI 디자인에서 사용자 프로필을 고려하는 것의 중요성을 배웠다. 먼저, 정의한 개념들을 다음과 같이 요약할 수 있다.

- **사용자 경험**: 사용자 인식에 영향을 줄 수 있는 모든 측면의 경험을 포함한다.
- **페르소나**: 허구의, 그러나 완전하고 일관적인 타깃 플레이어 프로필을 포함한다.
- **편리성**: 인터페이스 사용의 편리함을 설명한다.
- **몰입**: 플레이어가 현재 작업에 집중하고, 작업과 관계 없는 나머지를 잊는 상태이다. 플레이어 스킬에 적당한 도전을 필요로 한다.

또한 게임 UI 사용의 편리함을 평가하는 데 도움이 될 수 있는 기준이 무엇인지 살펴보았다. 기준은 다음과 같이 요약될 수 있다.

- **안내**: 플레이어가 길을 잃지 않도록 도와준다.
- **작업량**: 인지, 지각, 기억의 부담을 줄여준다.
- **분명한 컨트롤**: 사용자가 사용 가능한 행동을 알도록 해준다.
- **적응성**: 시스템이 플레이어 특성과 선호에 적응할 수 있는 능력이다.
- **에러 처리**: 플레이어를 에러로부터 보호하고, 에러에 대해서 알려주고 그것을 쉽고 빠르게 수정할 수 있는 가능성을 제공한다.
- **일관성**: UI 요소 위치와 형식이 페이지가 변하더라도 일관성을 유지하도록 한다. 비슷한 맥락에서 함수 또한 해당된다.

마지막으로, 편리성 테스트를 준비하고 실행하는 방법을 세션 목표에서 우선 순위 처리에 걸쳐 살펴보았다. 또한 올바른 플레이어를 초대하는 방법과 방해 없이 그들을 관찰하는 방법을 배웠다.

이제 휴리스틱을 사용하고 구체적인 편리성 테스트 방법을 이용해서 문제점을 찾음으로써, UI 편리성을 향상시킬 수 있는 충분한 지식을 갖게 되었다.

지금까지의 여정은 여기서 끝이 난다. 이 책을 즐겁게 읽었기를 바라며 유니티 NGUI를 사용해서 효과적이고 편리한 그래픽 UI를 만드는 데 도움이 되기를 기원한다.

편리성 기준 리스트는 바티앤(Batien)과 스캐핀(Scapin)의 'Ergonomic Criteria for the Evaluation of Human-Computer Interfaces'(1993)에서 가져왔다. 더 많은 정보를 원한다면, 데수이브르(Desuivre)과 위베르그(Wiberg)의 'Game Usability Heuristics(PLAY) for Evaluating and Designing Better Games, Springer Berlin Heidelberg'(2009)를 참고할 수도 있다.

찾아보기

에이콘출판의 기틀을 마련하신 故 정완재 선생님 (1935-2004)

유니티 NGUI 게임 프로젝트
2D & 3D 게임 UI 제작을 위한

인 쇄 | 2015년 12월 16일
발 행 | 2016년 1월 4일

지은이 | 찰스 피어슨
옮긴이 | 김 세 중

펴낸이 | 권 성 준
엮은이 | 김 희 정
안 윤 경
오 원 영
표지 디자인 | 한국어판_이승미
본문 디자인 | 남 은 순

인쇄소 | (주)갑우문화사
지업사 | 신승지류유통(주)

에이콘출판주식회사
경기도 의왕시 계원대학로 38 (내손동 757-3) (16039)
전화 02-2653-7600, 팩스 02-2653-0433
www.acornpub.co.kr / editor@acornpub.co.kr

ISBN 978-89-6077-805-4
ISBN 978-89-6077-210-6 (세트)
http://www.acornpub.co.kr/book/ngui-unity

이 도서의 국립중앙도서관 출판시도서목록(CIP)은 서지정보유통지원시스템 홈페이지(http://seoji.nl.go.kr)와
국가자료공동목록시스템(http://www.nl.go.kr/kolisnet)에서 이용하실 수 있습니다.(CIP제어번호: CIP2015034538)

책값은 뒤표지에 있습니다.